臺灣歷史與文化 研究輯刊

初 編

第 1 冊

臺灣海東四子研究（上）

楊明珠 著

花木蘭文化出版社

國家圖書館出版品預行編目資料

臺灣海東四子研究（上）／楊明珠 著 — 初版 — 新北市：花
木蘭文化出版社，2013〔民 102〕
目 2+156 面：19×26 公分
（臺灣歷史與文化研究輯刊 初編：第 1 冊）
ISBN：978-986-322-254-5（精裝）
1. 臺灣文學 2. 文學評論
733.08　　　　　　　　　　　　　　　　102002940

ISBN-978-986-322-254-5

9 789863 222545

臺灣歷史與文化研究輯刊
初　編　第　一　冊　　　　　ISBN：978-986-322-254-5

臺灣海東四子研究（上）

作　　者　楊明珠
總 編 輯　杜潔祥
出　　版　花木蘭文化出版社
發 行 所　花木蘭文化出版社
發 行 人　高小娟
聯絡地址　235 新北市中和區中安街七二號十三樓
　　　　　電話：02-2923-1455／傳真：02-2923-1452
網　　址　http://www.huamulan.tw 信箱 sut81518@gmail.com
印　　刷　普羅文化出版廣告事業
初　　版　2013 年 3 月
定　　價　初編　30 冊（精裝）新台幣 60,000 元

臺灣海東四子研究（上）

楊明珠　著

作者簡介

楊明珠，臺灣省桃園縣人，民國四十七年生。國立高雄師範學院畢業。任教國中十四年後，進入中國文化大學中國文學研究所在職進修，完成碩士論文《許南英及其詩詞研究》、博士論文《臺灣海東四子研究》。另有〈臺南「崇正社」、「浪吟詩社」、「南社」創立問題辨正〉、〈談研究朱熹《詩集傳》的一個問題——以《詩集傳·周頌》的探討為例〉兩篇短篇論文。

提　　要

臺灣海東四子：施士洁、許南英、丘逢甲、汪春源為清領臺灣時期最後傳統知識份子，因遭逢世變，其中施士洁、丘逢甲、汪春源三人流離老死於大陸，而許南英則埋骨於異國——印尼棉蘭。本書運用知人論世、文學社會學、巴赫金對話理論等研究法，以「人與時代」的相互影響為研究目標，透過海東四子的創作，探討海東四子的遭逢際遇及人生抉擇，了解他們如何發揮「主體性」面對巨變時代，成就其一生；更重要的，他們如何藉由他們作品的思想內容與藝術技巧，完成他們與時代風潮及當時代文學風氣之間的「對話」，並顯現出其個人的獨特風格。海東四子創作深富詩史精神，其社會寫實詩作與當時社會、文學的關連，也是本論文研究目標之一。海東四子接受傳統書院教育培育、他們與眾多詩友相從過往，這不僅是他們與當時代交涉關聯的範圍，也影響他們的人生、創作頗深，故各列一章探究。

《臺灣歷史與文化研究輯刊》總序

宋光宇

　　「臺灣」成為臺灣學術界的重要課題，是一九九〇年代以後的事。從那個時代起，本土意識逐漸高漲，臺灣的各種人文和社會學科，開始把目光投注到自己生存立足的這塊土地上，這才發覺大家對這塊土地其實很陌生。造成這樣感受的原因，是臺灣的人文、社會科學完全是從美國原封不動的搬了進來。教科書是美國人編寫的、所用的實例是美國人做的、所用的理論更是美國人提倡的，根本不干中國或臺灣的事。我從學生時代開始，對這種現象困惑不已。每次上課，看到老教授們大談美國大師的名著和理論，可是，只要提到中國人自己的社會文化現象，老教授們就開始遲疑了，先是「嗯……」幾聲，接著就顧左右而言他；要不然就是用美國某教授提出的理論來解讀中國人的事情。

　　一九八〇年代我在美國讀書時，正是臺灣經濟蓬勃發展的時候。新臺幣對美元的匯率一路上升。「亞洲四小龍」、「日本第一」等聲浪洶湧澎湃。身為臺灣人，感到無上的光榮，也感受到什麼是民族、國家的自尊心。

　　在博士資格考的時候，宗教社會學的主考教授 William DeCraemer 出了這麼一道題：「現在臺灣的經濟發展是世界有目共睹的，你已經熟悉了 Max Weber 的新教倫理與資本主義精神這套理論，請你以一個臺灣學者的立場，運用 Max Weber 的理論架構，來解釋臺灣經濟發展的宗教、社會、文化因素。」他在考前半年就向我說明這道題目，要我好好準備。DeCreamer 教授出題後，就去日本做研究，再相見已是在考場上了。天下最可怕的考試就是這種事先告訴你的方式，為了求全求好，只有努力以赴。

爲了回答這道考題，在 University of Pennsylvania 圖書館中，翻看相關的資料，方才驚覺到：國外圖書館中，有關臺灣的研究實在少得可憐！東亞的資料最多，研究最多的國家是南韓，這完全是拜受美國人幫忙打韓戰之賜，美國人不能不對南韓有深入的研究。日本研究也占相當的數量，因爲它是美國二次大戰時的對手。臺灣只是一九五〇年代起，美國人爲了防堵共產主義擴張的一個前哨站。在戰略上，當然要讓臺灣人民擁有富足的生活。人民爲了繼續保有這種富裕生活，就會更加的依賴美國。結果不僅讓臺灣人在物質生活上依賴美國，更在心智、思想上，也完全被美國大學裡的學術理論所籠罩，臺灣不知不覺的就成了美國學術界的殖民地。當時我以臺灣的中小企業爲榮，可是臺灣企業管理學界，在任何探討臺灣中小企業的專書和論文中，莫不以美國的大企業爲依歸，一面倒的忽視臺灣的中小企業，無視於中小企業的活力與實際成就。看到這些國內叱吒風雲的學者所寫的著作，心中感慨無限。

　　爲了完成這個考題，最後不得不放棄現有的西方理論，另闢蹊徑。我以在臺灣的生活經驗，加上中國傳統的家訓，仿照 Weber 的理論架構，提出「顯親揚名」是中國人努力奮發的生命原動力的概念，具體的作法就是「個人如何藉著事業成就來彰顯祖宗的德澤，從而得到在家族中永恆的地位。」因爲在民間祭祖時，有財產家業留傳下來的祖先方才有子孫祭拜。沒有家業者，就歸入「列祖列宗」的行列，不再單獨享受祭祀。我用這套概念，成功的解釋了在臺灣的中國人爲何會那麼拼命的工作。幾位主考的教授都同意我的解釋。DeCraemer 教授是耶穌會教士，他也非常滿意我這個不落俗套的理論。

　　我是臺灣大學考古人類學系出身的，所學的主要是美國的文化人類學和日據時代日本學者在臺灣所做的田野調查，所以從大學一年級開始，就在臺灣各地做調訪。可是那時候的歷史系還在三皇五帝、帝王將相行列之中打轉。記得在一九八三年，我和同事劉益昌教授一起到屏東瑪家水庫預定範圍內，做評估調查。我們倆騎摩托車到霧台鄉，從鄉公所到阿里村，只有羊腸小道，一邊是懸崖，一邊是峭壁，路幅僅一公尺左右。如有會車，一定摔落懸崖。我們騎在山間的公路上，由於地上粉塵太厚，摩托車抓地力不夠而摔車。當我們出生入死的在做調查時，研究中國各代、思想史等方面的同事，還問我們：「山地部落好不好玩？」這個往事凸顯當時國內的人文、社會科學的學者還不曾真正重視過臺灣的實地研究。

在社會科學方面，從一九五〇年以來，多數研究一直是在套用西洋的理論，加上臺灣的材料而成。看這些研究成果，會有「身穿唐衫、頭戴西洋禮帽」的怪樣之感覺。大多數的研究就是讓有關臺灣的一些研究案例成為西洋理論的一個註腳，沒有發揮應有的功能、應有的地位。不然就是先說一些西洋理論，後面的研究根本上不曾理會這些理論，形成「頭和身體沒有連結」的怪現象。

曾幾何時，這種漠視臺灣的現象完全改觀了。從一九九〇年代起，突然發覺，臺灣所有人文、社會科學、法商、藝術等的科系都一窩風的開始研究臺灣。這二十多年來，本土意識加強。在學術方面，有關臺灣的研究方才落實到現實生活的層面，不再打高空，不再胡亂套用西洋的理論。這是一件可喜可賀的大事。

這些年來，研究臺灣社會、文化方面的學者都積極努力的開發新的史料。儘管國科會還不肯撥經費支持整理史料，可是其他部會、縣市政府以及民間基金會，願意撥款支持，蒐集整理各種清代、日據時代留存下來的古文書和新聞報紙。這種工作目前已有相當良好的成果。以國立臺灣圖書館為例，其與民間公司合作，把日本北海道大學所藏的歷年《臺灣日日新報》，配合原本的典藏部分，完整做成 PPT 檔；更把該館典藏的各種日據時期期刊、雜誌，也做成 PPT 檔，供各界有心人士研究之用。臺灣大學圖書館也把所收藏的日據時代期刊、報紙，做成 PPT 檔。中央研究院近史所和臺史所，也努力發掘隱藏在各地的私人日記、帳冊、地契等。最有名的是豐原人張麗俊所寫的《水竹居主人日記》十二冊，詳載日據時期豐原地方的民生、社會種種現象，時間長達二十八年。藉由這份日記，可以領會到當時商社經營、人際悲歡、臺灣禮俗及張家的家族史等第一手資料，是研究二十世紀前半臺灣社會變遷的重要史料。

臺北市文獻會也出版了四大冊臺灣北部地區的古契文。把清代、日據時代，有關土地、房產買賣與分家的原始資料完整的呈現出來。各縣市的文化中心、文獻會、縣史館、臺灣大學圖書館等機構，都致力於地方史料的整理。

有了充分的史料之後，就需要有良好的研究成果來彰顯這些史料的重要性。這二十年來，已經有不少良好的研究成果。舉例來說，政治大學歷史系呂紹理教授的名著《水螺響起：日治時代臺灣社會的生活作息》可說是其中

的佼佼者。他在序論提到，這本書是受到法國年鑑學派影響，探討有關於「時間」的問題：臺灣是怎樣進入近代標準時間制度？對日常生活作息又構成何種影響？他從「鐘錶」的傳入著手，來看日據時代糖廠的工作時間表，進而推論，我們現在每天作息時間表是如何形成的。這是結合西方研究方法和臺灣實際史料和現實生活的佳作。

在這次《臺灣歷史與文化研究輯刊》〈初編〉中，吳政憲的《日治初期「臨時臺灣兵站電信部」之研究（1895～1896）》也是很好的研究成果。他把一個早已被人遺忘的電訊團隊發掘出來，讓人們知道臺灣的電信事業是如何開始的。雖然晚清時期劉銘傳已在臺北建立電報事業，可是真正和現代臺灣電信事業直接相關的，是日本占領之初的電信設施。

我在〈初編〉中有一部分成三冊的「巨著」：《城隍爺出巡：臺北市、大稻埕與霞海城隍廟會一百二十年的旋盪（1897-2000）》。完全是利用《臺灣日日新報》、《聯合報》、《民生報》，藉用法國年鑑學派和歷史社會學的視野和方法，來檢視臺北市大稻埕這個商埠，在一百二十年中所歷經的變化，為臺灣社會如何從清代的型態逐步轉變成我們所熟知的社會文化型態，做最好的說明。臺灣學界一直缺乏「社會文化變遷」的實例，有了這樣堅實的材料和理論之後，方才可以跟洋人相關的研究從事對話。

這股風氣展開後，有不少博士班研究生以「日常生活」為研究課題。我所指導和口試的歷史學博士論文，就有以「家具」、「室內陳設」、「辦桌」、「商圈」等為主題者。由於各科系的博士生紛紛以臺灣現實生活為素材，臺灣的研究一下子就活絡起來。

嚴格講，這樣的「小歷史」研究，跟國際學術還是沒有接上軌。把「臺灣」作為一個國際性的研究課題，還是美國學者的構想和作為。

十多年前，臺灣政壇上流行把現在居住在臺灣這塊土地上的人劃分成本省人、外省人、客家人、原住民四大「族群」。在「我是臺灣人，我愛臺灣」這種文革式的政治口號下，把「階級鬥爭」手法搬上臺灣的政治舞臺，紛擾不堪。美國西雅圖華盛頓大學人類學系的 Steven Herell 教授是臺灣通，他看到臺灣的政治亂象，開了一門新課，叫「Ethnicity」，中文名稱是「族群關係」。哈佛大學很快的跟進。

這個課題有兩個研究方向，一個是這群人與那群人之間的互動關係，一

個是「族群」是怎麼形成的。中央研究院民族學研究所的幾位同事偏向人群之間如何互動，去討論原住民各族之間的互動，促成了太魯閣族、撒奇萊雅族的成立。歷史語言研究所的同事王明珂則是利用考古資料，說明「胡人」、「羌人」和「漢人」是如何形成的，都是因為地理、氣候條件改變了人們的經濟活動和生活方式，不同的生活方式和經濟活動造就了不同的「族群」。依照王明珂的族群研究，臺灣的四大族群，在生活方式和經濟活動方面，根本沒有差異。構成不同「族群」的物質條件不存在，剩下來的就是「意識」層面的「自我割裂」，那就像精神異常者的自閉行為。

像 Herrell 教授那樣，運用臺灣的資料，開創出一個新的學術研究方向，而卓然有成，才是有關臺灣研究的最上乘境界。Herrell 教授曾在六〇年代到臺灣讀中文、做田野調查，他對臺灣的關心，不是用嘴巴喊的，而是用他敏銳的觀察力，藉由一個臺灣的現象，來引發另外一個普世通用的研究課題。這才是我們要喝彩的，也是要借鏡學習的。

臺灣可以在世界的學術界有其地位，必需要借助於它的獨特性，例如看上去紛擾的「族群關係」就是一個獨特的題材。另外有一個更好的題材就是「宗教文化」。

國民政府的特色是「強調科學，反對宗教」，因為受西方基督教、帝國主義者和日本明治維新現代化理論的深刻影響，把西方文明、基督教文明當成是單線進化的「文明頂端」，傳統的儒、釋、道三教，乃至於媽祖、保生大帝、三官大帝、三太子等各種民間信仰，都看成是次一級的「Barbarian Upper」（野蠻晚期）。認為國家要進步，就必需去除這些代表野蠻的標幟，於是藉口「端正禮俗」，強力壓制臺灣各地的大拜拜活動。這樣做了幾十年，臺灣民間的宗教活動依然興盛。

一九六〇年代，法國學者施舟人（Kristopher Schipper）到中央研究院歷史語言研究所訪問研究一年。他不想整天窩在傅斯年圖書館，就跑到臺南西港，跟當地的道士學道法，完成了爬刀梯，成為正式的道士。他把當時在臺北的外國大使館人員請去臺南，向他們介紹臺灣道士的做法儀式。由於他的努力，臺南西港的道士和道法名聞國際。法國巴黎也就成了世界研究道教的重鎮，至今不衰。

臺灣的歷史文化既然有這樣的特殊性，近三十年來博碩士生的研究成果

也相當可觀，遺憾的是，由於學術出版是一個冷門的行業，無利可圖，而政府部門對學術出版的挹助猶如杯水車薪，因此這些優異傑出的研究，大部份得不到出版的機會，長期束諸高閣，無法被臺灣乃至國際學界更好的利用，學術研究的寂寞真是讓人唏噓！有幸的是，花木蘭文化出版社近年來以其獨特的經營方法，在出版界異軍突起，已成為臺灣學術出版的重鎮。該社 8 年來出版了將近 1500 種的漢學論著，內容涉及到中國文史哲學門的每一個方面，迄今更有心致力於「臺灣歷史與文化」的學術出版。據總編輯杜潔祥先生說，目前已得到各大學研究所將近 60 位指導教授的熱烈支持，所推薦的優秀博碩士論著已近三百部！這真是一個令人振奮的事情！我衷心期盼這個「臺灣歷史與文化研究」的出版計劃，能夠長期堅持下去，讓「臺灣」在人類的思想、文化、生活、歷史等方面，因為有這些優秀的研究，而具有舉足輕重的地位。是為序。

　　　　　宋光宇　寫於臺北南港筆耕田書房　民國 102 年 3 月 2 日夜

《臺灣歷史與文化研究輯刊》初編書目

目次

第一章　緒　論

第一節　「臺灣海東四子」義界

　　清聖祖康熙二十二年（1683），鄭克塽（1670～1707）降清，臺灣納入清朝的版圖。清領臺灣之後，在臺灣設立臺灣府，下領臺灣縣、鳳山縣、諸羅縣三縣；臺灣府城即明鄭時期的承天府所在，而臺灣縣爲其附郭。康熙二十三年（1684），調任臺灣知府的蔣毓英在《臺灣府志》中記：

> 臺灣縣治，附郭。除澎湖三十六嶼外，東至咬狗溪、大腳山五十
> 里，西至澎湖大洋水程四更，除水程外，東西廣五十里，南至鳳
> 山安平鎮交界十里，北至新港與諸羅縣交界四十里，南北延袤四
> 十里。〔註1〕

　　依據蔣毓英文中所記「南至鳳山安平鎮交界十里，北至新港與諸羅縣交界四十里」來看，當時「臺灣縣」轄屬之地約爲今天的臺南縣區域；之後，臺灣的地方行政區域畫分又經過四次沿革，最後兩次改制都是在光緒年間。光緒元年（1875），沈葆楨（1820～1879）重新規劃臺灣的地方行政區域，他將臺灣分爲臺灣、臺北二府，臺灣府下領有臺灣縣、鳳山縣、恆春縣、澎湖縣等六縣及埔里社、卑南二廳。光緒十三年（1887），臺灣巡撫劉銘傳（1836～1896）上疏奏請臺灣建省，下設三府，其中臺南府爲舊臺灣府改制而成，所轄領的安平縣則爲舊臺灣縣改制而成：「將原有之臺灣府、縣改爲臺南府、安平縣」，〔註2〕

〔註1〕　蔣毓英：《臺灣府志》（南投：臺灣省文獻委員會，1993年6月），頁8。
〔註2〕　連橫：《臺灣通史》（臺北：眾文圖書股份有限公司，1994年5月一版二刷），
　　　　頁106、頁464。臺灣省文獻委員會編：《臺灣史》（臺北：眾文圖書股份有限

所以「安平縣」轄地即原來「臺灣縣」的轄區。海東四子皆爲光緒年間進士，其中的施士洁、許南英、汪春源爲安平縣人，海東書院所在地也是在安平縣轄區之內，亦即原來的臺灣縣。〔註3〕

在清領臺灣兩百多年的時間裡，臺灣縣（光緒十三年時改稱爲安平縣）是全臺開闢最早、人口最稠密的地區，再加上鹿耳門、七鯤身門戶天成，是全臺的對外貿易中心，商船雲集、洋商道塞，經濟繁榮興盛，這種情形一直持續到光緒年間。連橫《臺灣通史》對臺灣縣的繁華熱鬧有詳細描述：

> 安平鎮之左爲鯤身，右爲菅仔埔，其西則鹿耳門，風濤噴薄，凤稱天險。荷蘭鄭氏之時，均築礮臺，守海道。今亦半沈，僅存沙汕，巨舟不能入，其大者須泊草湖。夫安平縣爲互市之口，駐領事，設海關，以振興貿易，故臺南商務冠全臺，猶不失爲富庶也。唯南至二層行溪與鳳山界，北至曾文溪與嘉義鄰，相距不逮五十里，而土尚膏腴，人懷禮義，士遊於庠，農歌於野，商勉於廛，工集於肆。
>
> 〔註4〕

臺灣縣在擁有優厚的政治、經濟等條件的情況之下，文教發展也蓬勃發達，並且成爲臺灣地區文教首屈一指的縣治。臺灣地區文教的推動，首先是在康熙二十三年（1684）、二十四年（1685）分別成立臺灣縣儒學、臺灣府儒學，〔註5〕另外，臺灣縣內各處又紛紛設立書院、義塾，〔註6〕臺灣縣內的文風因而丕振勃興，學子濟濟一堂、弦誦不輟。

在臺灣縣內設立的書院有二：一是康熙四十三年（1704）知府衛臺揆設

公司，1994年5月），頁254。

〔註3〕 施士洁於光緒二年中進士，登錄的籍貫是臺灣縣，即沈葆楨當時的行政區域劃分。

〔註4〕 連橫：《臺灣通史‧疆域志》，頁109～頁110。連橫出生於光緒四年，他〈疆域志〉文中提及臺灣的行政區域時，是採用光緒十三年改制之後的名稱，所以，他文中所指稱的「安平縣」，即光緒十三年改制之前的「臺灣縣」。

〔註5〕 連橫《臺灣通史‧教育志》：「康熙二十二年，知府蔣毓英始設社學二所於東安坊，以教童蒙，亦曰義塾。其後各縣增設。二十三年，新建臺、鳳兩縣儒學。翌年，巡道周昌、知府蔣毓英就文廟故址，擴而大之，旁置府學。」頁269、頁277。

〔註6〕 康熙年間，在臺灣府設立的書院有西定坊書院、安東坊書院、鎮北方書院、彌陀室書院、竹溪書院等。見王啓宗：《臺灣的書院》第三章〈臺灣書院設立的經過〉（臺北：行政院文化建設委員會，1999年6月），頁27。林文龍：《臺灣的書院與科舉‧臺灣的書院沿革》（臺北：常民文化事業股份有限公司，1999年9月），頁25。

立的崇文書院，爲縣屬級書院；一是康熙五十九年（1720）巡道梁文瑄建立的海東書院，爲道屬級書院。因爲受到縣屬、道屬不同條件的影響，屬於道級的海東書院在經過歷任的提督學政如單德謨、楊二酉、劉良璧、覺羅四明、蔣允焄、姚瑩、孔昭虔、徐宗幹等人的改建、遷建、整修，海東書院的建設日益完備、規模日漸擴大，到了清高宗乾隆年間，海東書院的文教地位已超越了較早成立的崇文書院，成爲全臺最大書院，也是全臺人文薈萃之地。乾隆二十九年（1764），分巡臺灣道蔣允焄在〈改建海東書院碑記〉文中說：

> 稽昔立學定制，始於康熙二十四年，又選才俊之士，設公廨、增廩
> 餼，刱爲書院以養之，如崇文、白沙、玉峰、明志等，所在多有，
> 而海東其最著也。〔註7〕

道光元年（1821），借補澎湖通判的蔣鏞在〈海東書院膏伙經費捐輸示告碑記〉亦說：

> 照得海東書院爲全臺人文薈萃之區，必加意振興。〔註8〕

除了書院硬體的增建、遷修之外，歷屆的提督學政也都熱心投入書院的教導工作之中，除在講堂授課外，他們也編選、出版書院的校士集、課選集，對海東書院的學子起了極大的鼓勵作用；而歷屆的書院山長〔註9〕也都用心教學，培育人才。例如，乾隆五十二年（1787），吳文溥「入臺灣道幕，掌教海東書院，一以嚴取，與務躬身行爲，勗諸生，課一藝，評點講解，務令習者歡欣以去。臺灣士風頓起。」〔註10〕又如咸豐十年（1860），進士林天齡「主臺灣海東書院講席兩年，……既至，立課程、校文藝；講求義理、陳說古今，與諸生相勉爲根柢之學，暇則或爲歌詩以娛之。」〔註11〕因此，海東書院在

〔註7〕　收入謝金鑾、鄭兼才合著：《續修臺灣縣志》（臺北：臺灣銀行經濟研究室，1962 年 6 月），頁 502。

〔註8〕　收入臺灣銀行經濟研究室編輯：《臺灣南部碑文集成》（臺北：臺灣銀行經濟研究室，1966 年 3 月），頁 465。另外，覺羅四明〈改建海東書院記〉也說：「曩予握郡符時，崇文書院就圮，易地新之。……海東書院，尤全臺文教領袖。」收入臺灣銀行經濟研究室主編：《臺灣教育碑記》（臺北：臺灣銀行經濟研究室，1959 年 7 月），頁 20。

〔註9〕　海東書院歷任山長名單，見林文龍：《臺灣的書院科舉·清代臺灣書院講席彙錄》，頁 85～頁 113。

〔註10〕蔣師轍：《臺灣通志·列傳》（臺北：臺灣銀行經濟研究室，1962 年 5 月），頁 501。

〔註11〕俞樾：〈翰林院侍讀學士林君墓表〉，收入臺灣銀行經濟研究室編輯：《續碑傳選集》（臺北：臺灣銀行經濟研究室，1966 年 4 月），頁 94。

地方宰官及書院山長的共同努力之下，書院學務也就因此而蒸蒸日上。

為臺灣學子造福，將海東書院建設成與福州鼇峰書院同樣水準的書院是臺灣守宰者的理想目標，乾隆四年（1739）巡視臺灣的御史楊二酉在〈海東書院記〉文中即表達這樣的想法：

> 臺陽海嶠，隸閩之東南郡，相去榕城，約千餘里，諸生仰止「鼇峰」，
> 且不免望洋而嘆也。郡學西側，舊有海東書院，為校士之所。……
> 意選內郡通經宿儒充教授為良師，允堪作育多士，與「鼇峰」並峙。
> 〔註12〕

到了清宣宗道光年間，從海東書院肄業的人數已多達三百多人，大街小巷誦書聲晝夜不斷。〔註13〕即使後來臺灣中部、北部陸續開發，政治、經濟重心因而北移，海東書院為全臺文教領袖的地位仍然毅立不搖，並且一直持續到清德宗光緒二十一年（1895）清廷將臺灣割讓給日本為止。由此可見，海東書院對臺灣文教發展的影響力量。

在光緒年間考中進士的臺灣本土士人施士洁、許南英、丘逢甲、汪春源四人和海東書院有著密切關係：施士洁曾擔任海東書院山長職務達十多年之久，而許南英、丘逢甲、汪春源在光緒十三年（1887）被當時的兵備道唐景崧選入海東書院就讀，成為施士洁的門生。施士洁、許南英、丘逢甲、汪春源四人有四個類似的共通點：第一，他們進士的出身，代表近代臺灣傳統知識分子階層；第二，他們所處的時代，是風起雲湧、變化劇烈的時代；第三，他們是臺灣本土文士中的優秀作家，他們的創作與時代社會密切貼合；第四，因為海東書院的關係，他們之間發展出一段世變時代中的情誼。

連橫《臺灣詩乘》指出施士洁與丘逢甲在近代臺灣詩壇中的地位：

> 光緒以來，臺灣詩界首推施澐舫、邱仙根二公，各成家數。〔註14〕

連橫又在《雅言》一書裡說：

〔註12〕收入范咸：《重修臺灣府志》（臺北：臺灣銀行經濟研究室，1961年11月），頁690。胡建偉《澎湖紀略・書院》也說到海東書院對臺灣教育發展的重要：「若夫右文重士，則國朝實有度越千古者焉。……列聖相承，文教覃敷，無遠不屆：在興化則有考亭書院、泉州則有泉山書院、……臺灣則有海東書院；以至二州六十四縣與夫通都巨鎮，亦莫不設有書院，以為士人敬業樂群之所。」（臺北：臺灣銀行經濟研究室，1961年7月），頁79。

〔註13〕徐宗幹：〈寄浙撫梁楚香中丞書〉，收入丁日健：《治臺必告錄》（臺北：臺灣銀行經濟研究室，1959年7月），頁348。

〔註14〕連橫：《臺灣詩乘》（南投：臺灣文獻委員會，1992年3月），頁215。

當是時，臺人士多以詩鳴，而施耐公、邱仙根尤傑出。二公各有詩
集，不特稱雄海上，且足拮抗中原。〔註15〕

大陸學者汪毅夫在《臺灣文學史》第二編近代文學史中提到施士洁、許
南英、丘逢甲、汪春源等人時則說：

施士洁等海東書院師生……其成員的創作成就體現了臺灣建省初期
文學創作的最高水準，丘逢甲還是中國近代詩史上雄踞一席之地的
著名詩人。〔註16〕

無論就近代臺灣歷史或文學史來看，施士洁、許南英、邱逢甲、汪春源
四個人都是不能忽略的一群，筆者以「臺灣海東四子」指稱之，並定為本論
文研究的對象。

但是，連橫在《臺灣通史‧邱逢甲列傳》文中記述說：

灌陽唐景崧以翰林分巡臺灣道，方獎掖風雅，歲試文生，拔其尤者
讀書海東書院，厚給膏火，延進士施士洁主講。於是逢甲與新竹鄭
鵬雲、安平汪春源、葉鄭蘭肄業其中。〔註17〕

汪毅夫在《臺灣文學史》第二編中則說：

臺灣建省初期，文學上出現了一個初具雛形的文學流派「東海文
章」，這是由海東書院師生施士洁、丘逢甲、許南英、汪春源和鄭鵬
雲諸人組成的、有共同特點和相近風格的作家群。〔註18〕

連橫、汪毅夫二人這兩段文字所敘述的內容和筆者所指稱的「臺灣海東
四子」的界定是不同的，不同之處可分為兩方面來討論：第一、人數的問題：
這一個「群體」到底包括那幾個人？第二、名稱的問題：筆者以「臺灣海東
四子」為名稱之，理由何在？這兩個問題，是在研究「臺灣海東四子」之前，
應該先釐劃清楚的。

在文獻及專著中提及施士洁、許南英、邱逢甲、汪春源四人與海東書院
關係的資料，有以下各條：

一、施士洁〈窺園留草序〉：「光緒之初，予主海東講院，允白以博士弟

〔註15〕連橫：《雅言》（臺北：臺灣銀行經濟研究室，1963年2月），頁38。
〔註16〕劉登翰等：《臺灣文學史》（福州：海峽文藝出版社，1991年6月），頁252。
汪毅夫此處所指之海東書院師生，包括：施士洁、許南英、丘逢甲、汪春源、
鄭毓臣。
〔註17〕連橫：《臺灣通史》，頁1033。
〔註18〕劉登翰等：《臺灣文學史》，頁243～頁244。這一部分是由汪毅夫撰寫的。

子員肄業焉，乘銳攻苦，跌宕文場。」〔註19〕

二、施士洁〈臺北唐維卿方伯幕中補和臺南「淨翠園」韻〉之十：「消寒坐上小罏紅，滿院吟朋集海東（『海東書院』課日，予每邀公作詩鐘會）。」〔註20〕

三、施士洁〈乙巳除夕感懷，寄示林彭壽公子〉：「回首瀛南舊鳳鸞，同時飄泊羽毛殘；許渾作客汪倫別（允伯、杏泉二門人，遠宦於江右、粵東），剩有孤松守歲寒！」〔註21〕

四、施士洁〈鯉城晤鄭生毓臣上舍〉：「相從桐郡愁無那，小別榕壇感不禁（生昔肄業榕壇）。」〔註22〕

五、施士洁〈鄭毓臣上舍師友風義錄序〉：「毓臣蓋即唐公歲試所得之士也。」〔註23〕

六、許南英〈讀施澐舫山長詩草，恭擬題詞〉：「當軸聞名耳為傾，皋比講學舊家聲；海東桃李門墻盈（尊甫星階先生，前亦主講海東書院），吾師應聘為文衡。造士楔楔詠菁菁，十餘年來叶士評。」〔註24〕

七、許南英〈送汪杏泉入都補殿試〉：「東海文章餘數子，西清品望孰為儔！」〔註25〕

八、許南英〈和仙根水部見贈原韻，並以送行〉：「東海文章餘數子，南州冠冕屬斯人。」〔註26〕

九、汪春源〈窺園留草序〉：「春源蚤歲獲交於允白許君，彼此觀摩，遂成益友。維時臺學使灌陽唐公文治方新，禮延耐公施先生掌教臺澎講院；於制義試帖外，為詩、古文詞之學。院中月課，春源與君輒冠曹偶。」〔註27〕

〔註19〕 許南英：《窺園留草》（南投：臺灣省文獻委員會，1993年9月），頁1。
〔註20〕 施士洁：《後蘇龕合集》（南投：臺灣省文獻委員會，1993年9月），頁58。
〔註21〕 施士洁：《後蘇龕合集》，頁156。
〔註22〕 施士洁：《後蘇龕合集》，頁112。詩中註所稱之「榕壇」，即是海東書院。連橫《雅言》：「海東書院在寧南門內，為兵備道課士之所。內置講堂，堂前有老榕，為數百年物，謂之榕壇；其旁，則齋舍也。」頁58。
〔註23〕 施士洁：《後蘇龕合集》，頁371。
〔註24〕 許南英：《窺園留草》，頁15。
〔註25〕 許南英：《窺園留草》，頁53。
〔註26〕 許南英：《窺園留草》，頁55。
〔註27〕 許南英：《窺園留草》，頁3。

十、汪春源〈汪進士自述〉：「丙戌、丁亥兩屆歲秋試，蒙提學道唐薇卿師屢拔第一。丙戌，食廩餼。」〔註28〕

十一、丘逢甲〈重過臺南道署，憶自丁亥入署讀書，文酒之會極盛，至園亭新築，唱和之作裒然成冊。覓舊夢而難忘，思墜歡之莫續；用前淨翠園即事詩韻，賦寄維卿師。時師方入觀，將南還也。〉〔註29〕

十二、連橫《臺灣通史‧唐景崧列傳》：「景崧雅好文學，聘進士施士洁主講海東書院。庠序之士，禮之甚優。」〔註30〕

十三、鄭喜夫〈邱菽園與臺灣詩友之關係〉：「王詠裳……蓋曾肄業海東書院，為施士洁之門弟子，而許允白之同學友也。」〔註31〕

十四、汪毅夫：「1886 年，唐景崧聘施士洁任海東書院山長，並從臺灣士子中選送丘逢甲、許南英、汪春源、鄭毓臣等入海東書院就讀。」〔註32〕

分析以上引述的資料之後可以得到七個結論，列述於下：

一、後人依據連橫〈丘逢甲列傳〉所記，說施士洁是在光緒十三年應唐景崧之聘任海東書院山長職。事實上，施士洁擔任海東書院山長職務的時間早在這之前。〔註33〕我們可以從施士洁下列各詩詩句所言推敲出事實：

（一）〈寄答陳槐庭代柬〉：「『白沙』舊講院（歲癸未，僕主講白沙），劫火想摧毀。」

（二）〈涂生弟和詩，疊韻答之〉：「我年二十餘，謬忝榕壇席。」

（三）〈臺澎海東書院課選序〉：「士洁自白沙書院講席移研於此，候踰十稔矣。」

（四）〈寄和黃巖蔡□□茂才七十自壽韻〉之四：「皋比老我忝人師，十

〔註28〕見黃典權：〈兩件新史料〉，收入《臺南市政》第八期（1965 年 1 月），頁 5。

〔註29〕丘逢甲：《柏莊詩草》，頁 91。收在《丘逢甲遺作》（臺北：世界河南堂丘氏文獻社出版，1998 年 12 月）

〔註30〕連橫：《臺灣通史》，頁 1042。

〔註31〕收入《臺灣文獻》第 38 卷第 2 期（1987 年 6 月），頁 139。

〔註32〕汪毅夫：〈臺灣的科舉和臺灣的文學〉，收入《臺灣近代文學叢稿》（福建：海峽文藝出版社，1990 年 7 月），頁 55。

〔註33〕林文龍〈臺灣書院講席錄〉一文已提出施士洁任教海東書院山長的時間早於光緒十三年：「施士洁約清光緒八、九年（1882～1883），由彰化白沙書院轉任海東書院，至十九年（1893）仍在任。」收入《臺灣的書院與科舉》，頁 99。

歲榕壇系去思（僕主講榕壇十餘載）。」〔註 34〕

「癸未」年是光緒九年（1883），這一年施士洁二十九歲，主講白沙書院；榕壇即海東書院，可知施士洁就在這一年由白沙書院轉調至海東書院。光緒十三年唐景崧到臺赴任後因「聞名耳爲傾」，〔註 35〕就再續聘施士洁爲海東書院山長。《臺澎海東書院課選》一書是在光緒十七年（1891）唐贊袞調任臺澎道兼按司篆時推動的，〔註 36〕施士洁該書序文末稱唐贊袞爲「郡伯前護道唐公」，因此，此書應完成於光緒十八年唐贊袞轉任臺南府知府之後；從光緒九年到光緒十八年約有十年左右，這也符合「士洁自白沙書院講席移研於此，候踰十稔矣」這樣的話。從光緒九年至光緒二十一年施士洁離臺之間有十二年的時間，推算結果也符合他內渡後所說的話：「僕主講榕壇十餘載。」

二、丘逢甲是在光緒十三年「丁亥」（1887）由唐景崧選拔進入海東書院的。

三、雖然連橫未提及許南英，但依據施士洁、汪春源所記以及許南英的詩作來看，許南英進入海東書院就讀一事是明白確定的，時間就是他寫〈讀施澐舫山長詩草，恭擬題詞〉那一年，光緒十三年。

四、汪春源在〈汪進士自述〉文中說他在光緒十二年「丙戌」、光緒十三年「丁亥」皆爲提學道唐薇卿師拔置第一，並食廩餼；但依據蔣師轍《臺灣通志》所記，唐景崧是在光緒十三年四月上任的；〔註 37〕劉銘傳〈明保道員陳鳴志片〉亦記唐景崧於光緒十三年四月到任；丘逢甲、許南英進入海東書院的時間都確定是在光緒十三年，而且汪春源〈窺園留草序〉文中自言與許南英同時被選入海東書院就讀；綜合這些資料，筆者認爲汪春源應該也是在光緒十三年進入海東書院就讀的。

〔註 34〕前引四詩分見施士洁：《後蘇龕合集》，頁 127、頁 274、頁 354、頁 98。

〔註 35〕許南英：〈讀施澐舫山長詩草，恭擬題詞〉，《窺園留草》，頁 15。

〔註 36〕唐贊袞有詩〈臺俗富而悍，□□寒而不文。余葺橫舍，召生徒月必以試，巾卷盈廷。儲金錢若干爲母，入其子爲書院費。復選刻「海東課藝」，藉開文教風氣。由是荒陬僻陋，多文學之士矣〉記之。收入《臺灣關係文獻集零》（南投：臺灣省文獻委員會，1994 年 5 月），頁 145。

〔註 37〕蔣師轍：《臺灣通志·職官》（臺北：臺灣銀行經濟研究室，1962 年 5 月），頁 352。

五、鄭毓臣（1862～1915）曾進入海東書院成爲施士洁的學生這一點沒有疑義，不過，依據連橫記述的文字來看，似乎他與丘、許、汪等人同時進入書院，但事實上，他是在光緒二十年（1894）才進入海東書院的。〔註38〕

六、施士洁有三首寫給王詠裳（？～1898）的詩作，其中兩首並以「王生」題稱；〔註39〕王詠裳是許南英早年詩友，但是許南英題贈給王詠裳的詩作都是與窺園「聞樨學舍」有關，而未有涉及海東書院的；〔註40〕鄭喜夫一文並未註明資料來源，筆者也沒有查到其他的佐證資料，因此，王詠裳或許也曾進入海東書院，但是否與許、丘、汪三人同時進入海東書院這一說法則存疑置之。

七、至於葉鄭蘭，除了連橫提到之外，施、許、丘、汪四人的著作中均未提及，也沒有其他學者說到，筆者也沒有找到有關葉氏的資料，因此，此一說法亦存疑置之。

歸納上述七點，我們可以明白確定的是：光緒十三年，許南英、丘逢甲、汪春源三個人爲唐景崧選中進入海東書院就讀，成爲當時的海東書院山長施士洁的門生，四個人曾經有過一段時空共處的因緣，並且發展出師生、同學的情誼。以上分析，解決了前述的第一個人數的問題，因此，本論文所指稱的「臺灣海東四子」是指施士洁、許南英、丘逢甲、汪春源四人。致於名稱界定爲「臺灣海東四子」，理由說明於下。

汪毅夫提出「施士洁等海東書院師生在臺灣有『東海文章』之稱」的說法，所持的理由是許南英在〈送汪杏泉入都補殿試〉、〈和仙根水部見贈原韻，並以送行〉兩首詩中，都有「東海文章餘數子」這一句詩句，〔註41〕但是，汪毅夫所引用的許南英這兩首詩是許南英寫給與他是同學關係的丘逢甲、汪春源二人；許南英在寫給老師施士洁的詩中則用「海東」一詞，如〈題施澐舫山長詩草，恭擬題詞〉：「海東桃李門墻盈，吾師應聘爲文衡。」再如〈壽

〔註38〕《新竹市志・人物志》（新竹：新竹市政府，1997年12月），頁91。

〔註39〕施士洁：〈題王生詠裳小照，如次原韻〉、〈題王詠裳〉、〈哭王生詠裳〉，《後蘇龕合集》，頁60、頁78、頁86。

〔註40〕見筆者碩士論文《許南英及其詩詞研究》（臺北：中國文化大學中國文學研究所碩士論文，1999年）第二章第三節，頁70。

〔註41〕劉登翰等：《臺灣文學史》，頁252。汪毅夫此處所指之「海東書院諸生」，包含鄭毓臣在內。

施耐公六十初度〉:「海東壇坫今何在？儒雅風流尙有師。」〔註42〕詩句中的「海東」一詞之意都是指海東書院。許南英「東海文章」一詞所指稱的對象並未包含施士洁，因此無法以「東海文章」一詞總括施士洁、許南英、丘逢甲、汪春源四人集結而成的這一個群體。

筆者以爲：在海東書院成立的一百多年的時間裡培育出來的人才雖然眾多，但是在歷史上留下名字又可稱爲一個群體的，除了施士洁、許南英、丘逢甲、汪春源四人之外別無他人；施士洁、許南英、丘逢甲、汪春源四個人，因緣聚合在「海東書院」，發展出一段師生、同學的情誼，並且成爲近代臺灣歷史、文學發展中的一個值得注意的群體，因此，本論文以「臺灣海東四子」這一名稱指稱施士洁、許南英、丘逢甲、汪春源這一個代表近代臺灣傳統知識分子的群體。「臺灣」一詞，用以點明四個人的籍貫同屬臺灣，有著共同的地域關係；「海東」一詞，則表明他們同爲「海東書院」師生的這一層關係；又因爲四個人都是在光緒年間舉爲進士，因此合稱爲「四子」。

第二節　研究動機與目的

康熙、雍正、乾隆三朝爲清季盛世，到了嘉慶、道光年間，面對內憂外患的交相侵擾，日漸衰疲頹敗的清廷根本無力解決遭遇到的內政、外交困境，尤其是在中英鴉片戰爭（1840～1842）之後，西方列強帶來的軍事、政治、思想、經濟各方面的衝擊，促使中國進入史上空前的巨變時代，正如李鴻章（1823～1901）所說：

> 臣竊惟歐洲諸國，百十年來，由印度而南洋，由南洋而東北，闖入中國邊界腹地，凡史前之所未載，亘古之所未通，無不款關而求互市。我皇上如天之度，概與立約通商，以牢籠之。合地球東西南朔九萬里之遙，胥聚於中國，此三千餘年一大變局也。〔註43〕

這「三千餘年一大變局」所以形成，早在雍正元年（1723）下令禁教之時就已經開始了。雍正禁止西方傳教士到中國傳教，塞絕了中國與西方的聯繫通路；中國禁教之後的一個世紀，西方世界變化進步極爲快速，影響近代甚鉅的民主自由思想、放任經濟學說、工業革命、交通革命，以及各國的政

〔註42〕許南英：《窺園留草》，頁 15、頁 140。
〔註43〕轉引自王爾敏：〈晚清外交思想的形成〉，收入《晚清政治思想史論》（臺北：臺灣商務印書館，1995 年 2 月），頁 192。

治改革等都發生在這一個世紀內。但是，中國對外界的改變進步卻毫無所知，仍抱持著傳統的文化優越感，以世界中心的大國自居；一直到中英鴉片戰爭失敗後才徹底打破了這個假象，中國再不能自劃於世界之外。列強入侵中國除了覬覦中國的土地、資源，進行他們在中國的軍事、經濟的侵掠之外，西方思潮也一波波洶湧地捲進中國，掀起了中國在思想、文化方面的強大衝擊；更慘的是，太平天國的烽火燃遍中國大半江山，兵燹連年的結果是民不聊生，國家的情勢更加衰敗。

　　清帝國在最後的六十多年時間裡，受到西方帝國主義不平等條約、割地賠款、鴉片流毒等種種方式的侵略，腐敗的清帝國岌岌可危；而挾持西方武器威勢而傳進中國的西方思想文化也對中國固有的思想文化造成極大的衝擊與震撼，中國似乎走到了生死存亡的關口；當時遠見之士醒覺到世界局勢的變異，而有「變局」即「創局」的省悟，紛紛提出他們的應變之道。覺醒的知識分子了解到世界中心再也不是中國，面臨列強經濟與軍事並進侵略的中國再不趕快找出強國富國的方法，即將有被瓜分而亡國滅種的可能；他們放下一直以來的大國心態，並且展開一連串的強國富國的運動及措施，冀求挽救衰頹的國勢、重振華人聲威。他們觀察列強所以強盛的原因，也將明治維新運動之後的日本當作效仿的對象；中國在鴉片戰爭後向西方列強、東方日本學習的過程中，先是魏源提出「師夷長技以制夷」的主張，接著是咸豐、同治時期洋務派主張「中學為體，西學為用」，到了光緒年間，康有為、梁啟超鼓吹維新運動；在這一連串的自強運動中大量翻譯西書，將西方的政治思想、社會制度、科學新知等一一介紹到國內；在這種激盪變化的時代環境中，文學界也蘊釀進行了一場劇變。

　　在清朝嘉慶以前，由於高壓懷柔政治風氣籠罩，學術的發展繼承了明代遺民黃宗羲、顧亭林等人經世致用的實學精神，樸學因而大為盛行，蔚為清代前期的學術主流；文學的走向，無論詩、文、詞、曲也都走復古之路，逃不出摹擬與因襲，缺少新奇的生命與創造的精神。就詩來說，清詩壇分為尊唐與宗宋兩大流派：尊唐者言神韻，言宗法，言格調，言肌理；宗宋者，反流俗，排淫濫，喜發議論，以文入詩。但是，自道光、咸豐以降，由於外族侵略與國內戰亂交相迭起，清廷又躓頇無能應對，因此在政治、社會、經濟、文化、思想等各方面都發生了鉅大變化。詩人既身經世變之艱苦，又因視野的擴展，他們的思想感情也起了變化，在關懷國家社會的動機之下，他們嘗

試改變創作的形式與方法，用以記述當時社會的各種問題及變化，也記述下他們在面對傳統、西方相互衝擊激盪之下的反思。因此，晚清的詩壇在尊唐、宗宋的派別之外，又發展出以黃遵憲、梁啟超為首的新派詩。〔註44〕

劉勰《文心雕龍・時序》說：「時運交移，質文代變。」又說「文變染乎世情，興廢繫乎時序。」明白指出文學創作受時代環境影響的現象。〈詩大序〉則指出在世亂時變之際變風之作應時而生；詩人在這些發乎至情的變風之作中除書寫世變時代的面貌之外，也深具諷諭直刺、力挽時局的企圖：

> 至於王道衰，禮義廢，政教失，國異政，家殊俗，而變風、變雅作矣。國史明乎得失之迹，傷人倫之廢，哀刑教之苛，吟咏情性以風其上，達於事變而懷其舊俗者也。故變風發乎情，止乎禮義；發乎情，民之性也，止乎禮義，先王之澤也。是以一國之事，繫一人之本，謂之風。〔註45〕

晚清詩人的創作再一次驗證詩歌創作受到時代政治、社會、風俗影響的現象，而且晚清詩人這些充分具有社會寫實主義精神的作品，也發揮了世變時代文學的社會功能。

晚清的詩人大多有這種創作的自覺，新派詩人的作品更是直接明白地表現出來。陳燕《清末民初的文學思潮》認為這個時期的文學價值，在於「它不只是反映現實，還能回頭往後省察過去的中國文學甚至文化成就的優劣得失，並且俯身向前為將來的中國文學與文化成長預作鋪路奠基的功夫。這種既能反思、又能開拓的特色，正是清末民初文學思潮的軸心所在」。〔註46〕

臺灣，位處太平洋邊際，是大陸東南七省的門戶，其關鍵又便利的地理位置早就是列強窺伺的目標，列強每一次對中國的侵略行動總會波及到臺灣；而早中國一步學習西化的日本，更將佔據臺灣當作侵略中國的跳板，就在列強蠶食鯨吞中國之際，日本也展開佔領臺灣的行動。〔註47〕

〔註44〕劉大杰：《中國文學發展史》（臺北：華正書局，1977 年 5 月），頁 1021～頁 1032。

〔註45〕陳奐：《詩毛氏傳疏》（臺北：臺灣學生書局，1978 年 9 月五版），頁 12。

〔註46〕陳燕：《清末民初的文學思潮》（臺北：華正書局，1993 年 9 月），頁 203。

〔註47〕郭廷以：〈從中外接觸上論中國近代化問題〉，收入《近代中國的變局》（臺北：聯經出版事業公司，1987 年 6 月），頁 93～頁 105。郭廷以：《臺灣史事概說》第六章〈列強侵擾與臺灣之危機〉（臺北：正中書局，1993 年 11 月初版第十一次印刷），頁 138～頁 178。黃大受：《臺灣史綱》第十一章〈外患的日趨嚴重〉（臺北：三民書局，1993 年 8 月四版），頁 181～頁 196。

　　海東四子中最早出生的是許南英，生於清文宗咸豐五年（1855）十月初五日，施士洁於同年的十二月十九日出生，丘逢甲生於清穆宗同治三年（1864），而汪春源則生於同治八年（1869）。四個人之中最早過世的是丘逢甲，卒於民國元年（1912），許南英則病逝於民國六年（1917），施士洁歿於民國十一年（1922），次年（1923），汪春源也離開人世。海東四子所處的時代正是清廷處在內憂外患交攻之下風雨飄搖的世變時代，更因為清廷的無能，甲午戰爭（1895）失敗後清廷與日本簽訂馬關條約，將臺灣割讓給日本，迫使海東四子離開家鄉，成為被放逐者，生活中原本的支柱（精神與物質兩方面）頓時消失；內渡大陸之後，又得面對時代轉型的巨變以及知識分子地位衰微的困境。海東四子在經歷種種打擊挫折之後老死異鄉，林景仁在〈汪杏泉丈輓詞〉寫道：「海外再無前進士，社中群惜古先生。」海東四子這一群流落在大陸的臺灣近代傳統知識分子的年代，就在世變時代的浪濤中結束了。

　　王汎森〈近代知識份子自我形象的轉變〉一文指出：身處階層轉型變化劇烈、四民地位重新定位時代的近代中國傳統知識分子，尤其是在「自然知識」與「規範知識」的決裂點——「廢科舉」之後，正一步一步地從社會「邊緣化」。這種「邊緣化」的力量來源有二，一是社會大環境造成的，一是傳統知識分子對自我身份的懷疑。在這種情形下，有的知識分子無法適應時代環境的巨變，從新時代裡消聲匿跡了；有的知識分子則應變學習新知，以適應新時代所需。〔註48〕

　　「人」與「時代」之間的關係有千萬種可能，身為臺灣最後一群傳統知識分子的施士洁、許南英、丘逢甲、汪春源四人和當時有醒覺意識的知識分子一樣，雖然在戰爭、毀敗、混亂、迷惘之中飄流，身不由己，但是因為反省自覺的能力以及對時代社會的關心，他們省視國家的困境所在以及前途發展的可能，也試著摸索出傳統知識分子在世變時代中的定位；在這段嘗試在傾毀頹滅中求生存的歷程中，無論是國家災難、社會亂象、人民疾苦、西學衝擊，或是國人沈痛省視、追求富強等等的一切變化情形，都在他們的創作裡留下了深刻印記，而他們身處變動時代中個人的辛酸苦楚心聲也在其中充分表露了。從他們具體寫實充分具有「詩史」精神的創作中，我們可以了解他們與時代之間產

〔註48〕王汎森：《中國近代思想與學術的系譜》（臺北：聯經出版有限公司，2003年6月），頁275～頁301。傳統知識分子學習的是修身齊家治國平天下這一「規範知識」體系的知識，和當時代為求富國強國所需的西方科技知識的「自然知識」不同。

生了什麼樣的「對話」；也可以知道在逐漸被邊緣化的過程裡，他們是如何面對他們的時代，又做了怎樣的應變；透過他們的創作，也可以明白他們作品中的思想內容與藝術技巧和當時的國家社會環境以及當時詩壇的創作特徵之間有什麼樣的關連。這就是筆者研究臺灣海東四子的動機與目的。

第三節　研究資料的範圍與目前研究成果檢討

一、研究資料範圍說明

本論文《臺灣海東四子研究》，是以施士洁、許南英、丘逢甲、汪春源四人為研究對象，研究的主要資料是這四個人的作品，目前找到的四個人的創作，有以下幾種：

（一）施士洁

1、《後蘇龕合集》，臺灣省文獻委員會出版，1993 年。

2、〈後蘇龕泉廈日記〉，收在《臺南文化》（舊刊）第 8 卷第 2 期，1966 年。

（二）許南英

1、《窺園留草》，臺灣省文獻委員會出版，1993 年。

（三）丘逢甲

1、丘逢甲，《嶺雲海日樓詩鈔》，臺灣省文獻委員會出版，1994 年。

2、丘逢甲，《柏莊詩草》，臺北市文獻委員會印行，1980 年。

3、丘逢甲、呂汝玉等合撰，《竹溪唱和集》，收在《臺灣風物》第 30 卷第 2 期，1980 年。

4、施梅樵編，《丘黃二先生遺稿合刊》，臺中州東亞書局，1942 年。

5、王國璠編，《倉海先生集外集》，《臺北文獻》直字第 51、52 期合刊，1980 年。

6、丘晨波、黃志萍、李尚行合編，《丘逢甲文集》，廣東花城出版社出版，1994 年。

7、世界河南堂丘氏文獻社，《丘逢甲遺作》，世界河南堂丘氏文獻社出版，1998 年。

8、丘逢甲、王恩翔合著，《金城唱和集》，收在陳支平主編《臺灣文獻

匯刊》，北京九州出版社與廈門大學出版社聯合出版，2004 年。

（四）汪春源

1、〈汪進士自述〉〔註49〕，收在《臺南市政》第八期，1965 年 1 月。

施士洁的《後蘇龕合集》、許南英的《窺園留草》、丘逢甲《嶺雲海日樓詩鈔》三本詩集，雖然有臺灣銀行、文海出版社、龍文出版社、臺灣文獻委員會等不同的版本，但因為是以臺灣銀行經濟研究室主編的版本為基礎再加以影印重刊，因此差異並不大。

丘逢甲的著作集雖然羅列了八本，但是，其中的《丘逢甲文集》、《丘逢甲遺作》二書的內容，和《嶺雲海日樓詩鈔》、《柏莊詩草》所收的作品重疊；值得注意的差別是，《丘逢甲文集》一書中收有丘逢甲的日記、書信，是其他書裡沒有的；而《丘逢甲遺作》一書中收有丘逢甲早年詩作、應試文章，也是其他書中沒有的。致於《丘黃二先生遺稿合刊》、《金城唱和集》二書中所收錄的作品，《嶺雲海日樓詩鈔》裡都收錄了。

汪春源原有《柳塘詩文集》一書，雖然廈門名士李禧曾見過這書，並著錄在《廈門市志》裡，〔註50〕但這本書遺失了。〔註51〕筆者搜集到的汪春源作品，只有〈汪進士自述〉一文，以及零星散見四處的詩作二十首；〈汪進士自述〉一文是汪春源的小傳，對考證汪春源的生平事蹟很有幫助；汪春源留下的二十首詩作多是應酬唱和之作，想從汪氏這二十多首詩作中判斷出他的創作風格，或是探究他的創作與時代的關係，都是困難的。因此，在研究海東四子及其創作與時代的關連問題時，就只能以施士洁的《後蘇龕合集》、許南英的《窺園留草》、丘逢甲的《嶺雲海日樓詩鈔》以及丘氏其他的詩文創作為本論文的主要研究資料。缺少汪春源《柳塘詩文集》這一本詩集，本論文在研究的內容上有一定程度的缺失。

二、目前研究成果檢討

海東四子四個人之中，丘逢甲向為學界注意，有關丘逢甲的研究也最多，

〔註49〕黃典權將汪春源〈汪進士自述〉與施士洁〈施耐公自祭文〉兩文合編成〈兩件新史料〉一文發表。
〔註50〕劉登翰等：《臺灣文學史》，頁 260。
〔註51〕筆者一直找不到這一本著作，曾向大陸學者汪毅夫（汪春源曾孫）探詢，他說他也未尋得此書。汪先生除熱心回函解答筆者的問題，並慷慨贈書，在此再一次謝謝汪先生。

例如，有關丘氏的傳記、年譜就有七本之多：

1、鄭喜夫，《民國丘倉海先生逢甲年譜》，臺北臺灣商務印書館，1981
年。

2、丘念臺，《嶺海微飆》，臺北中華日報社，1976年。

3、丘秀芷，《剖雲行日——丘逢甲傳》，臺北世界河南堂丘氏文獻社，
1998年。

4、丘鑄昌，《丘逢甲評傳》，廣東人民出版社，1987年。

5、楊護源，《丘逢甲傳》，臺灣省文獻委員會，1997年。

6、徐博東、黃志萍合著，《丘逢甲傳》，臺北海峽學術出版社，2003年。

7、丘鑄昌撰，《丘逢甲交往錄》，武漢華中師範大學出版社，2004年。

由於丘逢甲一生功過蓋棺仍未論定，因此，有關其生平事蹟考證的研究
一再推陳出新，其中，《嶺海微飆》、《剖雲行日——丘逢甲傳》兩本是丘逢甲
後人所編寫的，在學術價值上應予考慮；其他各家學者的力作各顯功力，見
解並不完成相同，想要全面認識丘逢甲的人，應該要兼顧參考。

研究丘逢甲詩歌創作的學術論著也最多，在學位論文方面有：

1、徐肇誠，《丘逢甲嶺雲海日樓詩鈔研究》，臺南成功大學中文研究所
碩士論文，1993年。

2、賴筱萍，《丘逢甲潮州詩研究》，臺中逢甲大學中國文學研究所碩士
論文，2003年。

3、王惠玲，《丘逢甲、「詩界革命」及其與日治時期臺灣傳統文學的關
係》，臺中東海大學中國文學研究所博士論文，2006年。

以丘逢甲研究為主題的學術會議論文集、個人論文集則有：

1、吳宏聰等編，《丘逢甲研究》，廣東人民出版社，1986年。

2、行政院文化建設委員會主編，《丘逢甲兩周甲子紀念展專輯》，1984
年。

3、逢甲大學人文社會研教中心主編，《丘逢甲與臺灣歷史文化學術研
討會論文集》，1997年。

4、逢甲大學人文社會研教中心主編，《丘逢甲與臺灣歷史文化學術研討
會論文集補編》，1997年。

5、張鳳蘭，《丘逢甲之詩學研究》，臺北里仁書局，1998年。

6、吳宏聰、李鴻生主編，《丘逢甲研究——1984年至1996年兩岸三地

學者論文專集》〔註52〕，臺北世界河南堂丘氏文獻社出版，1998 年。

7、逢甲大學人文社會研教中心編，《丘逢甲、丘念臺父子及其時代學術研討會論文集》，1999 年 5 月。

　　還有許多以丘逢甲爲研究對象的短篇論文更是不勝枚舉，已列錄在本論文的引用文獻、參考文獻中，這裡不再詳細列舉。後人對於施士洁、許南英的研究和丘逢甲比較起來要少了許多，以汪春源爲對象的研究則幾乎可說是沒有的。〔註53〕其中，以施士洁爲研究對象的期刊論文有：

1、余美玲，〈海東進士施士洁的詩情與世情〉，《逢甲人文社會學報》第 1 期，2000 年。

2、王建國，〈施士洁後蘇龕詩鈔之鄉愁書寫〉，《文學臺灣》第 43 期，2002 年 7 月。

3、謝碧連，〈府城臺南父子雙進士～施瓊芳、施士洁〉，《臺南文化》第 53 期，2002 年 10 月。

4、向麗頻，〈施士洁「臺江新竹枝詞」探析〉，《東海大學文學院學報》第 44 卷，2003 年 7 月。

以許南英爲研究對象的專著、論文有：

1、廖春金，《許南英傳》，南投臺灣文獻委員會，1998 年 6 月。

2、楊明珠，《許南英及其詩詞研究》，臺北中國文化大學中文研究所碩士論文，1999 年。

3、賴筱萍，《許南英及其窺園留草研究》，臺中逢甲大學中國文學研究所碩士論文，2003 年。

4、毛一波，〈許南英的詩詞〉，收在《臺灣文獻》第 15 卷第 1 期，1964 年 3 月。

5、毛一波，〈許南英的生平〉，收在《藝文誌》第 18 期，1967 年 3 月。

6、連景初，〈許南英與許地山〉，收在《臺南文化》（舊刊）第 2 卷第 2 期。

〔註52〕這一本論文集就是吳宏聰等編著，廣東人民出版社出版的《丘逢甲研究》；十三年之後，由於研究丘逢甲的熱潮，所以在臺北的世界河南堂丘氏文獻社將之重新出版。

〔註53〕在劉登翰等所著的《臺灣文學史》第二編第三章第二節〈施士洁與「東海文章」諸家〉中，有不滿一頁的內容評介汪春源的詩作。頁 260。另外，還有汪毅夫：〈海外再無前進士，社中群惜古先生〉一文，收入《臺灣近代詩人在福建》（臺北：幼獅文化事業公司，1998 年 4 月），頁 218。

7、余美玲，〈寒梅與詩心——許南英梅花詩探析〉，收在《臺灣文學學報》，2000 年 6 月。

8、林麗美，〈乙未世代的離散書寫——兼論許南英與丘逢甲的差異〉，收在《島語》第 3 期，2003 年。

9、包恆新，〈臺灣愛國詩人許南英及其創作〉，收在《福建論壇》第 2 期，1982 年。

整個綜括來看，這些研究論著或有歷史學者的考述，或有文學學者的研究，但都是將施士洁、許南英、丘逢甲分開各自作爲研究的對象，並未有將他們合在一起做綜合、比較的研究。另外，這些研究大多以海東四子的生平事蹟、詩歌創作爲研究的主題；生平事蹟的考證可以讓我們了解其一生的行止，也是文學研究的基礎；而在詩歌創作研究方面則或是依據詩歌內容分類研究、或是定下主題做研究，基本上都是採用「知人論世」、「以意逆志」的「傳記式」研究法及「歷史」研究法。在上述的論著中，有多位學者論及丘逢甲與時代的關係，但是，都是從歷史、社會的角度切入，就丘逢甲的生平事蹟、思想變化做研究，〔註 54〕並不是從直接由丘逢甲的詩歌創作著手來探析丘逢甲的作品與時代之間關係。而林麗美的〈乙未世代的離散書寫——兼論許南英與丘逢甲的差異〉一文雖是從文學與時代的立場來做論述的，而且將許南英與丘逢甲做了比較；但是，這一篇論文討論的時間定在「乙未世代」、研究的主題定在「離散書寫」，許南英與丘逢甲在此文之中只是例證，以一篇短篇論文的篇幅以及這樣的結構組織來說，其中所能討論到的僅是關於「許南英與丘逢甲的離散書寫的差異」，對二人的探究了解畢竟有限。致於以學者多已注意到的臺灣文學與時代有著密切關係這一現象作爲研究的論著並不多。

關於海東四子施士洁、許南英、丘逢甲、汪春源的研究，以目前的研究成果來看分量並非不多，但多偏重在丘逢甲一人，而且這些研究多是「點」的研究，也就是單人個別的研究，將海東四子視爲一個整體一起研究的論著尚未見到；另外，多數論文的研究分別從歷史、社會、文學的角度切入，再

〔註 54〕例如黃志平：〈從丘逢甲詩作看中國近代社會思潮的嬗進〉、徐博東：〈丘逢甲與辛亥革命〉，收入《丘逢甲與臺灣歷史文化學術研討會論文集》，頁 1～頁 24、頁 115～頁 141。再如劉學照：〈論丘逢甲的與時偕行與晚清社會思潮的演進〉、張景旭：〈評析丘逢甲乙未年武裝抗日保臺之時代精神〉，收入《丘逢甲、丘念臺父子及其時代學術研討會論文集》，頁 165～頁 190、頁 219～頁 260。

引述詩人作品印證其論述，並未能同時兼顧海東四子創作的研究及其創作與時代之關係的探討。

　　本論文《臺灣海東四子研究》，視海東四子為一「群體」，〔註55〕並且是清末臺灣傳統知識分子的代表，探究他們在光緒年間至民國成立初年這一時間斷限裡，移徙流離在臺灣、大陸、海外這些不同的空間中，受到時代環境什麼樣的影響，他們又如何在創作中反映出對時代的回響，以及呈現出多少當時文學的時代特徵，目的在了解海東四子在其時代中的定位，以及當時臺灣人民、臺灣文學與時代的關係。筆者希望本論文的研究，能在施士洁、許南英、丘逢甲、汪春源這些個「點」之間聯繫起一小「線」段，並嘗試藉此研究呈現出當時時代的一些社會「面」相。

第四節　研究方法與研究目的

《禮記‧樂記》云：

> 凡音者，生人心者也。情動於中，故形於聲，聲成文謂之音。是故
> 治世之音安以樂，其政和；亂世之音怨以怒，其政乖；亡國之音哀
> 以思，其民困。聲音之道與政通矣！〔註56〕

〈樂記〉所言明白指出創作深受時代風氣的影響。劉勰也認為作家所處的時代環境是影響文學創作的重要因素，他在《文心雕龍‧時序》中說：「歌謠文理，與世推移，風動於上，而波震於下者。」又說：「故知文變染乎世情，興廢繫乎時序，原始以要終，雖百世可知也。」〔註57〕政治、社會、經濟、風俗習氣，學術思想等時代環境因素，都會對當時代的文學創作造成影響，因為文人生活在時代社會之中，耳濡目染心感之際，自然就在作品中呈現出當時代的社會生活情形以及當時代的精神風氣。建安文學就是他舉例說明文學受時代社會影響的最佳例子：「觀其時文，雅好慷慨，良由世積亂離，風衰

〔註55〕羅‧埃斯卡皮《文學社會學》：「『群體』就是指一個包括所有年齡的作家集團，這個集團在某些事件中『採取共同的立場』，占領著整個文學舞臺，有意無意地在一段時期內壓制新生力量的成長。哪些事件促使或者說讓這一批批的隊伍得以形成呢？看來就是那些連同人事也發生變動的政治事件──朝代的更替、革命、戰爭等。」（王美華、于沛譯，安徽：文藝出版社，1987年9月），頁62。

〔註56〕見《禮記》（臺北：藝文印書館，1997年8月初版十三刷），頁663。

〔註57〕王更生：《文心雕龍注》（臺北：學海出版社1977年8月），頁671～頁675。

俗怨，並志深而筆長，故梗概而多氣也。」〔註58〕

文學隨著時代的變遷而發展變化，在中國數千年的文學發展過程中，我們可以發現：世變時代常常使得文學與時代的關係更趨緊密、文學創作更富寫實特色；面臨時代的崩亂離析，詩人或怨或怒、或哀或悲，剴切而直接地描寫出家國的災難、時代的亂象、人民的疾苦。海東四子所處的時代，正是世變時代，國家多難、民生痛苦；他們並非時代主流，卻有其身為知識分子的責任及擔當，因為抱著對國家社會的關懷之情，他們在新舊交替的時代裡顛沛流離，在他們的作品中留下了時代的記錄。海東四子的創作，明白顯現出深刻受到時代影響的特徵，也由於他們的創作與時代的貼近，他們作品中留下的不只是對自己遭逢而發的心聲，更有許多感時紀事的詩篇，反映出當時社會的面貌，深富時代精神。黃典權說施士洁：

> 淡於仕宦而勤於吟詠，所歷、所見、所為、所聞，概入詩文，因而他替與有相關的時地保存了豐富的史料。其次，他篤愛鄉邦，在臺時可無論；即西渡大陸後，夢寐馳思，未嘗或忘。故「鹿耳」、「鯤身」，流露筆鋒，幾觸目可見。所以不管他早期在臺的作品或後期在大陸的吟詠，都涵蘊著多方面的臺灣文獻，值得重視。〔註59〕

他又說許南英《窺園留草》一書：

> 是一個臺灣名士家破國危幽思淒切的心聲，交織著很多地方掌故以及當時文人風雅際會的紀錄，所以《窺園留草》的文獻價值，好像比同時代的一些詩文集更高得多。〔註60〕

江琼〈丘倉海傳〉則說丘逢甲：

> 日以賦詩為事，而故國之思以及鬱伊無聊之氣，盡記於詩。詩本其夙昔所長，數十年來復顛頓於人事世故家國滄桑之餘，皆足以鍛鍊而淬礪之。其所為詩盡蒼涼慷慨，有漁陽三撾之聲。〔註61〕

海東四子藉著文學創作寫出身為時代一分子的所見所聞，以及他們遭逢末朝亂世的心聲，他們的文學創作與時代密切貼合著，具有強烈的時代色彩。雖然海東四子的生命形態各有不同，作品也各有特色，例如：施士洁的香奩

〔註58〕王更生：《文心雕龍注》（臺北：學海出版社 1977 年 8 月），頁 674。

〔註59〕黃典權：〈後蘇龕合集弁言〉，收入施士洁：《後蘇龕合集》，頁 2。

〔註60〕黃典權：〈窺園留草後記〉，收入許南英：《窺園留草》，頁 249。

〔註61〕江琼：〈丘倉海傳〉，收入丘逢甲：《嶺雲海日樓詩鈔》，頁 380。

黷情、牢騷滿腹；許南英的直質樸實、面目眞摯；丘逢甲的遄飛神思、慷慨
意氣；但更爲顯著的是他們共有的特色：作品內容都與時代緊密結合，深富
時代意識，也常有新思想、新名詞入詩；在形式上多採用長題、詩序、詩注
的方法，徵引史料、記錄時事，和當時晚清詩壇「紀事徵實」的寫實詩作一
樣，具體呈現出「詩史」精神。不過，因爲參與抗日活動，臺灣民主國的行
動失敗後被迫離開家鄉，他們內渡回到了「母國」，但是因爲臺灣籍貫的身份，
卻也造成他們「放逐」生涯的開始；這種「地域」差異使他們的創作獨具風
貌，是他們的作品不同於中國文士的地方。

　　爲彰顯海東四子創作中所呈現的「人」與「時代」密切關係的特色，本
論文研究的方法，首先採用孟子「知人論世」的觀念，以史傳研究方法了解
海東四子的生平事蹟，並探究他們受到時代環境怎樣的影響，以及他們是如
何回應時代的，最重要的是，他們如何在創作中呈現出他們對時代的所見、
所聞、所思、所感。海東四子的創作中「事」與「詩」互涉，對時事的考證，
是研究他們詩作的重要方法。

　　嚴格說來，每一種研究方法都有其著重的要點以及疏失的地方，因此，
斟酌研究對象的文學特色，採用適合的研究方法，以求充分彰顯其特色及成
就，是選擇研究方法的思考重點。史傳式研究法注意到文人的身世遭遇、所
處之時代環境、以及前代的文學傳統，都對詩人的文學創作具有不小的影響
力量，因此在研究時研究者會藉助對時代背景、文壇風氣、作者生平、個性、
經歷等方面的了解，來深化對詩人作品的了解。海東四子的創作深具時代現
實特性，對這種深富時代現實性的文學研究採用史傳研究方法是必要的。不
過，這種研究方法被認爲是「外緣研究」，未能進入文學核心。史傳式研究法
和文學社會學在觀念上有相似通同的地方，它們都注意到時代環境對文人創
作的影響力。西方文學社會學學者呂西安‧高德曼發現文學社會學在研究法
上的缺失，因此他強調：「社會團體經驗意識的結構與決定作品世界的結構之
間，會有一種嚴密對應關係。」這種「嚴密對應關係」超乎早期文學社會學
學者的認識，他以爲過度強調了解作家的傳記和環境的重要性，會將文學現
象中多重複雜的個人縮減爲一個機械、簡化的貧瘠圖式，爲避免這個問題發
生，因此，他說：

　　　　我們必須在作品本身的意義中去了解作品，並且要在美學層面來評
　　　　判它，作品畢竟是作家所創造的一世界，一個有生物和事物具體世

界，作家藉著作品來與我們談話。〔註62〕

因此，除了史傳研究法之外，筆者也採用形式批評法分析作品的藝術技巧，又運用內容批評法分析作品的內容及思想。

〈詩序〉云：「詩者，志之所之也。在心為志，發言為詩；情動於中，而形於言。」文學創作是「志之所之」，所以創作者的個性、人格、思想、經歷不同，也就創作出不同風格的作品。作家受到時代的影響，在創作中呈現出他所生存的時代環境的種種；但是，創作者選擇那一種創作主題？以那一種方式創作？即使是生活在同一時代的創作者，也會有迥然不同的表現；劉勰《文心雕龍‧體性》就說到作家個性對作品風格的產生有相當的影響關係：

> 夫情動而言形，理發而文見，蓋沿隱以至顯，因內而符外者也。然才有庸儁，氣有剛柔，習有雅鄭，並情性所鑠，陶染所凝，是以筆區雲譎，文苑波詭者矣。〔註63〕

這提醒我們：作品是否具有鮮明的時代性、深刻而廣泛地反映現實，除了時代環境的因素外，也取決於作家本身的個性。韓愈〈送孟東野序〉說：

> 金石之無聲，或擊之鳴。人之於言也亦然，有不得已者而後言，其歌也有思，其哭也有懷。凡出乎口而為聲者，其比有弗平者乎！
> 〔註64〕

就因為作者會深深感慨時代種種病態弊端，所以才會寫出「鬱於中而泄於外」關心時代民生的真實感情的作品。所以，創作者「主體」力量的發揮，是作品獨特的思想內容與藝術表現技巧所以形成的決定條件之一。我們在做文學研究時，要能明白作者所以採用這一種文學形式的因素，以說明其創作所具有之藝術價值的所在，那麼，才能證明文學不只是人生的一面鏡子、文學不只是一種社會文獻。〔註65〕

本論文研究的出發點是海東四子及其創作與時代的關係，並為彰顯海東

〔註62〕何金蘭：《文學社會學》（臺北：桂冠圖書公司，1989 年 8 月），頁 90。西方文學社會學的研究方法是針對小說研究而建立的，對研究中國傳統詩歌並不完全適用，但是，其理論系統中重視人與時代、環境的關連這一的觀念，是研究具有時代性作品時應予參考的。本書第六章第一節對中國文學理論中與文學社會學相通之處有進一步說明。

〔註63〕王更生：《文心雕龍注》，頁 505。

〔註64〕收入韓愈：《韓愈文》（臺北：臺灣商務印書館，1972 年 4 月臺二版），頁 93。

〔註65〕韋克勒等著：《文學論》第九章（臺北：志文出版社，1992 年 12 月再版），頁 149～頁 177。

四子及其創作在時代中所蘊涵之「主體性」，本論文除運用前述之研究方法外，並且採用巴赫金的「對話」文學理論。關於「對話」之義，巴赫金〈馬克思主義與語言哲學〉文中有一段話說得很清楚：

> 對話，在這一詞的狹義理解上，當然，僅僅是言語相互作用的形式之一，確實是最重要的形式。然而又可以從廣義上去理解對話，把它看成不只是人們面對面直接大聲的言語交際，而是無論什麼樣的，任何一種言語交際。書籍，即印刷出來的言語行為，也同樣是言語交際的因素。它一般是在直接的和生動的對話之中被討論著，但是，除此之外，它針對的是，聯繫著批評和內在反駁的積極接受，是在言語交際這一範圍產生出來的、以不同形式組織而成的書面反應（評論、專題報告、對以后著作的一定影響等等）。其次，這種言語行為必須是針對無論作者本人，還是其他人的那一個範圍內的過去行為，從科學問題或藝術風格的一定狀況出發。這樣，書面的言語行為彷彿進入了大範圍的意識形態對話：回答著什麼，反駁著什麼，肯定著什麼，預料著可能的回答和駁斥、尋求著支持等等。
> 〔註66〕

巴赫金的解釋說明不同時空的各個個體之間可以進行廣義的「對話」。至於在文學創作、文學研究或欣賞的過程中，「對話」發揮了什麼作用，以下就依據巴赫金論述的理論說明。巴赫金認為文學創作與語言、文化、歷史三者關係緊密，而且文學作品存在於「長遠時間」裡，他在〈答新世界編輯部問〉說：

> 偉大的文學作品都經過若干世紀的醞釀，到了創作它們的時代，只是收穫經歷了漫長而複雜的成熟過程的果實而已。……文學作品要打破自己時代的界線而生活到世世代代之中，即生活在長遠時間裡（大時代裡），而且往往（偉大的作品則永遠是）比在自己當代更活躍更充實。〔註67〕

文學創作雖存在於「現在」，卻是「過去」形成的果，同時，它也是即將開啓的「未來」的因。當一個作者創作時，作為他觀察對象的當代生活，實應包括當時的文學領域，以及過去出現過、現在仍存在且不斷更新的文學領

〔註66〕巴赫金：〈馬克思主義與語言哲學〉，收入錢中文主編《巴赫金全集》卷二（河北：河北教育出版社，1998年），頁447。
〔註67〕巴赫金：〈答新世界編輯部問〉，收入錢中文主編《巴赫金全集》卷四，頁366。

域，以及更爲廣泛的文化領域。創作者站在他與他所欲描繪的現實相切的切線上，依據其「主體意識」的感受、選擇，創作出他所想反映的客體的反映。巴赫金說：

> 作爲主觀反映客觀世界之文本，是（作者）意識的表現，是反映某種事物的意識之表現。而當文本成爲我們認識的客體時，我們可以說這是反映之反映。〔註68〕

文學創作中所表現的，是經過作者主體性的反思之後的意識的呈現，並不是直接的「事實」，此即是巴赫金所稱的「反映之反映」。而擁有「主體性」的作者在其創作中表現出對文學與文化的各種不同現象的態度時，是帶有「對話性」的。〔註69〕事實上，「對話性」不僅存在於作者與反映之客體之間、作者與作品之間、作品與反映之客體之間，同時，「對話」也存在於讀者與作者之間、讀者與作品之間、讀者與反映之客體之間。因爲當另一擁有「主體性」的讀者嘗試理解文本，並通過文本達到作者所欲反映的客體，即了解了作者的「反映之反映」，此即是讀者與作者、文本進行「對話」。巴赫金〈文本問題〉：

> 看到並理解作品的讀者，就意味著看到並理解他人的另一個意識及其世界，亦及另一個主體。在解釋的時候，只存在一個意識、一個主體；在理解的時候，則有兩個意識、兩個主體。……理解在某種程度上總是對話性的。〔註70〕

在這多層次而又不斷進行的相互交流、對話的過程中，各個不同的感性個體透過自我與他者之間的「對話」，豐富了彼此、也更新了彼此，各個個體的主體性也才能得到完整的、全面的體現。〔註71〕

整個說來，文學創作與時代的關係，即是創作者與時代、其時代之文學的對話性關係的呈現；讀者再透過作品與作者對話，以了解作者及作者對其時代、文學的看法。這種「對話」的理論概念，和前述中國社會寫實文學理論及呂西安‧高德曼文學社會學的觀念有相通之處。海東四子在其生存、創作過程中，與時代進行一次次的對話，完成自我生命的意義，也在其創作中

〔註68〕巴赫金：〈文本問題〉，《巴赫金全集》卷四，頁317。
〔註69〕巴赫金：〈小說的時間形式和時空體形式〉，收入錢中文主編《巴赫金全集》卷三（河北：河北教育出版社，1998年），頁458。
〔註70〕巴赫金：〈文本問題〉，《巴赫金全集》卷四，頁314。
〔註71〕劉康：《對話的喧聲》第二章（臺北：麥田出版公司，1998年4月初版二刷），頁86。

表達出其「反映之反映」；筆者嘗試藉著理解文本，與四子對話、與其時代對話，以求能探清海東四子及其創作在其時代中的意義，並嘗試為海東四子在其時代中定位。

　　本論文研究的次序，在第一章〈緒論〉中首先釐清「臺灣海東四子」義界，再說明研究動機與目的，接著說明研究資料的範圍和目前研究的成果，第四節則說明研究的方法。第二章〈海東四子的生平與著作〉，探析海東四子的生平及其著作；第三章〈海東四子的形成與變化〉則敘寫海東四子形成的時代背景、海東四子在世變時代的流離變化情形，以及他們之間相互連繫交往的情況；在第四章〈海東四子的交游與活動方式〉，說明海東四子的交游情形，以及他們與友朋交游的活動方式。本論文研究重點在於探究海四子文學創作的特色與成就，尤其是他們創作的內容思想、藝術特色與當時代文學特徵之間的關連，所以，在論文的第五章〈海東四子的詩觀〉中，先闡述晚清、臺灣詩壇的創作風氣，尤其是社會寫實詩作的成就；接著，分析海東四子的詩觀，並且論述海東四子社會寫實詩作的作品。論文的第六章〈創作藝術的時代特徵〉中，探討海東四子詩歌創作的藝術表現，分別從形式上的特徵、散文化的風格、作品語言的時代性三個方面著手，分析海東四子的創作在這三方面的表現，並嘗試說明其創作藝術特色和當時代的詩歌創作技巧的關連；論文的第七章〈作品內容的時代意識〉，則分析歸納海東四子創作中的思想內容，分成政權更迭下的省思、西方的衝擊及反省、世變中的人世關懷、季世裡的自我影像四節，以了解他們在創作中呈現出什麼樣的時代意識、他們在世變時代裡如何自處、他們對時代環境變化如何回應，並探討他們對自我的認識與自我的書寫。最後，第八章為研究所得之〈結論〉。

　　海東四子作品數量甚多，研究過程中爬梳整理的資料繁雜且瑣碎，為了維持論文的體例，也為了藉資料以彰顯四子創作的特色，除了部分因敘述需要列在文本中之外，其餘的資料置於〈附錄〉。

第二章　海東四子的生平與著作

第一節　施士洁的生平與著作

一、家　世

　　施士洁家族原居於福建晉江西岑，依據《溫陵岑江施氏族譜》所載，施士洁為岑江施氏第四房第十六世裔孫，其先祖菊齋公從河南遷移到福建泉州晉江西岑開地肇址；泉州別稱溫陵，故施士洁又自署為「溫陵施士洁芸况」。施士洁的祖父施泰岩為國學生，帶領家族移居到臺灣城大西門外南河。施泰岩有五子：昭選、龍光、昭煥、龍章、龍文、龍翔，其中，龍光為邑庠生、龍章為國學生、龍翔為貢生、龍文（施瓊芳）中為進士。施氏一家，可說是書香世家、家學淵源。

　　施士洁的父親施瓊芳（1815～1868），原名龍文，字見田，一字昭德，又字星階，號珠垣，恬淡好學，自墳典經史以及諸子百家無不通貫。他在清宣宗道光十七年（1837）中舉人，道光二十五年（1845）登進士，「自通籍後，久滯京曹」，〔註1〕之後乞養回籍。清文宗咸豐三年（1853），林恭、吳磋起事，漳、泉又分類械鬥，施瓊芳與鄭用錫、林國華等人奉旨辦理團練勸捐事宜，協助巡道徐宗幹靖亂。〔註2〕咸豐四年（1854），施瓊芳擔任海東書院山長，

〔註1〕　施士洁：〈臺澎海東書院課選序〉，《後蘇龕合集》，頁353。
〔註2〕　臺灣銀行經濟研究室主編：《清文宗實錄選輯》（臺北：臺灣銀行出版，1964

力闢正學，教導諸生以人倫爲本、成爲社會中堅。﹝註3﹞清穆宗同治元年（1862），戴潮春事起，臺灣道洪毓琛（？～1863）憂時積勞卒於任上，施瓊芳與趙新聯名僉呈，請於郡治建專祠，並宣付史館立傳。﹝註4﹞同治五年（1866）十一月，兵備道吳大廷（1824～1877）「訪施進士瓊芳，定明年海東書院主講之約」。﹝註5﹞施瓊芳爲人嚴凝介節，恭敬孝友，樂施與，重然諾。事母至孝，及母歿，哀毀骨立，其仁慈孝悌精神爲世所稱。同治七年（1868）施瓊芳過世，這一年，施士洁十四歲。

施瓊芳的著作盈篋，光緒二十一年（1895），施士洁攜往內地；施士洁卒後，其子施奕疇帶施瓊芳的著作稿回臺南，但其中《春秋節要》已佚，《石蘭山館遺稿》則由黃典權點校之後，刊載在《臺南文化》第八卷第一期專輯。民國八十一年，臺北龍文出版社重新出版《石蘭山館遺稿》。關於施瓊芳的創作成就，王國璠認爲施瓊芳「文則徑端言正，盡劃繁蕪，得迹象渾然之旨。詩則薈萃眾長，不師一代，有清妙之音，而無奧衍之病。誠東寧三百年來之大家也」。﹝註6﹞

施瓊芳過世得早，但對施士洁仍有不小的影響，施士洁〈闕題〉：「問我何所有？青氈傲田屋；問我何所好？青箱抵金玉。」〈三角莊歌寄厚菴〉：「施讐頗自詡家學，一時拜倒青箱王。」〈題楊搏九孝廉令先尊慈讀績圖〉：「洁也少孤負庭訓，慈幃聊復娛餘年。父書不讀母機斷，菊躬內省叢尤愆。滄桑萬劫祇一瞬，遂令祖硯成荒田。」﹝註7﹞這些詩句在在表現出施士洁對父親的尊敬懷念，以及要求自己克紹箕裘的惕厲。

年3月），頁28。連橫：《臺灣通史·鄭用錫列傳》（臺北：眾文圖書公司，1994年5月1版2刷），頁966。

﹝註3﹞ 施瓊芳〈廣學開書院賦〉：「是知師席令儀，儒林榮遇，推廣有方，講求宜素：合虞、夏、商、周之學，名異實同；統關、閩、濂、洛之修，規矩行步。衡文考德，秉月旦以至公；型俗訓方，美風聲之克樹。」《石蘭山館遺稿》（臺北：龍文出版社，1992年3月），頁36。

﹝註4﹞ 林豪：〈郡治籌防始末〉，收入《東瀛紀事》（臺北：臺灣銀行，1957年12月），頁9。

﹝註5﹞ 吳大廷：《小酉腴山館主人自著年譜》（臺北：臺灣銀行，1971年12月），頁41。

﹝註6﹞ 王國璠：《臺灣先賢著作提要》（新竹：臺灣省立新竹社會教育館，1974年6月），頁67。

﹝註7﹞ 施士洁：《後蘇龕合集》，頁68、頁96、頁169。

二、生　平

　　施士洁（1856～1922），福建臺灣人，家居臺南赤嵌樓畔石蘭山館。他名應嘉，字澐舫，號芸況、又號㗫園、楞香行者、鯤瀫棄甿，晚號耐公，或署定慧老人。〔註8〕生於咸豐五年（1856）十二月十九日，〔註9〕恰與蘇軾出生的日月、時辰相同，因而頗有蘇氏再世自況之概，並以「後蘇龕」爲著作標題。施士洁幼聰敏，六歲能屬對。〔註10〕同治七年（1868），施士洁十四歲，他的父親施瓊芳過世。〔註11〕施士洁曾在臺灣知縣白鸞卿門下受業。〔註12〕同治十年（1871），施士洁參加臺灣縣童生試，文采披冠童軍。〔註13〕同治十二年（1873），赴榕城應鄉試，未能得意。〔註14〕次年二十歲舉茂才。清德宗光緒元年（1875），登乙亥科鄉薦。〔註15〕光緒二年（1876），施士洁中爲丙子恩科第三甲第二名進士，點內閣中書。〔註16〕

〔註8〕　施士洁〈乙巳除夕感懷，寄示林彭壽公子〉：「妙齡可惜施芸況，老醜於今號耐公。」《後蘇龕合集》，頁156。

〔註9〕　汪毅夫〈後蘇龕合集札記〉提到：咸豐五年十二月十九日換成西曆，已是西元一八五六年一月二十六日。一般志書不查，仍書爲一八五五年。見《臺灣近代文學叢稿》（福建：海峽文藝出版社，1990年7月），頁16。

〔註10〕王甘菊〈臺南米街父子進士〉：「有一天（施士洁）想吃街上的八仙湯，老進士不近午吃甜食，士洁吵鬧不休，老進士囑咐做出對子才准吃，士洁以『四神茶』相對，終得吃八仙湯。」見《聯合報》，1992年12月28日第17版。

〔註11〕施士洁〈司訓立軒盧公家傳〉：「予年十有四，即受公知，出而應郡試，輒冠曹偶。時公爲愛女相攸，意將屬予。旋以先大夫棄養，中輟。」《後蘇龕合集》，頁434。

〔註12〕施士洁〈哭邑侯白仲安師〉：「八年受業依安定，……慚愧師恩海樣深。」《後蘇龕合集》，頁37。

〔註13〕施士洁〈聞游客胡恂如廣文署中話舊〉詩注云：「辛未與君歲試臺、彰兩邑，各冠童軍；旋以意外風潮，被斥不錄。」《後蘇龕合集》，頁157。

〔註14〕施士洁〈艋川除夕遺懷〉：「我年十八九，沾沾制義不釋手。屢列前茅屢掣肘，無聊權向棘闈走。依然罷罷復垂首，桂窟芹黌兩烏有！」《後蘇龕合集》，頁18。

〔註15〕臺灣銀行經濟研究室主編《清季申報臺灣紀事輯錄》：「光緒元年九月二十一日，……乙亥恩科題名，……施士洁。」頁556。施士洁〈艋川除夕遺懷〉詩中亦言：「廿一登鄉薦。」

〔註16〕臺灣銀行經濟研究室主編《清季申報臺灣紀事輯錄》書載：「光緒元年（乙亥）九月二十一日乙亥恩科福建鄉試題名　施士洁（臺灣）。」「光緒二年四月二十日　光緒二年恩科會試題名　第十百七十三名施士洁（福建臺灣）」、「光緒二年五月初四日　殿試分甲　第三甲賜同進士出身第二名　施士洁（福建臺灣）」（南投：臺灣省文獻委員會，1994年7月），頁556、頁612。《明清歷科進士題名錄》中亦記：「施士洁中爲光緒丙子恩科三甲第二名進士。」（臺北：

施士洁在〈艋川除夕遣懷〉詩中說：

> 紫薇省，淵而靜，黃扉雙闥向晨趨，絳蠟一條終夕秉。始覺官真如
> 水清，五更愁對直廬冷。〔註17〕

又在〈和馮秋槎廣文寄贈五十韻〉中說：

> 僥倖博科名，豈敢夸天牗。侍直吟紫薇，叨光曳藍綬。清班掌綸誥，
> 秘器窺彝卣。……寂寞宣城南，相對塵襟撒。浮蹤倏聚散，恍如星
> 在閭。〔註18〕

由此來看，他原是留在京城做官的，但在同年冬天他請假回鄉。辭官的
原因除因性情放誕，不喜仕進，另外，還有思念故鄉家人，以及他自言的「始
覺官真如水清」。

施士洁歸返臺灣後，先在彰化白沙書院掌教，〈寄答陳槐庭代柬〉詩下
注云：「歲癸未，僕主講白沙。」癸未年即光緒九年（1883），施士洁由白沙
書院轉任臺南海東書院山長。光緒十三年（1887），唐景崧任臺灣兵備道，
聽聞施士洁名聲，因此續聘為海東書院山長。施士洁菁莪棫樸，對臺灣士人
多所栽培，如：丘逢甲、許南英、汪春源等人俱有聲於世。〔註19〕施士洁除
入唐景崧幕僚，〔註20〕又受命任安嘉鹽務。〔註21〕在這段期間裡，施士洁也
參加唐景崧在臺南道署成立的斐亭吟社以及在臺北成立的牡丹詩社的文酒
之會。光緒十五年（1889），施士洁與蔡壽星、林朝棟等人連名呈書，請建
沈葆禎、吳贊誠專祠。〔註22〕光緒十六年（1890），施士洁又與蔡壽星、林

文海出版社，1981年2），頁158。黃典權〈後蘇龕合集弁言〉：「光緒丙子（1876）
鄉薦；丁丑（1877）聯捷禮闈，成二甲進士。」見《後蘇龕合集》，頁2。光
緒丙子年即光緒二年，光緒丁丑年即光緒三年，施士洁中舉是在光緒元年，
中進士是在光緒二年，而且是中為三甲第二名進士，非二甲進士。

〔註17〕 施士洁：《後蘇龕合集》，頁18。

〔註18〕 施士洁：《後蘇龕合集》，頁33。

〔註19〕 黃典權：〈後蘇龕合集弁言〉。

〔註20〕 施士洁〈鄭毓臣上舍師友風義錄序〉：「曩不佞在臺陽時，與桂林詩人倪耘劬
大令同入灌陽唐維卿中丞幕中，……會唐公入覲，不佞索筆與偕，……」《後
蘇龕合集》，頁370。

〔註21〕 施士洁〈臺北唐維卿方伯幕中補和臺南「淨翠園」韻〉：「魱生活計舊牢盆（公
命予司安嘉鹽筴）。」〈疊前韻答甓丈〉詩注：「君榷比（筆者按：應是『北』
字）茶，僕課南鹽，先後入唐帥幕。」唐景崧於光緒十七年北上任布政使，
林鶴年於光緒十八年渡臺辦茶釐等務，因此推斷施士洁在此際掌鹽務。《後蘇
龕合集》，頁57、頁77。

〔註22〕 劉銘傳：〈請建沈葆禎吳贊誠專祠摺〉，收入《劉壯肅公奏議》（南投：臺灣文

維源等人上書奏呈，請准建林文察專祠。〔註23〕光緒十七年（1891），唐景崧、顧緝庭、唐贊袞囑咐施士洁揀選海東書院課藝之作，袞輯而成《臺澎海東書院課選》。〔註24〕光緒十八年，施士洁因海東書院山長職務的關係遭含沙射影之傷，由臺灣兵備道顧緝庭明審查清。〔註25〕光緒二十年（1894）五月，他的母親黃氏過世。〔註26〕

　　光緒二十一年（1895），割臺事起，臺民全起抗議，施士洁與團練統領許南英一起募勇協防，保衛鄉土；臺灣民主國事敗後，因恥為異族之民，他在九月初三日軍進入臺南城時慌亂內渡，〈避地鷺門，骨肉離邊數月矣，歲暮始復團聚。舉家乘小輪船赴梅林澳，風逆浪惡，不得渡，晚宿吳堡，感事書懷〉〔註27〕一詩，詳盡敘述了當時臺南城兵慌馬亂的情況，也寫盡他一家老小倉皇逃亡的緊張焦慮。內渡後，他先是暫居廈門，等到歲暮全家團聚後，再一同歸返泉州晉江西岑故里。〔註28〕

　　光緒二十二年（1896），施士洁受閩浙制府許世瑛推薦而有機會赴泰西考察，施士洁對於此行甚是期待，在作品中一再提及，〔註29〕但最後是否成行，

獻委員會，1997年6月），頁293。
〔註23〕劉銘傳：〈請建林文察專祠褶〉，同上註，頁295。
〔註24〕施士洁〈臺澎海東書院課選序〉：「今方伯潘公、廉訪顧公、郡伯前護道唐公囑檢近年課藝，重為評定，付之手民，猶清惠公意也。」《後蘇龕合集》，頁353。
〔註25〕施士洁〈感事呈顧緝庭廉訪，即送之任臺南〉序云：「『榕壇』岑寂，對馬帳而汗顏！終歲衡茅，寸心灰木，何意短狐善射，莫避含沙；故鬼相尋，輒來瞰室。遂使杯弓幻影，燭斧生疑，……猶幸烏言公冶，鑒□□辜，蠆尾國僑，置之不論，塘雖穿何其損，璞以斲而仍完。」顧緝庭於光緒十九年初，由臺灣兵備道調署臺南府，故推斷事發時間在十八年。《後蘇龕合集》，頁590。
〔註26〕施士洁〈秋居悼亡〉詩注：「甲午五月奉　慈諱。」收入鄭鵬雲編：《師友風義錄》（臺北：臺北市文獻委員會，1976年），頁21。
〔註27〕施士洁：《後蘇龕合集》，頁79。
〔註28〕劉小燕〈府城之沿革與發展〉一文附有一張文件，是由臺灣縣府在光緒二十一年五月十六日發給施士洁攜眷內渡的護照，載明一行十人，行李三十件，未夾違禁物品。收入《府城文物特展圖錄》（臺北：國立歷史博物館，1995年），頁78。但是，易順鼎在八月初八搭亞士輪回廈時，施士洁有〈和同年易哭菴觀察「寓臺詠懷」韻〉云：「易言空應籌邊詔，奉使今歸八月槎。」而且，〈甲辰除夕〉詩中亦記：「鯤身九月無家時。」《後蘇龕合集》，頁154。可見這張通行證雖於五月中旬申請，但是直到日軍入城之際他才離開。
〔註29〕相關詩作有〈鷺門午日次何勁臣貳尹韻〉之二：「寓公若憶避兵年，今日狼烽靜不煙。投筆已無戎馬志，乘槎或有斗牛緣。灰飛池上愁經劫，穎脫囊中愧薦賢（時許帥擬檄赴泰西）。妄擬九州騁遊舞，淳于炙轂衍談天。」又在〈題茂良詩卷後〉之四：「問我西行何日返？新詩準備一囊歸（時予將有泰西之

無法從施士洁作品中找到相關資料；〈法蘭西大革命歌〉〔註30〕一詩與「泰西」最有關係，但其內容是列述歐洲各國革命史事並評議中國政事，是詠史諷時之作，並非「行旅」詩。

光緒二十三年（1897），施士洁有二妾因染疫而歿。〔註31〕光緒二十五年（1899），施士洁受家族耆老請託，主持岑江施氏家廟重修的重任。〔註32〕光緒二十七年（1901），他與鄭鵬雲（1862～1915）在晉江重逢，〔註33〕開始兩人亦師亦友的忘年情誼；透過鄭鵬雲的介紹，他認識了日本駐廈門領事山吉盛義，詩友間常有文酒之會。〔註34〕是年冬，他客居鷺江施瘦鶴姪兒處。他在鷺江住了一年多的時間，常為當地械鬥互拏的西岑鄉親做裁奪；〔註35〕他對當時廈門社會的種種弊俗深有感慨，因此寫成《泉南新樂府》八首以諷時人。〔註36〕因為百斯篤疫亂在閩地流行，施士洁的原配、三妾、三男、二媳、孫、孫女，都在光緒二十八年（1902）年內病亡。〔註37〕光緒二十九年（1903）夏，施士洁移居至鯉城鄭鵬雲別業瀟澥，冬，抱恙兩個月，幾殆而獲癒。〔註38〕

光緒三十年（1904），施士洁在〈恭祝中憲大夫香谷先生大人暨德配陳恭人古稀雙壽〉詩末題署「賜進士出身誥受奉直大夫欽加員外郎銜賞戴花翎內閣漢票籤中書舍人加四級前掌教臺澎海東彰化白沙永春鵬山書院鄉世愚弟施士洁頓首拜譔」，由此可知，施士洁亦曾擔任過福建永春縣的鵬山書院山長。

役）。」〈疊前韻柬厚菴〉：「惜我瞬將萬里去（擬遊泰西），歐塵亞霧東西隔。」〈瀟澥旅夕〉之二：「九年逆旅名心淨，……擬縛千枝如意帚，等閒揮散五洲塵。」施士洁在光緒二十九年夏移寓鄭鵬雲別業瀟澥，故泰西之行應在此年之後。《後蘇龕合集》頁92、頁93、頁97。

〔註30〕 施士洁：《後蘇龕合集》，頁138。

〔註31〕 施士洁〈秋居悼亡〉詩注：「丁酉兩妾相繼疫歿。」收入鄭鵬雲：《師友風義錄》（臺北：臺北文獻委員會，1976年），頁21。

〔註32〕 施士洁：〈重修岑江家廟碑記〉，《後蘇龕合集》，頁358。

〔註33〕 施士洁：〈鯉城晤鄭生毓臣上舍〉，《後蘇龕合集》，頁112。

〔註34〕 施士洁與米溪唱和之作有〈毓臣席上次米溪韻〉、〈自題影象贈答米溪〉、〈□□□歸日本，索詩贈別〉等。《後蘇龕合集》，頁125、頁143。

〔註35〕 施士洁：〈後蘇龕泉廈日記〉，收入《臺南文化》（舊刊）第8卷第2期，1966年6月，頁68～頁78。

〔註36〕 施士洁：《後蘇龕合集》，頁119～頁125。

〔註37〕 施士洁：《後蘇龕泉廈日記》，頁79～頁88。

〔註38〕 施士洁：〈癸卯歲除，病幾殆而獲愈；新正戚友來賀，書此以博一笑〉，《後蘇龕合集》，頁141。

〔註39〕光緒三十一年（1905）三月，《臺灣日日新報》上刊載施士洁〈兒山太守六十正壽詩〉詩作；〔註40〕四月，施士洁爲福建水陸提督黃宮保聘入幕府。〔註41〕五月，施士洁長男卒。〔註42〕是年，林爾嘉續任其父林維源廈門商務總理之職，〔註43〕施士洁受聘擔任廈門商會坐辦。〔註44〕光緒三十四年（1908），施士洁妾張姬病亡。〔註45〕施士洁於光緒三十一年時曾獲知許南英、汪春源的消息，但到了此年才聯繫上。〔註46〕清宣統元年（1909），乙未內渡之嘉義士紳邱緝臣（1859～1922）之女邱韻香（1890～？），將詩作寄呈施士洁，表達願拜門牆之意。〔註47〕宣統二年（1910），臺灣竹塹士紳魏清德（1886～1964）隨日本觀光團到廈門訪問，拜訪在當地的施士洁。〔註48〕清宣統三年（1911），施士洁出任同安縣馬巷廳長；〔註49〕這一年，他辭掉廈門去毒社社長職務。〔註50〕

〔註39〕收入鄭鵬雲編：《浯江鄭氏族譜》，大正 2 年 8 月，頁 121。

〔註40〕《臺灣日日新報》，明治 38 年 3 月 22 日。

〔註41〕《臺灣日日新報》明治 38 年 4 月 2 日：「福建水陸提督黃保少春，蒞廈以來，於案牘文移，需人佐理，適臺南施澐舫中翰，僑寓禾江，近承折簡招邀，聘入蓮幕。賓主東南，定有相得益彰之美。」林輅存〈春日黃宮保約予與林侍郎葉太史陳觀察施內翰吳比部暨文武等百餘人集宴官廨宮保向予索詩即席口占十二絕句〉詩下注云：「施內翰參宮保幕。」見《臺灣日日新報》明治 39 年 11 月 20 日。

〔註42〕施士洁〈閩游客胡恂如廣文署中話舊〉詩注：「去年五月，予喪長男。」《後蘇龕合集》，頁 157。

〔註43〕施士洁〈萍叟林先生墓志銘〉：「歲乙巳，君之從兄叔臧侍郎，總理廈門商務。」《後蘇龕合集》，頁 426。

〔註44〕《臺灣日日新報》明治 38 年 9 月 14 日：「現值秋季貢燕之期，由商會施紳士洁繳呈省府。」

〔註45〕施士洁：〈悼張姬〉，《後蘇龕合集》，頁 171。

〔註46〕施士洁：〈乙巳除夕感懷，寄示林彭壽公子〉，《後蘇龕合集》，頁 155。

〔註47〕施士洁、邱韻香師生間詩文往返，在《後蘇龕合集》中收有不少作品，如〈韻香來詩，有「願拜門牆」之語，如韻答之〉、〈次韻香女弟子韻並柬其外子文升〉、〈繡英閣詩鈔小引〉、〈復女弟子邱韻香書〉等。頁 180、頁 404、頁 376。也可參考邱緝臣、邱韻香父女作品合集：《丙寅留稿　繡英閣詩合刊》（福建：東山圖書館出版，1989 年 4 月）一書中邱韻香有關的詩作。

〔註48〕施士洁：〈贈魏潤菴（臺北報社漢文主筆）〉，《後蘇龕合集》，頁 192。

〔註49〕施士洁〈臺中詩友陳槐庭同寓荔園，用竺初韻見投，疊此酬之〉詩注：「辛、壬之歲縮篆舫山。」《後蘇龕合集》，頁 267。

〔註50〕《臺灣日日新報》明治 44 年 7 月 15 日：「去毒社長一席，自施雲舫告退後，無人主持，社務廢弛。」去毒社者，是爲推動禁止吸食鴉片的組織。

　　民國元年（1911），閩省垣當局有意轉派他人任馬巷廳長一職，惟馬巷紳民聯名挽留施士洁續任，但是省垣當局只答應續留三個月。〔註51〕民國二年（1913），為振興詩教，施士洁和鄭鵬雲、王少濤、魏清德等人，發起創辦「婆娑仙籟吟社」，並出版《婆娑仙籟雜誌》。〔註52〕是年秋，他到龍溪與許南英、汪春源聚會，並得識沈琛笙。〔註53〕民國三年（1914），施士洁加入林爾嘉創設於鼓浪嶼之菽莊吟社，和詩友唱和不絕；同時，也藉郵束往返，多次參加臺灣詩吟社徵詩活動，有時也受聘擔任詞宗。〔註54〕民國六年（1917），施士洁前往福州，應聘任福建省通志局纂修；因臥病多時，又與總纂陳衍不諧，故是年冬天即辭職，歸返廈門鼓浪嶼。〔註55〕民國七年（1918），施士洁似乎有蘇門答臘棉蘭之行。〔註56〕此年，施士洁受思明修志局局長周墨史聘為纂修，並經常參加海天吟社活動。〔註57〕民國十年（1921）夏，參加臺北艋舺

〔註51〕《臺灣日日新報》明治45年3月26日：「施雲舫君，前受民黨舉充馬巷廳，嗣孫都督聞浮言，有電取消。馬巷紳民公電挽留，……經省垣回電，准暫留三個月。」

〔註52〕施士洁〈婆娑仙籟吟社自序〉，《後蘇龕合集》，頁405。《臺灣日日新報》，大正2年2月27日，林輅存〈和施耐公送別韻〉詩注：「君新組織婆娑仙籟。」《臺灣日日新報》大正2年3月12日對婆娑仙籟吟社發刊的雜誌有詳細介紹。

〔註53〕施士洁〈許允伯六騈開九雙壽〉：「癸丑之秋，舟訪龍溪許侯於郡廨，參商久矣，文酒驩然。」〈許允白、汪杏泉兩君，勞燕分飛，倏逾十稔。今日鯊江萍水，天假之緣。讀允白「壽杏泉詩」，感慨係之；走筆次韻，用質吟壇〉，《後蘇龕合集》，頁417、頁224。

〔註54〕《臺灣日日新報》，大正3年5月16日、大正3年6月11日、大正5年11月11日、大正6年8月2日、大正6年11月11日、大正10年10月2日。由這些消息來看，施士洁內渡之後雖未再返回臺灣，但藉著詩文唱和的方式，和臺灣詩友一直保持連繫。

〔註55〕施士洁〈燈節冒雨，病臥兼旬，時正赴閩省修志局之聘〉詩注：「是年丁巳。」《後蘇龕合集》，頁263。病中有〈和總纂陳石遺韻〉二首，《後蘇龕合集》，頁267。但從陳衍〈雲舫屢示新詩，志局方事之殷，久無以和，勉成二絕句〉、〈雲舫次二絕句韻再答〉二詩的內容來看，陳衍無意與施士洁唱酬。收入《石遺先生集》（臺北：藝文印書館，1964年），頁15。

〔註56〕由施詩〈蘇門答臘詠古〉之一：「野史當年柔佛國，寓公幾輩謫仙人。到今剩有埋詩窟，丁卯橋邊草不春。（哀許叟也）」之二：「奴星閏位無人奪，佛海羈魂有客招。猶幸山莊留馬達，五車書卷一吟瓢。（馬達山張氏別業）」來看，施士洁是曾親履該地的，也因而認識張鴻南及當地領事張步青，所以後來會參加張步青為慶母壽而辦的徵詩活動，寫下〈棉蘭領事張步青母徐太夫人六十一徵詩〉一詩。《後蘇龕合集》，頁274、頁277。

〔註57〕《臺灣日日新報》大正12年2月22日：「思明修志局前聘施雲舫纂修，去年夏間，施君身故，其遺缺久懸。蓋因纂修之職，必學問淵博，深嫺掌故者，方為稱職。茲聞周墨史局長，以該局采訪主任……」而《後蘇龕合集》中民

龍山寺徵募聯文活動；冬，擔任臺灣歸仁庄楊秋澄倡設之敦源詩社舉辦之徵詩活動的詞宗。〔註58〕民國十一年（1922）五月二十三日，施士洁病逝於鼓浪嶼，由其子施福疇扶柩歸里。〔註59〕

三、著　作

　　光緒十三年，許南英曾閱讀過施士洁的詩集：「手自編訂未梓行，先將稿本示南英」，〔註60〕事實上，施士洁的詩作一直到他過世時仍未刊行，遺稿由其子施奕疇在民國十一年時帶回臺灣。施士洁一直未將自己的詩集付梓刊印，和他看待自己創作的態度有關，而這種態度我們可以從蠹蝕缺漏嚴重的〈後蘇龕詩鈔自序〉一文中看出端倪：

> 耐道人賦性疏率，少而壯，壯而老，每一根觸，□□□吟；作而輒
> 棄者，糊窗覆瓿，□□□□□亦斯之未能信耳。自乙未棄家內渡，
> 餘□□□□□蕩然。丙申以後，始稍稍追憶舊作，隨手輒□□□□
> □；近作亦漸收存。非最謂□錦囊□□，而□□□□□谷一生可歎
> 可□可憐可□□□□□□□業迄無一成，研□□□□綜亦禿思之
> 能□□然耶？故山避跡，罕履城市，蒼涼闃寂之區，殆無□足以語
> 此。回念海東諸子，死生離聚於浩劫中□，如隔一世，則又幡然於
> 昔者之自失其稿為重可惜也！□巖花自開，谷鳥自鳴，第吾心之所
> 謂詩，世之好我□我成者，聽之而已。〔註61〕

　　民國十四年，林爾嘉、林景仁父子有意刊刻施士洁《後蘇龕詩文集》、許南英《窺園留草》，附入菽莊叢書，但似乎沒有達成。〔註62〕

國七年、八年的作品中，有不少作品是施士洁與海天吟社周墨史、楊鈍堅、黃雁汀、余雨農等人的唱和之作，如〈海天吟社和周墨史韻，兼視鈍堅〉、〈立夏日，錢生文顯招飲海天吟社，坐有張堯咨、沈少彭等郇交奏。酒後，同黃雁汀、余雨農作。是夕，遲周墨史不至〉，《後蘇龕合集》，頁278、頁294。依此來看，施士洁擔任這一職務的時間，應是從民國7年開始，直至民國11年過世。

〔註58〕《臺灣日日新報》，大正10年5月4日。《臺灣日日新報》，大正10年10月2日。
〔註59〕《臺南新報》大正11年6月26日：「施雲舫先生，於十八日（按：此處記新曆日期）作古，享壽六十有七。其哲嗣福疇，別號幼雲，已於日前渡海招魂，靈歸故里。」
〔註60〕許南英：《窺園留草》，頁15。
〔註61〕施士洁：《後蘇龕合集》，頁1。
〔註62〕林景仁〈東寧雜詠一百首〉之一：「楚些何人賦大招……」詩後注文云：「所著窺園詩草及耐公所著後蘇龕詩文集，家君將為選刻，附入菽莊叢書。」《東

民國五十三年秋，黃典權經多年訪求，終在施士洁後人處發現施士洁遺稿，經多次商洽，終於全部購得，共有：有「日記」一冊、「鄉談律聲啓蒙」一冊、「喆園吟草」四冊、「後蘇龕草」（詩）兩冊、「後蘇龕稿」（文與詞）四冊、「後蘇龕文稿」兩冊、「後蘇龕詩鈔」十一冊、「後蘇龕詞草」一冊。又有《耐公哭》兩冊，但全稿已濕毀。這些稿件已殘缺零落，經過一番整理，發現最後三種是以端楷繕錄，黃先生認爲這些是經過作者仔細校訂的「定稿」，因此就拿這三種「定稿」作基礎，另就其他詩文稿中選出其中有關臺灣史的作品作爲補編，全書共計十七卷（卷五全卷佚），其中詩十三卷、詞草一卷、文稿兩卷、文稿補編一卷，輯爲《後蘇龕合集》，列爲臺灣文獻叢刊第二一五種，由臺灣銀行出版。〔註63〕現在通行可見的施氏全集，除了臺灣銀行這一版本外，還有臺北臺灣中華書局、臺北大通書局、臺北龍文出版社、南投臺灣文獻委員會等版本。而原稿本目前保存在施氏岑江十八世孫女施文瑞處。〔註64〕

《後蘇龕合集》中未收編的施士洁《日記》一冊，是光緒二十八年這一年的日記，黃典權將它發表在民國五十五年六月《臺南文化》舊刊第八卷第二期，並有黃先生以「南史」之名寫了〈後蘇龕泉廈日記的史料價值〉一文，對施士洁這冊日記的內容、價值，做了一番分析。

施士洁有一些作品是《後蘇龕合集》書中未收、散見在各處的，如：〈夢蝶園〉、〈贈阿環女史〉、〈老馬〉、〔註65〕〈轎〉、〈竹溪寺題壁〉、〈秋闈〉、〈五妃墓〉、〈戒煙〉、〔註66〕〈安平晚渡〉、〔註67〕〈菽莊主人四十壽言〉、〈叔臧

寧草〉，收入《臺灣風物》第22卷第3期，1972年，頁143。不過，注文位置錯擺在前一首詩「一卷瀛壖百詠詩……」之後。吳幅員《臺灣詩鈔》書中所錄詩與注的配合才對。（臺北：臺灣銀行，1997年），頁311。

〔註63〕黃典權：〈後蘇龕合集弁言〉，收入《後蘇龕合集》，頁1。

〔註64〕施文瑞：〈尋找清朝進士施士洁著作之始末〉，《施氏世界》第2期（彰化：世界臨濮施氏宗親總會，1997年11月），頁190。民國八十五年，施文瑞從黃典權遺孀處購回施士洁遺稿。

〔註65〕以上諸作見賴子清：《臺灣詩醇》，臺灣分館微捲第239AAH號，頁143、頁229、頁325。惟〈贈阿環女史〉爲節選，若要見全貌則看許丙丁：〈臺南教坊記〉，收入《許丙丁作品全集》（臺南：臺南縣立文化中心，1996年5月），頁475～頁482。

〔註66〕以上諸作見許丙丁：《臺南市誌稿‧藝文志》（臺南：臺南市文獻委員會，1859年）頁233～頁234。不過〈秋居悼亡〉是節錄，要見全貌可看彭國棟：《廣臺灣詩乘》（南投：臺灣省文獻委員會，1956年4月），頁139。

〔註67〕《後蘇龕合集》書中收有〈安平晚渡〉詩作二首，但是《臺南文化》第8卷第

侍郎林先生暨龔夫人四十雙壽聯〉、〔註68〕〈兒山太守六十正壽詩〉、〈寄呈竹
內雨石壽詩，依南摩羽峰詞長元韻〉、〔註69〕〈節孝蕭母陳太君詩〉〔註70〕等
詩作，以及〈跋雲林居士山水〉、〔註71〕〈捲濤閣詩草序〉、〔註72〕〈重刻北
郭園全集序〉、〔註73〕〈如此江山樓詩序〉、〔註74〕〈淡水廳學教諭鄭先生祥
和家傳〉、〔註75〕〈恭祝誥授中憲大夫香谷先生大人暨德配陳恭人古稀雙壽〉
〔註76〕等文。

　　另外，鄭鵬雲《詩友風義錄》書中收錄不少施士洁集中未收的作品，如：
〈秋居悼亡〉、〈挽阿美女校書詩〉、〈次韻（甲辰五月二十夕，與黃采侯、幼
垣昆季王蒜園、許子山、鄭鵬雲、養齋諸同人公餞米溪詞兄於禾江市樓，酒
酣，米溪為布袋和尚之歌戲贈阿毓，一坐拊掌，復唱三絕，以紀斯會。行將
別矣，不佞根觸疇曩，烏得無言？用次元韻，錄請印正——施士洁〉〉、〈留
園雅集席上即事〉、〈鄭養齋茂才自臺至廈見余八月二十日途次柬毓臣之作即
用其韻相贈余因如韻答之〉、〈疊前韻答氅丈〉、〈次林氅雲水部元韻〉等。

　　施士洁任海東書院山長時，唐景崧、顧緝庭、唐贊袞三人囑咐他編選書
院課藝集，施士洁檢選書院課藝所得的學生作品，重新評定，裒輯而成《臺
澎海東書院課選》一書，可惜今日只得見該書序文。〔註77〕

第二節　許南英的生平〔註78〕與著作

---

　　2 期（1966 年 6 月，頁 124）收有施士洁〈安平晚渡〉詩二十一首，詩後有編
　　者按云：「上錄〈安平晚渡〉詩二十一首，見於《喆園吟草》卷六，作於光緒
　　五年。」可見，黃典權先生整理編輯施士洁作品時，並未將所見全部選入。

〔註68〕《菽莊主人四十壽言》，（福建廈門：1914 年），書收藏於臺灣分館。
〔註69〕《臺灣日日新報》，明治 38 年 2 月 18 日。
〔註70〕《臺灣日日新報》，明治 36 年 5 月 5 日。
〔註71〕《臺灣日日新報》，大正 3 年 4 月 9 日。
〔註72〕收入施梅樵：《施梅樵詩集》（臺北：龍文出版社，2001 年 6 月），頁 9。
〔註73〕臺灣銀行經濟研究室編輯：《臺灣詩鈔》（臺北：臺灣銀行，1970 年 3 月），頁
　　444。
〔註74〕王松：《滄海遺民賸稿》（南投：臺灣省文獻委員會，1994 年 5 月），頁 1。
〔註75〕《臺灣日日新報》，明治 36 年 2 月 8 日。
〔註76〕收入鄭鵬雲編：《浯江鄭氏族譜》（1913 年 8 月），頁 121〜頁 123。
〔註77〕施士洁：〈臺澎海東書院課選序〉，《後蘇龕合集》，頁 353〜頁 356。
〔註78〕許南英生平資料主要依據許贊堃〈窺園先生詩傳〉，並和許南英詩作相互考
　　證。為配合本論文體例，本節所述之許南英生平較為簡略；筆者碩士論文《許

一、家　世

　　許贊堃（1893～1953）〈窺園先生詩傳〉簡述許氏家族遷徙來臺的發展過程：大約在明世宗嘉靖年間，許南英家族入臺一世祖許超從廣東揭陽遷移到臺灣臺南，並且，自移民以來一直到清仁宗嘉慶年間，許氏家族都未分居。不過，由於舊家譜在清宣宗道光年間燒燬了，新的家譜記載「自一世祖至許南英共有七代」，但許南英〈臺感〉詩中所記爲：「居臺二百載，九葉始敷榮」、「九葉孫枝備族譜」，〔註79〕新族譜所記與來臺已九代的家族傳言不相符。清德宗光緒二十一年（1895）許南英內渡後，即因舊家譜不存，入臺一世祖與揭陽宗祠的關係不得而知，因此無法認祖歸宗，最後，許南英決定落籍福建龍溪。

　　許家開臺一世祖於明朝時遷居到臺灣，雖然眞正原因不能確定，但當時是以「明朝人」——也就是漢人的身份來臺的。到許南英這一代時，許南英家族在臺灣已定居二百多年。康熙二十二年（1683）明鄭投降，臺灣轉爲清朝統治。由於清廷一直以消極政策處理臺灣事務，因此臺灣移墾居民以「反清」爲號召的民變時有所聞。牡丹社事件後清廷先後派遣沈葆楨、丁日昌、劉銘傳來臺建設，臺灣並於光緒十一年（1885）正式建省，但民間仍普遍有「明朝人」的漢人意識。許南英雖處清領臺灣的末期，本身也參加科舉應考，內渡後並成爲朝廷命官，但我們仍可以從他的作品中明白看到他所具有的「漢人意識」。這和許氏家族在明鄭時期就遷居到臺灣應有關係。

　　許南英的祖父永喜公是個秀才，父親許廷璋克紹箕裘，也是儒生，並且在家產燒燬蕩盡、兄弟分居之後，於咸豐十年（1860），從西定坊武館街遷到東安坊延平郡王祠邊的馬公廟，建學舍數椽，名爲「窺園」，並在宅中開館授徒，當時許南英六歲。就在同年的十月初五日，許廷璋謝世。

　　許廷璋的原配是王氏，因病早死，許廷璋續取侍妾藍氏；藍太恭夫人即許南英兄弟的生母。〔註80〕許南英是許廷璋的三子，上有南華、其燦兩位哥哥，下有弟弟南雅。南華爲臺灣府吏，其燦在大穆降辦鹽務。

　　　　南英及其詩詞研究》第二章第一節對許南英的生平敘述較詳盡。（臺北：中國文化大學中國文學研究所碩士論文，1999 年），頁 7～頁 29。

〔註79〕許南英：《窺園留草》，頁 36、頁 82。

〔註80〕關於這一段家族歷史，許贊堃〈讀芝蘭與茉莉因而想及我底祖母〉一文中有明白交代。收入陳信元：《許地山代表作》（臺北：蘭亭書店，1983 年 6 月）

二、生　平

許南英（1855～1917），生於清文宗咸豐五年十月初五日，卒於民國六年十一月十一日。許南英常用的字號有：蘊白、蘊伯、允白、允伯、窺園主人、留髮頭陀、龍馬書生、毘舍耶客、春江冷宦、霽雲、崖岸等。〔註 81〕許南英出生在西定坊武館街，六歲時遷居到南門延平郡王祠、馬公廟附近的窺園。自此，許南英就居住在這裡，一直到清德宗光緒二十一年（1895）離臺爲止。

許南英先後從陳良玉、許鳳儀、鄭永貞、葉崇品諸先生受業，同治九年（1870）時參加童子試，就成爲家族讀書希望的寄託。許南英的父親許廷璋過世後，家中經濟全靠母親藍氏仗著少數田產調度撐持。由於兄弟都已成人，家用日絀，許南英一度有意放棄學業，要和二哥學做生意；因爲受到鄉賢謝憲章先生力勸，才繼續求學，並跟著謝先生受業。光緒四年（1878），許南英在窺園設聞樨學舍，與詩友王泳翔等人相互唱酬，〔註 82〕並且應聘任廣儲里林家教師。光緒五年（1879），他入縣學，得撥府學第二名；同年，赴省城參加鄉試，未售而返。〔註 83〕次年，科考、歲考，均列一等。光緒七年（1881），他娶詩友吳樵山三女愼爲妻。光緒八年（1882），他應蔡綺卿之聘任爲教授；秋，赴福州參加鄉試；試畢，與友人同遊鼓山。〔註 84〕光緒九年（1883），許南英參加科試，又得一等；六月，母藍氏卒，葬時與吳姓興訟，蒙臺灣縣令沈江梅微服往勘，堂結息案。光緒十一年（1885），許南英三十一歲，第三度參加鄉試，中解元童其峻榜下第四十一名，出張蘊松門下。前臺南歷史館館長石暘睢曾藏有許南英鄉試硃卷一本，閱卷官在卷上批有「氣韻沈雄，經策

〔註 81〕　見筆者碩士論文《許南英及其詩詞研究》第二章第一節。

〔註 82〕　許贊堃〈窺園先生詩傳〉記云：「當時最常往來底親友是吳樵山，陳卜五、王泳翔、施雲舫、丘仙根、汪杏泉、陳省三、陳梧岡諸先生。」《窺園留草》，頁 235。但是，許南英〈輓吳樵山外舅〉詩中注云：「外舅於丁丑九月二十二日尚過窺園，坐談半日；二十六日而訃至。」《窺園留草》，頁 2。丁丑年即光緒三年，此時吳氏已逝。許南英與施士洁、丘逢甲相識，要到光緒十二、三年左右。陳省三於同治十三年中爲進士之後，即宦游大陸。這些人應不是許南英聞樨學舍時期的詩友。汪毅夫〈窺園留草識小錄〉一文有明白考證。收入《臺灣近代文學稿》（福建：海峽文藝出版社，1990 年 7 月），頁 7～頁 14。

〔註 83〕　許南英〈乙酉鄉試，舟至馬江口占〉：「賣藕小娃猶認得，笑余三度到榕城。」依此來推，許南英首次到省試，應在光緒五年時。《窺園留草》，頁 4。

〔註 84〕　許南英〈鼓山紀遊〉：「壬午中秋後，同人畢秋試；相約出南臺，不待攜襆被。」《窺園留草》，頁 2

條暢，詩亦可取」等字樣。﹝註85﹞光緒十二年（1886），許南英入京會試，因對策陳述國家危機，考官不錄取。﹝註86﹞光緒十三年（1886），許南英進入海東書院就讀，與丘逢甲、汪春源同入書院山長施士洁門下。光緒十五年（1889），許南英再次赴京會考，又因評論政治得失被放。光緒十六年（1890），許南英三上北京會試，中恩科會元夏曾佑榜下第十八名，﹝註87﹞授兵部車駕司，加員外郎銜。汪春源說他「少孤，家貧力學。」施士洁也說：「允白家世潤寰，而雛聲特異，嶄然見頭角。」﹝註88﹞都是稱讚許南英在困難環境中刻苦力學的難得。許南英志不在做官，﹝註89﹞只望成名後回鄉服務，因此是年即請假回本籍。許南英曾以「崇尚正義」為主旨，成立崇正社，時與詩友在竹溪寺雅聚聯吟；崇正社的觴詠活動，一直持續到光緒二十一年許南英內渡大陸才止。﹝註90﹞

回鄉之後，許南英與鄉民合稟請建呂祖祠；﹝註91﹞又接受臺南官紳會舉，管理聖廟樂局事務，並任以成社社長。﹝註92﹞光緒十七年（1891），他辭退安平縣令陳子岳掌教臺南蓬壺書院之聘，﹝註93﹞轉薦蔡國琳（1843～1909）擔任，自己則深入番社，辦理墾土化番的事業。光緒二十年（1894），臺灣巡撫唐景崧聘許南英入臺灣通志局協修，設採訪局於臺南，凡臺南府屬的沿革、

﹝註85﹞ 毛一波：〈許南英詩詞〉，《臺灣文獻》第 15 卷第 1 期（1964 年），頁 222。

﹝註86﹞ 許南英〈丙戌偕徐仞千、陳梧岡兩同年來京會試，徐捷得工部，陳考得中書；余已入彀，因對策傷時被放。二君欲強留余在京過夏，書此謝之〉，《窺園留草》，頁 8。

﹝註87﹞ 朱保炯、謝沛霖編：《明清歷科進士題名錄》中載許南英中光緒十六年庚寅恩科第三甲第六十一名（臺北：文海出版社，1984 年 1 月），頁 2851。和〈窺園先生自定年譜〉所記不同，汪毅夫〈臺灣的科舉和臺灣的文學〉認為年譜中所記名次是會試名次，題名錄中所記是殿試名次。收在《臺灣近代文學叢稿》（福建：海峽文藝出版社，1990 年），頁 57。

﹝註88﹞ 汪春源〈窺園留草序〉、施士洁〈窺園留草序〉，收入《窺園留草》，頁 3、頁 1。

﹝註89﹞ 汪春源〈窺園留草序〉：「君蓋澹於仕進者。」

﹝註90﹞ 見筆者〈臺南「崇正社」、「浪吟詩社」、「南社」創立問題辨正〉，見《臺南文化》新 51 期（2001 年 9 月），頁 78～頁 82。

﹝註91﹞ 唐贊袞〈改建呂祖祠碑〉：「郡城引心書院圯廢已久。光緒庚寅，安邑紳許南英、陳楷、蔡國琳等呈請改易呂祖祠，由前府詳請，給發公費三百兩。」收入臺灣銀行經濟研究室編：《臺灣南部碑文集成》（臺北：臺灣銀行，1966 年 3 月），頁 358。

﹝註92﹞ 《臺南市志·文教志》，頁 3506。

﹝註93﹞ 許南英：〈邱仙根工部以詩索畫梅，用其原韻應之。時仙根掌教崇文書院，而余辭蓬壺書院之聘〉，《窺園留草》，頁 25。

風物，都由他彙纂。中日甲午戰爭開打後，改臺南採訪局爲團練局，許南英任臺南團練局統領，率領義軍屯駐番隘。光緒二十一年（1895），中日簽訂合約，清廷允將臺灣割讓給日本；臺灣紳民極力反對無效後，於五月二日成立臺灣民主國，對抗日人侵奪行動；許南英仍屯兵番社附近諸隘。五月初七夜，許南英參與劉永福與臺南兵眾會聚於白龍庵的歃血同盟活動。〔註 94〕基隆告急消息傳來，許南英率團練北上，至阿里關時，屯匪劉烏河趁機作亂，許南英率領鄉勇戡定，而臺北已失，於是許南英趕回臺南。〔註 95〕七月，許南英等人向劉永福建議開設臺南議院。〔註 96〕他拒絕日軍通函在臺南辦保良局的邀請。〔註 97〕九月初三，日軍進入臺南，懸像尋索許南英；初五，在漁人幫助之下，許南英內渡大陸。〔註 98〕

　　內渡之初，許南英接受宗人許子榮兄弟的建議，到南洋轉換生活。許南英先是光緒二十一年冬到廈門，與邱煒菱（1874～1941）相識；光緒二十二年（1896）夏，在廣州與陳望曾（1853～1929）相會，〔註 99〕再搭海輪經東南亞到新加坡。在新加坡，許南英受到宗人許秋河熱情款待；十一月，再次與邱煒菱相聚。〔註 100〕光緒二十三年（1897）二月，許南英由新加坡回廈門；

〔註 94〕易順鼎《魂南記》：「五月初七日，臺南文□百餘人並集，歃血同盟，劉與余爲首。」（南投：臺灣省文獻委員會，1993 年 9 月），頁 9。許南英〈奉和實甫觀察原韻〉：「記得白龍庵裡會，澧蘭沅芷憶佳人。」《窺園留草》，頁 29。

〔註 95〕許南英〈臺感〉詩注：「當臺北陷時，屯匪劉烏河乘機竊發，予帶鄉勇征剿。至阿里關，勇乏口糧，皆予給發。」《窺園留草》，頁 83。

〔註 96〕謝佳卿：〈臺灣民主國與劉永福〉，收入《臺灣文獻》第 52 卷第 2 期（2001 年 6 月），頁 368～頁 370。

〔註 97〕許南英〈臺感〉詩注：「日軍到嘉義，即採訪士論，通函請予在府辦保良局。」《窺園留草》，頁 83。

〔註 98〕洪棄生《寄鶴齋詩話》云：「即當時建議抗敵諸君——如臺南許南英、鹿港施仁思、施菼等，亦多堅守不移；至兵臨城下，始潔身內渡。甚至臺中失後，尚有往臺南謀恢復者。視先時棄軍而逃諸君，事權不及而氣概過之萬萬。」（臺北：臺灣銀行，1993 年 5 月），頁 140。洪棄生《瀛海偕亡記》：「甲科若施士洁、若許南英，均襄助劉永福餉事，時事去則己亦去。」（南投：臺灣省文獻委員會，1993 年 5 月），頁 22。

〔註 99〕許南英〈贈陳省三觀察、雨三醋尹昆仲〉：「浮家寄鮀浦，獨客入羊城。……末路誰相顧，元方兩弟兄。」《窺園留草》，頁 36。

〔註 100〕丘煒菱《五百石洞天揮麈》：「臺灣許允白進士南英，初不相識，乙未偕陳藻耀觀察日翔內渡寓廈，始一謀面。明年丙申，余來星洲；君亦以訪親蹤至。環島蒼茫，得此良覿，殊大不易。」（上海：古籍出版社，續修四庫全書集部 1708 冊），頁 175。

〔註101〕因囊金耗盡、家計窘困，不得已走上宦途。他入京自請開去兵部職務，降換廣東即用知縣。光緒二十三年（1897），許南英協助番禺裴縣令評閱縣試卷。光緒二十四年，他受陳望曾委託，評閱廣州府試卷。〔註102〕光緒二十五（1899）春，他在廣州與邱逢甲重逢，〔註103〕又送汪春源入京補行殿試。這一年裡，許南英隨潮州鎮總兵黃金福到惠、潮、嘉一帶辦理清鄉事務。光緒二十六年（1900），即將遠赴南洋的丘逢甲來到鮀浦與許南英相會；是年，許南英應陳望曾之聘，任佛山汾水稅關總辦。光緒二十七年（1901），許南英由稅關調省垣，充鄉試閱卷官。

　　光緒二十八年（1902），許南英署雷州徐聞縣令，這是他首任地方官。任內，許南英熱心辦學，改貴生書院爲徐聞小學，甄選縣中生員入學，並受聘爲學堂掌教；他愛民重士，著有政聲。〔註104〕光緒二十九年（1903），許南英卸徐聞縣令任，特綏廣州三水縣縣令；尚未赴任，先奉調派內簾，閱廣東鄉試卷，〔註105〕又委派欽州查辦重案。光緒三十年（1904），因陽春、陽江連年鬧匪，他乃緩赴三水本任，先調署陽春知縣；在陽春任上六個月，用力推動興學、教民、清鄉、治盜等項事務。是年夏，改調陽江軍民同知兼辦清鄉事務；〔註106〕他在陽江任內三年時間裡，除在光緒三十年冬與參將柯壬貴會剿

〔註101〕許南英〈也是園席上和夢盦〉詩序云：「丁酉二月，在新嘉坡將附輪回華，秋河於『也是園』留餞。」
〔註102〕窺園先生年譜及詩傳均記：許南英在光緒二十四年受廣州周桂午知府聘委閱府試卷，光緒二十六年時受陳望曾聘委閱府試卷，不過，《臺灣日日新報》明治 32 年 12 月 5 日記曰：「陳省三太守望曾自去年署理廣東省篆務，本年科試衡文已畢，即向上告假卸事。」兩項資料的時間、人物不相符合。若依許南英〈贈陳子模明府（時自山東請回閩，來粵寓陳省三觀察廣州府署）〉，以及〈送汪春源入都補殿試〉：「栖翠簃（廣州府署西偏書屋）間同翦燭」來看，《臺灣日日新報》的時間才是正確的。
〔註103〕許南英〈己亥春日感興〉：「栖遲謫宦此羊城」、「相憐復有邱工部」，《窺園留草》，頁 53。「己亥」爲光緒二十五年。
〔註104〕王輔之《徐聞縣志・職官志》：「許南英，二十八年任，愛民重士，著有政聲。進士。」（臺北：成文出版社，1974 年 12 月），頁 387。
〔註105〕許南英〈癸卯復奉調簾之役，有感而作〉、〈癸卯鄉闈分房裏校，和同鄉虞和甫鎮院述懷原韻〉，《窺園留草》，頁 65、頁 66。「癸卯」年爲光緒二十九年。
〔註106〕許南英在光緒二十九年癸卯秋天調簾閱鄉試卷，又赴欽州查辦重案；他調署陽春令，是在次年光緒三十年甲辰，任期六個月，這在〈衙齋隙地種桃藝菊，入望敷榮；而余又奉檄調陽江，書此誌別〉：「陽春假我小徘徊，綠意堦前手自栽。一瞥光陰過夏令，種花人去看花來。」《窺園留草》，頁 68。詩中內容可以得到印證；〈自壽〉詩序云：「憶在陽江任時，彼都人士合陽春紳民爲予祝五十初

石梯土匪廖倫等人外，並推行新政，尤其注重新式教育的推廣。他先在光緒三十一年（1905）設立陽江學務公所、陽江師範傳習所，又在光緒三十二年（1906）時設立初等小學堂，並選派紳士遊歷東洋。〔註107〕但在這一年的三月，因士紳建議募勇防盜，擬抽木捐籌勇費，引起木商抗爭，賴許南英居中調停。五月二十一日，陽江習藝所罪犯越獄，又釋出監獄重罪羈囚逃逸，許南英因此被撤職留緝；歲餘獲犯過半後始復官。〔註108〕這段時間是許南英在宦途上最不得意的時期，他因此自號「春江冷宦」。十二月，他接受委調辦理順德清鄉事務，隨即又委解京餉。〔註109〕此年，許南英多次探訪出任廣東學務公所議紳的丘逢甲。〔註110〕

光緒三十四年（1908）五月，許南英赴三水縣令任，任期三年中，他感化邑匪陸蘭清洗心革面，並捐廉金修三水縣署「作新堂」，卻因嚴禁販賣人口而與縣紳不協。縣屬巨紳械鬥，許南英因拒絕兩造賄賂秉公處理，又得罪巨紳。他本想辭職，適逢調派電白縣，便卸事回省。許南英將就新任時，武昌革命軍興，他接得漳州友人電召回漳，並受任爲革命政府漳州民事局長；不久，南北共和，民事局撤銷，許南英退居海澄縣屬海滄墟。

民國元年夏，許南英應臺灣親友之請，回臺灣省墓並處理所餘產業，臺灣詩友熱情相迎，他待到冬天才回廈門。在臺灣期間，許南英除與臺南南社詩人雅集唱酬，也曾北上和全省各地的詩人會面。適逢瀛社社友顏雲年（1875～1923）環鏡樓新成，屢開詩友大會，讌集全省詩人，許南英也多次參與擊缽吟唱。〔註111〕民國二年，舊友張元奇任福建民政長，聘他爲龍溪縣令，

度。」《窺園留草》，頁200。這是光緒三十年十月的事，許南英正是五十歲，這是佐證。〈窺園先生自定年譜〉、〈窺園先生詩傳〉中，自陽春縣令任上時間記錯，連著後面幾年的事蹟的年份也都錯誤。本論文中這一部分所述內容，依據許南英作品及其他相關資料重新考訂。

〔註107〕張以成修纂：《陽江志・學校志》（臺北：成文出版社），頁1007、頁891、頁892、頁1778。

〔註108〕張以成修纂：《陽江志・雜志》，頁1779～頁1781。

〔註109〕依許南英〈戊申入都門感興〉：「一炬三椽付刧灰（全臺會館於三月間失火）」來看，他在光緒三十四年春到京城；再依〈出京之前一日，王吉臣、幹臣昆季祖餞於陶然亭。是日陰雨，賦此誌感〉：「山門繫馬客初到，驛路鳴蟬暑不知。」來看，他於同年夏季離開京城。《窺園留草》，頁75、頁76。

〔註110〕丘逢甲：〈丙午日記片斷〉，收入丘晨波、黃志萍等編：《丘逢甲文集》（廣東：花城出版社，1994年6月），頁350～頁371。

〔註111〕《臺灣日日新報》，大正元年11月26日、12月17日，收有許南英參加雅吟，

〔註112〕卻因他禁止私鬥、勒拔煙苗，被當地豪紳誣陷，說他侵吞公款；許南英請辭查辦，經省府查無其事，還他清白，許南英卻也決計不再從政。

民國三年（1915），林爾嘉（1875～1951）聘他入菽莊吟社，〔註113〕與內渡在廈門的臺灣詩人共同詠觴。民國四年（1915），故友勸他到廣東謀差，許南英因「最恨食人之報」而推辭。民國五年（1916），許南英應駐廈門日本領事邀請回臺參加「臺灣勸業共進會」活動，再一次和臺灣詩友相聚雅吟；在與詩友出遊臺南關嶺時因輕便車出軌受傷。同年九月，他因林爾嘉的推薦，到蘇門答臘棉蘭為華僑張鴻南（1861～1921）編輯生平事略。許南英在異地時思念鄉里，不巧歐戰開打，船期不定，無法回國。許南英因候船久而縱飲，又貪啖水果，得了痢疾，民國六年（1917）十一月十一日病逝異鄉，忘年友林景仁（1893～1940）將之葬於該地。〔註114〕

許南英與吳慎婚後，生下六子二女，其中二子夭折。長子許贊書，與許南英故交陳日翔長女成婚，民國元年時任廈門同盟會會長。〔註115〕次子許贊

題為〈李白登黃鶴樓〉、〈盆松〉、〈十姐妹〉的作品。

〔註112〕《臺灣日日新報》大正 2 年 4 月 5 日：「臺南許南英，前清時代，曾出仕粵東，政聲頗著。自清帝讓位後，許君遂至任家居。近者閩政府慕其名，強聘其出山，許君情不能卻，乃復渡閩海，現已由孫都督檄委為漳州府知事。」（漳州即龍溪）

〔註113〕〈窺園先生自定年譜〉、〈窺園先生詩傳〉中都記許南英於民國四年時加入菽莊吟社，但許南英在民國三年時即開始參加菽莊各項活動，留下〈題林菽臧鼓浪嶼菽莊〉、〈壽林叔臧侍郎四十初度〉、〈賀林叔臧侍郎暨德配龔夫人四十初度逢閏重慶〉、〈菽莊主人閏五月四十初度重慶〉、〈菽莊鐘社即事〉、〈和菽莊主人聽潮樓晚眺原韻〉〈菽莊四詠〉……等作品。《窺園留草》，頁 142～頁 149。（按：許贊堃將這些作品誤編在民國二年，應是民國三年甲寅的創作才對，那一年閏五月，林菽莊四十歲。）《臺灣日日新報》大正 3 年 11 月 20 日：「許允白先生自廈寄書於雪漁，間有近來灰心時局，息影菽莊，日以吟詠為事。」亦可證明許南英於民國三年時入菽莊吟社。汪毅夫《〈窺園留草〉識小錄》文中指出許贊堃〈窺園先生詩傳〉中（1）崇正社成立（2）許南英中舉名次（3）菽莊吟社創立年代等問題的敘述有誤。收在《福建論壇》1988 年第 2 期，頁 74。

〔註114〕民國二十二年，許地山去印度做研究考察工作，二十三年六月結束工作後，繞道蘇門答臘的棉蘭城，於七月十七日祭掃許南英墓。在寄回國的家書中說：「昨天棉蘭，看看父親墳地，那地點雖然不錯，可是墳做得太壞，連碑字都刻錯了。老二當時在這裡，我不曉得他監的是什麼工。」（許地山《旅印家書》第二十五封）可見當時喪事是由林景仁主事的，但許南英二子許贊元也趕赴棉蘭奔喪。林景仁：《天池草》收有〈二十疊贈許贊元〉一詩，可為佐證。收入《臺灣風物》第 22 卷第 3 期（1972 年），頁 37。

〔註115〕周苓仲：〈父親的童年〉，收入周俟松、杜汝淼合編：《許地山研究集》（南京：南京大學出版社，1989 年），頁 62。

元，於宣統二年（1910）往日本東京學習軍事，後加入革命軍，並參加廣州三二九黃花岡之役，爲生還的臺籍二壯士之一。〔註 116〕三子許贊牂，於民國二年（1913）赴日本留學，就讀東京美術學校。四子許贊堃，字地山，筆名落花生；他與臺中林季商（1978～1925）妹林月森成婚，林月森於民國九年病逝，許贊堃繼娶周俟松。許贊堃在北京求學時，參加五四運動示威活動；赴英留學回國後，先後任教於北大、燕大、清大，最後任香港大學文學院院長。民國二十六年（1937）七七事變時，他也積極投入抗日活動。許贊堃在學術、文學方面都有很高成就。六子許贊喬則學醫。五子許贊能是許南英的妾吳遜所生，後來回到臺灣，入了日籍。

三、著　作

　　許南英〈己丑在都，讀呂汝修孝廉詩草，作此以當題詞，並呈邱仙根詩伯〉：「我有《窺園留草》稿，讀君佳句擬刪除。」〔註 117〕可知，光緒十五年時，許南英已將自己的作品集結成冊，題曰《窺園留草》，但是詩稿因乙未兵燹而散佚：「少時我有留刪草，太息滄桑付劫塵。」〔註 118〕面對多年心血結晶的創作毀於戰亂，許南英雖然自嘲「詩稿付兵燹，免爲識者嗤」，但是仍有將作品傳家、傳世的期盼。〔註 119〕許南英一直創作不斷，又憑靠記憶重寫臺灣淪陷以前的作品，與後來的作品合成一冊，仍題曰《窺園留草》。在他歿後第二年，長子許贊書攜其遺稿回臺，並在報上公開徵求各界題詞，並有發刊的打算，〔註 120〕但未成功。這份原稿一直由家屬珍藏著，直到民國二十二年

〔註 116〕臺灣省文獻委員會編《臺灣史》：「有兩位臺籍志士曾經參加過黃花岡之役，一是羅福星，一是臺南籍的許贊元，是臺灣愛國詩人許南英次子，名作家許地山的胞兄。其時二十二歲。許贊元參加了三二九之役，事敗被捕，恰巧清軍副將黃培松與許南英有舊，知道許贊元即許南英之子時，就秘密將其釋放。」（臺北：眾文圖書公司，1994 年 5 月），頁 695。
〔註 117〕許南英：《窺園留草》，頁 21。
〔註 118〕許南英：《窺園留草》，頁 48。
〔註 119〕見〈題螺山先生詩集〉，《窺園留草》，頁 97。詩中又言：「但願寶手澤，不願求人知。」這是傳家的期盼；〈蔡愧怙君臨終淚墨微詩〉：「潛德銷沈三十年，子孫手澤淚痕鮮。鄭虔學問光庠序，范蠡經綸善貿遷。筆墨有靈公不死，箕裘勿替子皆賢。表揚善行斯文責，知否先生慰九泉？」這是作品傳家、傳世的期盼。《窺園留草》，頁 160。
〔註 120〕《臺灣日日新報》大正 7 年 11 月 18 日：「其哲嗣許肖雲，此次買棹回梓，攜遺稿窺園留草集，計六卷，曩經施澐舫、丘仙根兩部郎評閱。肖雲等欲將遺稿發刊，呈贈臺灣及支那海內外親舊，永爲紀念。擬請在臺諸彥題詞。」趙鍾麒、

（1933），許贊堃才在北京將許南英的詩稿付梓刊印，其中經歷了一段曲折，在〈窺園先生詩傳〉文中，許贊堃有明白的交代：

> 自先生歿後，親友們便敦促刊行他底詩草。民國九年我回漳州省母，將原稿帶上北京來。因爲當時所入不豐，不能付印；只鈔了一份，將原稿存在三兄敦谷處。民國十五年秋，革命軍北伐武昌，飛機彈燬敦谷住所，家中一切皆被破壞；事後於瓦礫場中搜出原稿如故，我們都非常喜歡。敦谷十五年冬到上海，在那裡將這全份稿本交給我。這幾年來每想精刊全書，可惜限於財力，未能如願。近因北京頻陷於危，怕原稿化成劫灰；不得已，草率印了五百部。出版底時候，距先生歿已十六年；想起來，眞對不起他。這部「留草」底刊行，承柯政和先生許多方面的幫助，應當在這裡道謝。

應是天地有心，再加上許南英子嗣「不忍先跡之就湮也」〔註121〕、朋友的資助，許南英《窺園留草》才能在紛亂的時代裡流傳下來。當時印了五百部，是用作自家寶藏並分贈給親友的，完成許南英詩稿傳家的宿願。同年，許贊堃應邀前往廣州中山大學講學，特地繞道臺灣，將《窺園留草》分贈給親友，這就是我們今天所說的原刊本。〔註122〕後來，黃典權先生依據許丙丁所藏的原刊本，重加新式標點，並添增目錄，列爲臺灣文獻第一四七種，由臺灣銀行於民國五十一年（1962）時出版。現在通行的《窺園留草》版本尚有臺北大通書局、文海出版社、龍文出版社、臺灣省文獻委員會等版本。

許南英《窺園留草》一書，不僅記錄了詩人的生活及個人的哀喜，同時也記錄了當時代的歷史、記錄了他們那一代人的離亂。所以，「留草」的文獻價值頗高，是我們研究臺灣文學的珍寶。林景仁〈窺園留草序〉文中將許南英《窺園留草》一書的內容題材、優點價值做了簡要的概述，可以做爲我們研究許南英創作的參考：

> 其爲詩也，榮光望氣、火珠驗經，鏡乎萬殊，約之至精。惟其博，挽歌、野諺古蕩今肆，好好笑笑，頭銜自署。惟其達，冰壺貯月、

楊宜綠、許梓桑、洪以南等人所撰之題詞，刊載在該報同年的 11 月～12 月。

〔註121〕施士洁：〈窺園留草序〉，《窺園留草》，頁 1。

〔註122〕筆者碩士論文《許南英及其詩詞研究》口試時，林文慶老師告訴我臺大圖書館藏有《窺園留草》原刊本。筆者口試後到臺大圖書館尋書，目錄上是有登錄，但架上無書。經櫃臺人員查閱該館圖書目錄，註明「此書出借，不明去處」，終是緣慳一面。賴筱萍《許南英窺園留草研究》（臺中：逢甲大學中國文學研究所碩士論文，2002 年）提到他在臺大圖書館有看到原刊本，或許書已找回。

玉盤聚露，八垓清氣，累劫不泯。惟其潔，伯麟題壁、司馬指山，
偶作激語，亦有微言。惟其諷，結念悽心、作泥化石，鷖鸞啼紅，
病鶴喉碧。又惟其怨，於是條發蘢蕃，徵咀商含，麗南朝之金粉、
雄朔部之山川。吾不知其曷爲而使人仰也可歌、俛也可渭？悲夫！
〔註123〕

　　許南英另有一些作品未收到《窺園留草》集中，除〈題邱煒萲庚寅偶存
稿舊刻〉、〔註124〕法華寺中堂匾額對聯、請修建呂祖宮稟文等之外，〔註125〕
還有〈蝴蝶蘭〉〔註126〕、〈李白登黃鶴樓〉〔註127〕、〈盆松〉二首〔註128〕、〈南
社吳園送別圖記〉〔註129〕、〈募修龍溪縣志啓〉〔註130〕、〈瀛桃吟會席上和韻〉
〔註131〕、〈誥受光祿大夫花翎二品銜日美比公使大臣菲律賓總領事內閣中書陳
公傳〉〔註132〕。

第三節　丘逢甲的生平〔註133〕與著作

一、家　世

　　丘逢甲〈說潮〉第二十首之作，丘煒萲認爲此詩作在內容上「歷次邱氏

〔註123〕收入《窺園留草》，頁7。
〔註124〕見丘煒萲《五百石洞天揮麈》：「承索庚寅偶存拙稿舊刻，即題二律來云：……」
　　　　（上海：古籍出版社，續修四庫全書集部1708冊），頁175。
〔註125〕見筆者《許南英及其詩詞研究》第四章第四節。（臺北：中國文化大學中文研
　　　　究所碩士論文，1999年）
〔註126〕見曾朝枝編：《東寧擊缽吟前集》（昭和九年三月，臺灣分館微捲第1925號），
　　　　頁26。
〔註127〕見《臺灣日日新報》，大正元年11月27日。
〔註128〕見《臺灣日日新報》，大正元年12月4日、7日。
〔註129〕見《臺灣日日新報》，大正2年1月12日。
〔註130〕見《臺灣日日新報》，大正3年5月1日、2日。
〔註131〕見《臺灣日日新報》，大正5年5月3日。
〔註132〕見盧嘉興：〈協防臺南抗日的許南英〉，收入《臺灣古典文學作家論集》（臺南：
　　　　臺南市立藝術中心，2000年11月），頁145～頁146。
〔註133〕丘逢甲的生平，有四本著作可以參考：鄭喜夫：《民國丘倉海先生逢甲年譜》
　　　　（臺北：臺灣商務印書館，1981年11月）；楊護源：《丘逢甲傳》（南投：臺
　　　　灣省文獻委員會，1997年6月）；徐博東、黃志萍：《丘逢甲傳》（臺北：海
　　　　峽學術出版社，2003年9月）；丘鑄昌：《丘逢甲評傳》（廣東：廣東人民出
　　　　版社，1987年5月）。內容豐富，敘述詳盡。

世系甚悉，亦古人述祖德詩之遺也」，〔註134〕可以看作是丘氏族譜的精要本，
從詩中所記可以了解丘氏家族的遷移、發展與演變過程的大概：

> 中原忽龍戰，九族開閩關。吾丘自固始，舉族來莆田。
>
> 有宋鴻臚卿，數典乃吾先。巍巍樞密公，于潮爲始遷。
>
> 梅溪銘公墓，琴山靄春煙。有子梅州守，歸養娛親前。
>
> 若趙若王古，投贈多詩篇。想見與居游，論道皆名賢。
>
> 三傳詔僉判，宗牒曾手編。碧血老殉義，宋日沈虞淵。
>
> 維時方亂離，族散閩越間。或近籍保昌，或遠居瓊山。
>
> 吾祖僉判弟，實隱鄞江邊。孫枝日以茂，江楚多綿延。
>
> 吾宗著石窟，一水梅潮連。精舍尋金山，掃墓來故阡。
>
> 遙遙三十世，已閱七百年。別派出承旨，隸蕚春風聯。〔註135〕

丘逢甲的曾祖父丘仕俊於清高宗乾隆二十一年（1756）帶領家族東渡臺
灣，在彰化東勢角定居，並設立國術館教授武藝；林爽文之亂時，他起義殺
賊，亂平不受賞。丘逢甲的祖父丘學祥也練得一身本領，以義俠見稱。丘逢
甲的父親丘龍章（1833～1911），字誥臣，學者稱爲潛齋先生，他雖生長在
尚武的家庭，卻棄武習文。咸豐元年（1851），他成爲臺灣府學弟子員，咸
豐八年（1858）食廩餼，後以訓導銓選吏部歷國子監學正。丘龍章本來帶著
家人居住在葫蘆墩，後遷至淡水廳銅鑼灣，先後在彰化、苗栗間教讀。同治
十一年（1872），丘龍章受聘到彰化魏家設館教讀，光緒元年（1875），丘龍
章轉至新伯公莊之劉氏家塾教讀。丘逢甲爲其次子，都由他親自教導，而且
能幫忙他佐課童蒙。乙未割臺事起，丘逢甲亟謀自主，丘龍章曰：「事固不
可爲，聊盡此心耳。」事敗後父子共偕內渡居廣東。宣統三年（1911），丘
龍章病逝。丘龍章篤信程朱之學，一生以躬行實踐爲要；他深信教育國民乃
國家圖強之本，鼓勵丘逢甲興學。其所著之《覺世詩存》，提督李準復刻於
廣州。〔註136〕

〔註134〕邱煒萲：《五百石洞天揮麈》（上海：古籍出版社，續修四庫全書集部第1708
　　　　冊），頁188。

〔註135〕丘逢甲：《嶺雲海日樓詩鈔》，頁57。丘逢甲〈謁饒平始遷祖樞密公祠墓作
　　　　示族人〉一詩，對其先世變遷敘述亦頗詳盡。《嶺雲海日樓詩鈔》，頁343。

〔註136〕丘逢甲：〈覺世詩存跋〉，收入丘晨波、黃志萍、李尚行等編：《丘逢甲文集》
　　　　（廣東：花城出版社，1994年6月），頁318。

二、生　平

　　丘逢甲（1864～1911），譜名秉淵，初名逢甲，字仙根，號蟄仙，亦號蟄庵，又號仲閼、海東遺民，晚號南武山人、倉海君。清穆宗同治三年（1864）十一月二十八日，生於臺灣府淡水廳鑼灣雙峰山。四歲開始就學，由父親丘龍章親自教導。同治十一年（1872），丘龍章到彰化魏家設教，丘逢甲隨同前往，與當地望族呂汝玉（1851～1925）兄弟結爲好友，往來甚密，並得吳子光（1819～1883）指導學業。光緒元年（1875），丘龍章轉往東勢角新伯公莊劉氏家塾設教，丘逢甲亦隨之轉讀，但仍常到筱雲山莊探訪呂氏兄弟，並借閱書報。光緒三年（1877），丘逢甲十四歲，參加臺灣府歲試，以〈窮經致用賦〉獲得第二名，〔註137〕主考官福建巡撫丁日昌贈以「東寧才子」印。是年，阿罩霧林家來說親，丘家辭退；不久，林氏卓英病逝。光緒五年（1879），丘逢甲生母陳夫人逝世，葬於大宛山。光緒六年（1880），丘家遷往彰化揀東堡翁仔社。丘逢甲文才華茂，曾以〈繼而有師命〉一文獲得文英社課藝第一名，又以〈君子以文〉獲得彰化文蔚社課藝第一名。〔註138〕

　　光緒七年（1881）三月，丘逢甲隨著父親以及呂氏昆仲、傅于天等人，共赴臺灣府應院試，並順遊臺南名勝法華寺、竹溪寺等古蹟，眾人吟詠之作集爲《竹溪唱和集》。〔註139〕光緒八年（1882），丘逢甲服闕，獲補廩餼，臺灣福建巡撫岑毓英特予接見，獎勵備至。光緒九年（1883），丘逢甲迎取廖賡芳長女爲妻，但所生的一兒一女皆不育，再加上仕途遭挫，在父親丘龍章授意下，迎娶臺中林家女兒林卓英靈位。光緒十一年（1885），丘逢甲往福州應鄉試，未售。光緒十三年（1887），丘逢甲參加府試，以〈何以安置餘勇〉〔註140〕一文列爲一等；再參加唐景崧主持的院試，表現優異，被選入海東書院讀書，隨即入唐景崧幕府佐治。唐景崧於光緒十三年任臺灣兵備道時，常在臺南署內斐亭舉行文酒之會，丘逢甲、施士洁等人經常參加。光緒十七年，唐景崧升任臺灣布政使，轉駐臺北，又於署內設「牡丹吟社」，丘逢甲等人也是常客。光緒十四年（1888），丘逢甲赴福州鄉試，中鄭懷陔

〔註137〕〈窮經致用賦〉題下注：「光緒丁丑年臺灣府學閩粵經古第二名。」收入世界河南堂丘氏文獻社編：《丘逢甲遺作》（臺北：世界河南堂丘氏文獻社，1998年12月），頁116。
〔註138〕收入《丘逢甲遺作》，頁120。
〔註139〕收入《臺灣風物》第30卷第2期，1980年6月。
〔註140〕收入《丘逢甲遺作》，頁125。

榜第二十八名。光緒十五年（1889），丘逢甲赴京會試，中為三甲第九十六名進士，[註 141] 欽點工部虞衡司主事，不久即以親老告歸。

丘逢甲返臺後，於光緒十五（1889）應嘉義縣令包容聘，掌嘉義羅山書院山長職；[註 142] 是年，遷入新居柏莊，並節取《黃庭經》「閒暇無事心太平」句中「心太平」三字，請唐景崧書額、唐贊袞書聯榜其門。[註 143] 光緒十七年（1891），又為臺南府知府唐贊袞聘為臺南崇文書院山長。[註 144] 另外，他也兼任臺灣縣宏文書院主講。[註 145] 光緒十八年（1892），福建臺灣通志局開設，光緒十九年（1893），丘逢甲受聘為臺灣通志總局之全臺采訪總紳。[註 146] 是年，唐景崧《請纓日記》出版，丘逢甲為之寫序。[註 147] 光緒二十年（1894），中日甲午戰爭爆發，丘逢甲奉旨辦理團練，後改稱為義軍，協防臺灣。光緒二十一年（1895），割臺定議，丘逢甲三次上書要求廢議，[註 148] 後又倡議成立臺灣民主國，以求抗日保臺。五月二日臺灣民主國成立，臺灣巡撫唐景崧為大總統，丘逢甲任義軍統領，負責防守桃園一帶防務。[註 149] 日軍入侵，臺北淪陷，唐景崧遁逃，丘逢甲知大勢已去，

〔註 141〕《明清歷科進士題名錄》（臺北：文海出版社，1981 年 2 月），頁 2848。
〔註 142〕丘逢甲：〈署臺南守包君哲臣（容）舊嘉令也，有德嘉人。其人士思以詩歌頌之，屬予先唱。包君在嘉，予適掌教羅山；署南守，予又崇文主講也。為采興論屬詞焉，以予嘉人，彙以贈包君。〉（收入《丘逢甲遺作》，頁 90）包容於光緒十四年九月起署嘉縣，故推論丘逢甲任羅山書院山長職，最快在他光緒十五年七月回臺之後。
〔註 143〕唐贊袞：《臺陽見聞錄》（南投：臺灣省文獻委員會，1996 年 9 月），頁 129。
〔註 144〕光緒十七年包容調署臺南府，十八年改任臺南支應局提調。包容署南府時，即聘丘逢甲任崇文書院山長；唐贊袞於光緒十七年七月任臺南知府時，則續聘丘逢甲為臺南崇文書院山長。唐贊袞〈崇文書院示前列諸生，兼東邱仙根山長〉，見《臺灣關係文獻集零・臺陽集》（南投：臺灣文獻委員會，1994 年 5 月），頁 153。連橫《臺灣詩乘》：「唐贊袞任臺南府時，曾延仙根主講崇文書院。」（南投：臺灣省文獻委員會，1992 年 3 月），頁 210。總而言之，丘逢甲任崇文書院山長職，最早是在光緒十七年。
〔註 145〕丘逢甲〈送黃大令芝生還浙〉：「千石膏腴手割分，講堂親擬署宏文。」見《丘逢甲遺作》，頁 51。黃芝生於光緒十八年回浙江，故丘逢甲任臺中宏文書院山長職的時間是在這之前。
〔註 146〕盧德嘉：《鳳山縣采訪冊》（臺北：臺灣銀行，1960 年 8 月），頁 18。
〔註 147〕收入世界河南堂丘氏文獻社編：《丘倉海先生詩文錄》（臺北：世界河南堂丘氏文獻社，1998 年 12 月），頁 150。
〔註 148〕丘逢甲：〈乙未奏疏及函電四件〉，收入丘晨波等編：《丘逢甲文集》（廣東：花城出版社，1994 年 6 月），頁 260～頁 262。
〔註 149〕丘逢甲在籌組臺灣義軍抗日期間致唐景崧等人的十九封信中，明白記述了

亦內渡廣東。〔註150〕

　　光緒二十一年夏天，丘逢甲先到泉州，〔註151〕再轉進原籍廣東鎮平；這一年初冬，他購置廬山築澹定邨；〔註152〕光緒二十二年夏，澹定邨落成。丘逢甲在澹定村新居建成後，即往廣州處理「進士造反案」，認識了許振褘等省垣名流，並得清廷「歸籍海陽」之論旨。是年冬即奉旨往潮州定居。光緒二十三年（1897），丘逢甲爲潮州知府李士彬聘爲韓山書院主講，〔註153〕以新思潮課士，因而被視爲異端，於年終時辭職。〔註154〕在這之前，丘逢甲曾在鎮平蕉桂書院授課。〔註155〕丘逢甲寄信給新加坡的邱煒菱，並與之

　　他勘察地形、調派義軍防戍的過程；經過一個月左右（書信所記日期爲三月初至四月初），大致底定，在〈復鄧季垂〉信中則交代了最後安排結果：「中丞初擬調翼軍往南，而以義軍專防中路，兼任籌餉；旋因省垣後路空虛，復調赴北。現中北兩路義軍已調至十營，逢甲自帶五營：誠字三營，靖字一營，捷字一營；以良字兩營，由陳進士登元分節，分防南崁（筆者按地屬桃園）等處，兼顧省垣後路；以信字三營由家兄先甲分帶別防新、苗一帶（按營扎後壠）。……貴治布袋嘴（按屬嘉義）一帶切近澎湖，敵氣甚迫，聞已添營，未審布置能周密否？」至於他戍守的詳細地點，在〈致顏緝庭方伯〉信中有說及：「逢甲到南崁防後，詳勘港口情形，略得大勢。其港北山谷叢雜，每一山頭爲敵所據，即可用砲轟擊各處；每一谷爲敵潛入，即可趨太平頂，撫省垣之背；故處處均費布置。……茲將各營分布處所詳列塵覽。港南曰竹園子，王石（按應爲「公」字）廟，崙後，墈子腳；港北曰虎頭山，元帥山，番子厝山，鼻山（其他信中寫作山鼻），獅頭山，狗頭山，後壁厝山，官升崎，大坑山。」收入丘晨波等編：《丘逢甲文集》，頁 259。在〈致吳光亮軍門書〉中亦云：「昨奉中丞來牘，令家兄暫分軍出赴後壠，一俟老軍門整齊隊伍，壁壘一新，即當回防南崁。」可知當時丘逢甲親自戍守之地爲桃園南崁一帶。《丘逢甲文集》，頁 257。新竹爲謝道隆防守，苗栗後壠爲丘先甲防守。

〔註150〕洪棄生《瀛海偕亡記》：「邱逢甲者，臺灣粵籍進士也，未第時，受知巡道唐景崧，唐爲巡撫，思保舉之，奏章稱其領義勇百二十營，實不滿十營。及是亦不應，赴梧棲港舟先遯潮州。」（南投：臺灣文獻委員會，1993 年 5 月），頁 5。

〔註151〕丘逢甲〈陰那山行〉詩注云：「乙未夏在泉州曾夢見二異僧來謁。」《嶺雲海日樓詩鈔》，頁 149。

〔註152〕丘逢甲〈以攝影法成澹定邨心太平草廬，張六士爲題長句，次其韻〉：「丙申之春吾廬寔經始，買山更在光緒乙未之初冬。」《嶺雲海日樓詩鈔》，頁 243。

〔註153〕丘逢甲〈和平里行〉：「丁酉夏在韓山書院夢見公。」《嶺雲海日樓詩鈔》，頁 85。「丁酉」年爲光緒二十三年。

〔註154〕丘琮：〈倉海先生丘公逢甲年譜〉，收入《嶺雲海日樓詩鈔》，頁 399。

〔註155〕丘逢甲：〈鎮平城北山曰蕉嶺，又曰桂嶺，書院所由名也，蕉桂故粵產，今此山乃無萌蘖之存，濯濯者廬有其名矣，若於書院補植以存名實，亦山城一故

結識。〔註156〕光緒二十四年（1898），丘逢甲受聘為潮陽東山書院主講；這一年他與在廣東仕宦的陳望曾、許南英聯繫上；〔註157〕是年冬，前往梅州探望因參與戊戌維新運動被黜歸里的黃遵憲。光緒二十五年（1899）春，丘逢甲拜觀潮陽和平里文天祥抗元故蹟，「賦長句傳之，以告後人之憑弔忠節與志潮中金石者」；並在夏季籌辦文天祥冥誕紀念活動。〔註158〕同年，除東山書院外，亦兼講澄海縣景韓書院；冬，辭去東山、景韓兩書院之講席，致力於創辦新式學堂。〔註159〕歲終，前往香港，會見潘蘭史（1858～1934），並和保皇黨人康有為（1858～1927）、唐才常（1867～1900）等晤面。光緒二十五年（1899），在楊守愚、梁居實邀集之下，全心投入嶺東同文學堂的創設。〔註160〕

光緒二十六年（1900）春，丘逢甲受粵省當局派往南洋調查僑民，同時也為學堂籌款；〔註161〕出洋之前，他與許南英在汕頭會面；〔註162〕在轉經香港時，曾與日人平山、近藤晤面。〔註163〕他在新加坡與丘煒萲（1874～1941）、容閎（1828～1912）等人會面，並籌得近十萬元的辦學經費。七月

事也，因賦二詩，寄衡南大令〉，《嶺雲海日樓詩鈔》，頁 296。

〔註156〕邱煒萲《五百石洞天揮塵》：「余與君素未通曲，今春有潮州人至自汕頭者，忽以君書見貽，幷七律三章。……余以來書示潘蘭史，蘭史報云：『吾見此人，直欲下拜矣。』」（上海：古籍出版社，續修四庫全書集部第 1708 冊），頁 188。

〔註157〕丘逢甲〈寄懷陳省三、許蘊白遊宦廣州〉：「何時渡江客，聚語永嘉年。」《嶺雲海日樓詩鈔》，頁 61。

〔註158〕丘逢甲〈和平里行〉、〈己亥五月二日東山大忠祠祝文信國公生日〉，《嶺雲海日樓詩鈔》，頁 85、頁 109。「己亥」年為光緒二十五年。

〔註159〕丘逢甲〈題崧甫弟遺像〉詩注：「己亥冬同畫定嶺東同文學堂事。」《嶺雲海日樓詩鈔》，頁 214。

〔註160〕丘逢甲〈創設嶺東同文學堂序〉：「我潮同志，深慨中國之弱，由于不學也，因思強中國，必以興起人才為先；興起人才，必以廣開學堂為本；爰忘綿薄，廣呼同類，擬創設嶺東同文學堂，舉我邦人士與海內有志之徒而陶淑之。」收入丘晨波、黃志萍編：《丘逢甲文集》（廣東：花城出版社，1994 年 6 月），頁 301。

〔註161〕丘逢甲〈題崧甫弟遺像〉詩注：「庚子春，予以學堂籌款事，出南洋群島。」《嶺雲海日樓詩鈔》，頁 214。

〔註162〕丘逢甲：〈鮀江喜晤許韞伯大令〉、〈鮀浦將發，寄許韞伯〉、〈次韻答許韞伯〉，《嶺雲海日樓詩鈔》，頁 354、頁 135、頁 355。

〔註163〕丘逢甲〈與平山近藤二君及同志諸子飲香江酒樓兼寄大隈伯相犬養春官日本東京〉，收在陳漢光：〈丘逢甲先生之詩〉，《臺灣文獻》第十五卷第一期，1964 年 3 月，頁 220。

返國，得知次子、四男染疫夭折、三弟崧甫病亡的消息。〔註164〕秋，嶺東
同文學堂正式成立。是年冬，再次前往梅州造訪黃遵憲（1848～1905），兩
人詩酒唱和不斷。是年，丘逢甲與王曉滄唱和之作，由邱煒萲集結出刊。
〔註165〕光緒二十七年（1901），遷嶺東學堂至汕頭，丘逢甲任學堂監督，以
歐西新法教育青年。秋冬之間，丘逢甲爲潮州人士講演孔教眞義。〔註166〕
光緒二十八年（1902），謝道隆（1853～1915）由臺赴粵來訪，事後，丘逢
甲有詩寄贈謝道隆及櫟社諸子。〔註167〕丘逢甲撰文祝賀林獻堂（1881～
1956）祖母八十一大壽。〔註168〕光緒二十九年（1903）秋，地方劣紳藉端
誣告嶺東同文學堂會計，欲牽累丘逢甲；兩廣總督岑春煊派員密查，訟案乃
結。事畢，丘逢甲決計辭去學堂監督一職，赴廣州求發展。光緒三十年（1904）
夏，丘逢甲返回鎮平，創辦鎮平初級師範傳習所，又在東山、員山開辦族學，
皆以「創兆」爲校名；後又至鄰邑勸辦學校，興學無數。是年冬，丘逢甲受
聘爲兩廣學務處視學，於文明門外之南園治事；餘暇輒與學務公所同仁舉行
詩鐘之會。〔註169〕光緒三十一年（1905），丘逢甲派宗人弟子往福建武平、
上杭、平遠、嘉應等地，爲同宗及異姓籌辦族學。是年，黃遵憲病逝，丘逢
甲親往弔唁。光緒三十二年（1906），丘逢甲受聘爲「廣東學務公所議紳」，
並被公推爲教育總會會長，〔註170〕同時兼任廣州府中學堂監督。是年，陳

〔註164〕丘逢甲：〈南還抵汕頭埠，聞琰兒、球兒殤耗，哀感書此〉，《嶺雲海日樓詩鈔》，頁148。〈題崧甫弟遺像〉，《嶺雲海日樓詩鈔》，頁213。

〔註165〕《臺灣日日新報》明治33年2月1日：「（邱菽園）近日刊刻臺陽邱仙根工部與王曉滄廣文所唱和，多因時觸事感慨悲涼之作。」

〔註166〕丘逢甲〈爲潮人士衍說孔教于鮀浦，伯瑤見訪有詩，次韻答之〉，《嶺雲海日樓詩鈔》，頁174。

〔註167〕丘逢甲：〈喜謝頌臣由臺至〉、〈送謝四東歸〉、〈寄臺灣櫟社諸子兼懷頌丞〉諸詩，《嶺雲海日樓詩鈔》，頁177、頁179、頁181。

〔註168〕丘逢甲〈祝誥封恭人林大母羅太恭人八旬開一壽序〉收入世界河南堂丘氏文獻社編：《丘逢甲遺作》（臺北：世界河南堂丘氏文獻社，1998年12月），頁479。詩末有丘秀芷〈後記〉一文，記曰：「此十六聯屏應是撰於西元一九〇二年光緒廿八壬寅年。」

〔註169〕丘逢甲〈南園感事詩〉序云：「南園在文明門外，……兩廣學務處已借以治事，廣東學務公所仍之。前後在事諸子，暇輒爲詩鐘之會。」《嶺雲海日樓詩鈔》，頁240。

〔註170〕丘逢甲《丙午日記片斷》十月初三日：「本日廣東總教育會投票公舉爲正會長。」收入丘晨波、黃志萍編：《丘逢甲文集》（廣東：花城出版社，1994年6月），頁368。

望曾任職廣州府，許南英署廣東陽江令，三人經常往來。〔註 171〕這一年，鄒魯投刺求見，丘逢甲收他作門生。〔註 172〕光緒三十三年（1907），丘逢甲仍任學務公所各職，〔註 173〕同時也加入立憲團體「廣東自治研究社」。丘逢甲受兩廣總督周馥囑咐，勸邱煒萲出山，邱煒萲沒有答應。〔註 174〕是年冬，有一份署名以黃遵楷為首之密函上呈清廷，指控丘逢甲與革命黨人互通聲氣，但查無實據。光緒三十四年（1908），廣東梅縣發生學潮，兩廣總督欲停辦全梅縣學校，丘逢甲出面化解。廣東諮議局成立，丘逢甲當選為副議長。〔註 175〕他在這一年為謝頌臣《科山生壙詩集》寫序；〔註 176〕又參加著涒吟社，並有詩社題作數首。〔註 177〕

宣統元年（1909）春，澹定邨心太平草盧攝影圖成，丘逢甲題長詩數首誌之；這一年，他告知許南英澹定邨事，並邀許南英題詞。十二月，到上海參加十六省諮議局的代表會議。宣統二年（1910），廣東新軍之役起，丘逢甲掩護革命青年鄒魯、陳炯明脫險。是年，丘逢甲在廣東諮議局堅持「禁賭案」的實施。〔註 178〕是年秋，丘逢甲遊羅浮、西湖等地，相關詩作輯為《羅浮遊草》。宣統三年（1911）正月，丘逢甲父親丘龍章病逝。三月，黃花岡起義事起；十一月，廣東宣佈獨立，丘逢甲被推舉為廣東革命軍政府教育部長；十

〔註171〕丘逢甲：《丙午日記片斷》，頁350～頁371。這份日記時間是八月初一至十月十五日，在這段時間裡，許、丘二人相往來的記錄共七次，或是乞刪詩稿，或是文酒之會，或是雅集閒談，關係密切良好。

〔註172〕鄒魯：《少年的回顧》（臺北：龍文出版社，1993年3月），頁23。

〔註173〕丘逢甲〈上杭中都丘氏家譜序〉文末署曰：「光緒三十三年夏六月，賜進士出身，誥授中憲大夫奏留辦學，廣東學務公所議紳、省視學員、教育總會正會長兼廣州府中學堂監督，四品銜工部虞衡司主事加五級逢甲拜手謹序」收入丘晨波、黃志萍編：《丘逢甲文集》（廣東：花城出版社，1994年6月），頁307。

〔註174〕丘煒萲：〈兩廣總督周馥屬丘逢甲黃景棠勸余出山，余置不答，或者疑之，詩以見意〉，《丘菽園居士詩集》（臺北：文海出版社，1978年1月），頁104。

〔註175〕鄒魯《少年的回顧》：「（1908）廣東諮議局成立，我師丘倉海先生當選為副議長。」（臺北：龍文出版社，1993年3月），頁34。〈倉海先生丘公逢甲年譜〉記述諮議局成立於宣統元年，丘逢甲被選為議長。

〔註176〕丘逢甲〈科山生壙詩集序〉署曰：「戊申四月，南武山人邱逢甲序於五羊城之越華書院。」收入丘晨波、黃志萍合編：《丘逢甲文集》（廣東：花城出版社，1994年6月），頁312。「戊申」年為光緒三十四年。

〔註177〕丘逢甲〈新樂府四章〉、〈蟲豸詩八首〉、〈擬諸將〉、〈菊花詩〉等，皆是吟社題作。《嶺雲海日樓詩鈔》，頁229、頁232、頁235。

〔註178〕鄒魯：《少年的回顧》，頁34、頁36。

二月，爲廣東省三人代表之一，到南京參加臨時政府會議。〔註 179〕民國元年
（1912）正月八日，丘逢甲病逝於鎮平澹定邨。

　　清世宗雍正三年（1725），上頒告諭，將「丘」姓添加「阝」旁之，「丘」
姓遂作「邱」。辛亥光復時，丘逢甲倡議恢復「丘」姓本字，閩粵族人群起響
應，但有部分省區仍沿用邱字，於是「丘」、「邱」並行使用。

　　丘逢甲共有八子、五女，其中丘琮（1894～1967），字念臺，臺灣民國主
國事敗後，隨父內渡。曾到日本留學，回國後在廣東大學任教。民國二十年
（1931）「九一八」事件後，積極從事抗日活動。光復後出任監察委員；翌年，
返臺推動黨務；民國三十九年（1950），受聘爲總統府資政。民國四十八（1959）
年，奉派爲中日合作策進會委員，往返於臺、日兩地。於民國五十六年（1967）
病逝日本。〔註 180〕

三、著　作

　　丘逢甲乙未內渡後的詩作，其弟丘瑞甲因「恐遺稿日久散佚」，在民國
二年時整理編輯成書，名曰《嶺雲海日樓詩鈔》；民國八年依舊版再出版一
次；民國二十六年，鄒魯取前刊本加以釐訂，並附入丘瑞甲之前未選入的諸
作，輯爲選外集，按年編輯，重新刊版，〔註 181〕所收詩作分爲六卷。民國
四十九年，臺灣銀行經濟研究室周憲文、張劍芬等人，依丘念臺所贈之民國
二十六年版的《嶺雲海日樓詩鈔》加以標點校訂，再加上丘念臺所加之「附
誌」、序、跋、小誌、「附註」等文字，列入臺灣文獻叢刊第七十種，重新出
版刊行。〔註 182〕臺北文海出版社、臺灣中華書局、臺北大通書局、南投臺
灣省文獻委員會也都重刊此書，所以丘逢甲作品集以此版本最廣爲流傳。此
書所收除〈離臺詩〉六首是離臺前所作之外，其餘皆內渡後作品，多屬禾黍
新亭、激楚蒼涼之作，很能代表丘逢甲後期詩作風格；但也因未收錄早期作
品，因此未能呈現丘逢甲創作的全貌。

〔註 179〕鄒魯：《少年的回顧》，頁 44、頁 46。
〔註 180〕見《重修臺灣省通志‧卷九人物志》（臺中：臺灣省文獻委員會，1998 年 6
　　　　月），頁 234。葉榮鐘：〈我所知道的丘念臺先生〉，收入《臺灣人物群像》（臺
　　　　北：時報文化出版有限公司，1995 年 4 月），頁 297。
〔註 181〕丘瑞甲：〈重編嶺雲海日樓詩鈔小誌〉，《嶺雲海日樓詩鈔》，頁 3。
〔註 182〕周憲文：〈嶺雲海日樓詩鈔記〉，《嶺雲海日樓詩鈔》，頁 412。

　　《柏莊詩草》是丘逢甲在臺灣時期的作品集。「柏莊」是丘逢甲在臺中的宅第,光緒十六年,已中進士的丘逢甲遷入柏莊新宅,此書所收詩作,即丘逢甲居住在柏莊時的作品。連橫《臺灣詩乘》:「仙根在臺之時,著有《柏莊詩草》,乙未散佚,聞爲里人所得。傅鶴亭曾向借抄,弗許,故未得其舊作。」〔註183〕民國五十三年時,陳漢光仍「不知道這詩集尚在否?」〔註184〕民國六十九年,丘逢甲族嗣從陳炎正先生那兒得到《柏莊詩草》原稿,再加上陳先生所找到的丘逢甲散佚作品,集錄成書,印了五百本,即今所見《柏莊詩草》一書。在此同時,臺北市文獻委員會也著手刊行《柏莊詩草》。〔註185〕另外,世界河南堂丘氏文獻社於民國八十七年十二月出版《丘逢甲遺作》一書,其中亦收有《柏莊詩草》。〔註186〕

　　關於《柏莊詩草》一書的版本、創作時間與作品數量等問題,江昆峰〈丘逢甲柏莊詩草試論〉一文有詳細的分析:在版本方面,他認爲今日所見之臺北市文獻委員會及臺北世界河南堂丘氏文獻會的兩個版本,皆本之於民國六十九年時陳炎正提出的原稿,不過,臺北文獻會是將所購得的複印本加以剪貼整理出來的,遇到蟲蠹處則從他處借字過來補,對於原稿的保存,不如丘氏文獻社將原稿照相製版的方式。就集中收錄的詩作來看,雖然丘逢甲在書前自題有「壬辰年」、「起正月訖閏六月」等文字,但是所收作品中有比這個時間更早的,例如〈上元後一夕斌兒痘殤志痛〉一詩,是寫於光緒十六年,可見《柏莊詩草》詩作的時間不局限在光緒十八年「壬辰」春夏;至於詩作數量也不是丘秀芷所說的二百四十九首,而是二百八十二首。〔註187〕

　　關於《柏莊詩草》稿件的發現,丘秀芷〈剖雲行日——丘逢甲傳補記〉說:「逢甲公離臺前之詩集《柏莊詩草》之重現,是文獻史學界一大突破。也解破歷史中的一段公案,逢甲公的《柏莊詩草》原稿據說是從神岡(三角莊)筱雲山莊呂家取出,又聽說曾祖潛齋公的一些手稿仍在此處。可見得當時曾祖父與逢甲公離臺時,的確曾將所餘軍餉與重要文物託付呂家。但事後呂家

〔註183〕連橫:《臺灣詩乘》(南投:臺灣省文獻委員會,1992年3月),頁218。
〔註184〕陳漢光:〈丘逢甲先生之詩〉,《臺灣文獻》第15卷第1期,1964年3月,頁215。
〔註185〕丘秀芷:〈柏莊詩草始末〉,收入《柏莊詩草》,頁155。
〔註186〕世界河南堂丘氏文獻社編:《丘逢甲遺作》(臺北:世界河南堂丘氏文獻社,1998年12月)
〔註187〕見《臺北文獻》直字第146期,2003年12月,頁119～頁122。

不認此帳。而聽任當時臺人『丘逢甲捲資內渡』之流言傳布。」〔註188〕不過，大陸學者在民國六十八年發現《柏莊詩草》詩集，並於民國七十五年時在北京印行，〔註189〕比臺灣發現的時間要早一年。《柏莊詩草》詩集的稿作，是丘逢甲在離臺前夕託付給呂家，還是他隨身帶到大陸？或是兩地皆有存放？這其中仍有疑問。〔註190〕

　　光緒七年春，丘逢甲與父親丘龍臣，以及呂汝玉、呂汝修、呂汝成、傅于天、林秋衡等人，一起遊歷臺南府城，在登臨攬勝之後，大家乘興唱詠和韻，並將這些作品合爲《竹溪唱和集》，又稱《同人集》。此書收錄的丘逢甲作品並不多，不過，是比《柏莊詩草》更早的作品，曾刊載在《臺灣風物》第三十卷第二期；另外，《海東三鳳集》中亦有收錄。〔註191〕

　　另外，常被提及的丘逢甲作品集還有：1、丘煒萲將丘逢甲與王曉滄兩人唱和之作合刊的《金城唱和集》2、施梅樵編定的《邱黃二先生遺稿合刊》3、丘逢甲於宣統二年遊歷羅浮而作的《羅浮游草》4、丘念臺編、鄒魯校訂的《丘倉海先生念臺詩集》。這幾本著作，也都收有丘逢甲的作品。陳漢光比較分析這幾本書所收的作品之後說：

> 就上所見丘逢甲的詩集，在形式上已達十種之多，然而事實上則不外乎兩種：一是《柏莊詩草》；又一是《嶺雲海日樓詩鈔》。《蟄菴詩存》、《金城唱和集》、《粵臺秋唱》、《送王豹君之蜀》、《羅浮游草》五種，後來均收入《詩鈔》；而《邱黃二先生遺稿》、《臺灣民主國義軍大將軍倉海先生丘逢甲詩選》、《丘倉海先生念臺詩集》即係選輯自《詩鈔》。因此說不外乎兩種。〔註192〕

〔註188〕丘秀芷：〈剖雲行日——丘逢甲傳補記〉，收入《丘逢甲遺作》（臺北：世界河南堂丘氏文獻社，1998年12月），頁167。

〔註189〕見丘晨波、黃志萍、李尚行合編：《丘逢甲文集·前言》（廣東：花城出版社，1994年6月），頁13。

〔註190〕丘、呂兩家本是至交好友，一直到光緒二十一年的臺灣民主國行動，丘逢甲在給唐景崧的信中，對呂汝玉的人品及其對抗日行動的贊助仍大力稱讚；兩家情誼卻在丘逢甲內渡後變成恩怨糾葛，互相怨懟，頗令人噓唏歎惋。見丘晨波、黃志萍、李尚行合編：《丘逢甲文集》（廣東：花城出版社，1994年6月），頁251；楊雲萍：〈丘逢甲〉，收入《臺灣史上的人物》（臺北：成文出版社，1981年5月），頁253。

〔註191〕呂汝玉等著：《海東三鳳集》（臺北：臺灣史蹟研究會，1981年6月）。

〔註192〕可參考陳漢光：〈丘逢甲先生之詩〉，《臺灣文獻》第15卷第1期（1964年3

　　近年來，丘逢甲未刊載的作品陸續被發現，由近人編輯成書，這樣的書
有兩本，一是丘晨波、黃志萍、李尚行三人合編的《丘逢甲文集》，由廣東花
城出版社在 1994 年時出版。書中〈前言〉指出：除若干佚詩外，集中所收詩
作大多爲《柏莊詩草》及《嶺雲海日樓詩鈔》兩本詩集中的作品。至於所收
錄的文稿，編者言：

> 八十年代初，本書編者中的丘應樞、丘晨波、黃志萍在整理校勘《嶺
> 雲海日樓詩鈔》時，在丘氏手稿中發現了少量幸存的文稿、信函，
> 遂注意收集。在散居海內外的丘逢甲后人和丘逢甲研究學者的大力
> 支持下，共得丘氏文稿六〇餘篇。今選刊四十七篇，並以體裁分輯，
> 分爲：1·函電類；2·序跋類（包括碑記、緣起、啓、后記）；3·
> 傳、銘類（包括壽序、誄、像贊）；4·雜文；5·日記（片斷）等。
> 〔註 193〕

　　值得注意的，此書所收文稿包括：丘逢甲在光緒十三年參加臺南府試而
作的〈何以安置餘勇〉一文、光緒二十一年時的「乙未奏疏及電函四件」、「籌
組臺灣義軍抗日期間致唐景崧等人書信十九封」等，這些是丘氏在臺灣及離
臺之前的作品，對於了解丘逢甲的生平有不少的幫助。依編者所敘述的話來
看，丘逢甲尚有一些作品仍未刊行；將這些作品全部發表，應是研究丘逢甲
的學者所共同期待的。

　　由近人搜得丘逢甲作品編輯成書的，還有世界河南堂丘氏文獻社出版的
《丘逢甲遺作》，這本書裡除收有《柏莊詩草》之外，另外還有《倉海先生
詩文錄》，這一部分的作品創作時間涵蓋甚廣，最早的是同治十一年（1872），
丘逢甲九歲時所作的〈學堂即景〉，〔註 194〕最晚的創作是〈感事詩廿首〉，
〔註 195〕但大多數是丘逢甲內渡之前的作品。這些作品中，有一些和前列著
作所收錄的重疊，但也有不少作品是前列著作中未收錄的；想對丘逢甲有更
全面的認識，自然不能忽略。

月），頁 215～頁 217。

〔註 193〕見丘晨波、黃志萍、李尚行合編：《丘逢甲文集》，頁 3。

〔註 194〕世界河南堂丘氏文獻社編：《丘逢甲遺作》（臺北：世界河南堂丘氏文獻社，
　　　　　1998 年 12 月），頁 116。

〔註 195〕世界河南堂丘氏文獻社編：《丘逢甲遺作》，頁 122。《臺灣日日新報》明治 33
　　　　　年 11 月 16 日、17 日、18 日，曾刊載丘逢甲：〈感事詩二十首〉，此年爲光緒
　　　　　二十六年。

第四節　汪春源的生平與著作

一、生　平

　　汪春源（1869～1923），字杏泉，號少義，晚號柳塘，臺灣安平縣人，著有《柳塘詩文集》。他生於清穆宗同治八年，〔註196〕早年喪父，幼承母訓。少時受業於引心書院院監黃子及。清德宗光緒八年（1882），汪春源年十四，應童子試，爲臺灣知縣祁徵祥（1852～？）拔置第二，令入衙署讀書，並爲聘幕友李占五教之。〔註197〕同年，再被知府侯材驥、學道劉璈（？～1889）拔置前茅，並於此歲入庠就讀。汪春源早歲即與許南英相識，「彼此觀摩，遂成益友」。〔註198〕在光緒十二年（1886）的歲試中，汪春源爲提督學道唐景崧拔爲第一，並食廩餼；次年的歲試裡，又再一次蒙唐景崧拔置第一，並選入海東書院，在施士洁門下就教；同時，也參加唐景崧在臺南道署戊立的裴亭吟社活動。

　　光緒十四年（1888），汪春源中爲舉人；光緒十六年（1890），他首次應春官，薦而未售。光緒十七年（1891），他的母親過世，這一年汪春源二十三歲。服闋後，汪春源在光緒二十年（1894）、光緒二十一年（1895）皆赴京參加會試，結果也是薦而未售。

　　光緒二十一年，汪春源在京城應禮部會試，聽聞清廷與日本簽訂馬關條約並割讓臺灣給日本的消息，即聯合在北京應試的另兩位臺灣舉人黃宗鼎（1864～？）、羅秀惠，以及在京任職的臺灣進士葉題雁、李清琦（1856～？），於當年四月四日請都察御使裕德代奏呈文；〔註199〕接著又加入康有爲發起的「公車上書」運動。〔註200〕日人佔據臺灣後，汪春源恥爲異族之奴，盡去田園，舉家內渡，寄籍福建龍溪。

　　光緒二十四年（1898），汪春源入京補行殿試，以中書中爲貢士，〔註201〕

〔註196〕依汪毅夫：〈窺園留草識小錄〉（見《福建論壇》，1988年第二期，頁75）一文推論結果。

〔註197〕黃典權等：《臺南市誌・人物志》（臺北：成文出版社，1983年3月），頁347。

〔註198〕汪春源：〈窺園留草序〉，收入《窺園留草》，頁3。

〔註199〕臺灣銀行經濟究室編：《清光緒朝中日交涉史料選輯》（南投：臺灣省文獻委員會，86年6月），頁230～232。

〔註200〕汪春源〈窺園留草序〉：「亡何割臺禍起，時春源以公車詣闕上書，不報。」收入《窺園留草》，頁3。

〔註201〕汪春源〈汪進士自述〉：「服闋，以中書中戊戌貢士。」「戊戌」年爲光緒二十

卻未及殿試即返。光緒二十五年（1899），再次入京補行殿試。同年，因當年臺灣民主國索捐之事，與僑寓廈門之臺南士紳陳鳴鏘發生嫌隙，進而相互控告，由廈門防廳偵辦。〔註202〕光緒二十七年（1901）臘抄，汪春源赴日本廈門領事山吉盛義在鷺江的讌集，〔註203〕日後並有送別之作贈米溪回日本。〔註204〕光緒二十九年（1903），他中為三甲第一二〇名進士，〔註205〕籤發江西；甫稟到後，隨即奉調江右秋闈分校，並推薦清寒苦學士子多名。光緒三十年（1904），汪春源権稅江西省大庾縣，除剔除中飽外，並嚴杜司巡苛索留難諸弊。上峰以汪春源「奉公潔己，辦事認真籌畫，其資得力」，極為推許。同年十月，汪春源奉檄署宜春篆，〔註206〕因處理索門包及供應事，與郡守傅鍾麟意見不合，經稟呈層臺，獲上級肯定。光緒三十一年（1905），汪春源奉調署長甯縣令，未赴任旋調署南康府之建冒。任上，他修葺考棚、選教員、捐廉購置圖書、報紙，以供諸生閱覽；政事餘閒，則與學生講解切磋。建置縣邑有統役楊發者，素為民害，汪春源出示招告，並詳報上級，將之監禁十年。又因建置縣裡教案疊出，他與教士樊禮愛開誠佈公，迅速斷結，民教相安。光緒三十三年（1907）八月，汪春源奉檄任南康府安義縣令，訊辦藉命案訛索誣告數起，奸民因而斂跡。又禁絕煙賭、盤查積穀實儲、勸民多辦私塾、改良監獄，並且審案明快；他在安義任上四年有餘，經南康府知府朱錦以大計卓異密荐：「知府查，汪令當官，有執私不能干，砥礪任事，實為州縣中不可多得之員，政績實在卓著，知府既有所聞，並考查實在，核與保荐之例相符。」〔註207〕清末帝宣統三年辛亥（1911），汪春

四年。收入黃典權：〈兩件新史料〉《臺南市政》第8期，1965年1月，頁5。

〔註202〕《臺灣日日新報》明治32年3月3日：「紳士爭訟　臺南陳鳴鏘乙未割臺內渡僑寓廈門，因舊政府索捐之故，開罪於同里縉紳。先生抵廈時，紳士索討舊時捐款，控之官，且遭同鄉各友侮辱。陳衙之意，謂此事係汪杏泉諸君主之故。去年陽曆間十二月間，汪杏泉中翰到漳拜客，陳乘其隙招集無賴之徒，到汪寓次掣獲其帳席林姓而去。現此事已稟愌觀察及廈防廳究辦。」

〔註203〕汪春源：〈留園雅集席上即事〉，收入鄭鵬雲編：《師友風義錄》（臺北：臺北文獻委員會印行，1976年），頁90。

〔註204〕汪春源：〈送米溪回日本〉，收入陳漢光編：《臺灣詩錄》（南投：臺灣省文獻委員會，1984年6月），頁1298。

〔註205〕《明清歷科進士題名錄》（臺北：文海出版社，1981年2月），頁2864。

〔註206〕《臺灣日日新報》明治37年9月25日：「臺南安平進士汪春源籤分江西省知縣，稟到甫數日，即分派同考官。現因袁州府宜春首縣阮大令丁艱出缺，上憲委令汪春源代庖。已登江西轅門報想挈眷偕行，定期履新視事也。」

〔註207〕見〈汪進士自述〉。

源奉命改調署安仁。〔註208〕履任未久，適值光復。

民國元年（1912），汪春源先是爲避兵亂騷擾，暫居滬上；民國二年（1913），匪氛稍靖，乃挈眷回到廈門；因祖籍在漳州，他不願遠拋鄉井，於是在漳州僦屋而居。〔註209〕民國三年（1914），應廈門鼓浪嶼菽莊主人林爾嘉之邀，他與施士洁、許南英同入菽莊吟社爲社友。〔註210〕此年，任龍溪縣文廟奉祀官，民國四年（1915）九月，汪春源辭去龍溪縣文廟奉祀官一職；〔註211〕十一月，他當選爲龍溪縣議員，並赴省參與國民大會。〔註212〕民國六年（1917）春，汪春源曾回臺灣數旬，欲尋南投畫者賀春波，卻不得相見。〔註213〕民國七年（1918），汪春源與龔顯鶴共同擔任臺灣以「保生大帝」爲題的徵聯活動詞宗工作。〔註214〕民國十二年（1923），汪春源病逝於福建漳州振成巷之「進士第」。〔註215〕

〔註208〕〈汪進士自述〉文末記：「丁亥之秋，調署安仁。」筆者以爲「丁亥」應是「辛亥」之誤。理由：依文章脈絡，敘述生平至光緒三十三年丁未任安義縣令，在任四年有餘，因表現卓異，受知府保薦云云，接著即說：「丁亥之秋，調署安仁，履任未久，適值光復，……」等語，依此推算，應是宣統三年「辛亥」這一年才對。見黃典權：〈兩件新史料〉，收入《臺南市政》第8期，1965年4月。

〔註209〕見《臺灣日日新報》大正2年4月8日：「汪春源者，亦臺產之一份子也，歷任要職，頗有廉名，光復後，攜眷蠰屈滬上，藉避騷擾。現偵大局稍定，匪氛暫淨，乃挈渡廈。但因祖籍漳州，不欲遠拋鄉井，遂仍僦屋於漳城。偕妻孥以居焉。」

〔註210〕依汪春源〈叔臧侍郎暨淑配夫人四十雙壽〉：「媿我卻超剛入幕，效顰聊晉祝延詩。」、〈菽莊主人四十有八壽詩〉：「憶昔甲寅逢閏夏，於今八載又張筵。」所記，汪春源於光緒三年甲寅入菽莊吟社。收入賴子清編：《臺灣詩醇》（昭和十年六月），頁118、頁119。

〔註211〕《臺灣日日新報》大正4年9月8日：「龍溪縣文廟奉祀官一席，自去年由知事聘汪春源擔任，輿論翕然。忽于近日具函向縣署告退，以躬任學務，不能兼顧，並荐前清舉人張庚陳錫朋二紳，可承其乏。陳知事已准所請。……惟聞此次奉祀官自去年至今，竝無公費薪水發表，未知何以善其後也。」

〔註212〕《臺灣日日新報》大正4年11月5日：「前月間，金、廈、龍溪等縣奉命選舉議員，其初選當選者，現均已揭曉宣布。…龍溪當選者爲汪春源。聞該三氏，均爲前清議員，且名譽素孚，今茲又獲舉爲代立法院，並國民會議之議員，允推合格，宜乎闔邑悅服，謂爲所舉得人。」《臺灣日日新報》大正4年11月8日：「汪春源赴省與國民大會。」

〔註213〕見《臺灣日日新報》大正6年6月6日，汪春源詩題：「有賀春波翁善畫梅，今春航臺島，留數旬，予在蕃境，不得相見。翁臨去畫梅一幅，倂留別詩二絕，以寄予索和，次韻賦呈。」並簽署曰：「在南投，柳塘居士。」

〔註214〕《臺灣日日新報》，大正7年11月1日。

〔註215〕見汪毅夫：〈海外再無前進士，社中群惜古先生〉，收入《臺灣近代詩人在福

其子汪受田，字藝農，曾參與菽莊吟社雅集活動，與菽莊主人、施士洁、許南英等人唱和，後來遠赴任南洋井耳汶某學堂堂長。〔註216〕

二、著 作

汪春源著有《柳塘詩文集》一書，廈門名士李禧曾見過這本書，並在民國三十六年（1947）參與纂修《廈門市志》時，特爲此書作著錄，記於《廈門市志》之《流寓傳》中，〔註217〕但這本書似乎遺佚了。〔註218〕現在我們看到的汪春源作品，僅有〈輓鄭慧修貞孝女〉、〈留園雅集席上即事〉〔註219〕二首、〈送米溪回日本〉〔註220〕、〈叔臧侍郎暨淑配夫人四十雙壽〉、〈叔臧主人四十有八壽詩〉〔註221〕、〈菽莊侍郎銀婚祝賀詩〉〔註222〕四首、〈菽莊先生雲環夫人結婚三十年賀詩〉、〔註223〕〈和林景仁見懷韻〉〔註224〕、〈移寓〉〔註225〕四首、〈有賀春波翁善畫梅今春航臺島留數旬予在蕃境不得相見翁臨去畫梅一幅併題留別二絕以寄予索和次韻賦呈〉二首，另外，《菽莊相關詩文集》中收錄汪春源〈菽莊觀菊奉懷叔翁、季翁兩主人（用莊□卿韻）〉、

建》（臺北：幼獅文化事業公司，1998 年 4 月），頁 218。

〔註216〕《臺灣日日新報》大正 12 年 11 月 18 日：「前清遺老凋零　臺南前清進士汪春源氏，改隸後，與許南英、施士洁諸老，竝寓鷺門，依林爾嘉氏，結菽莊吟社，相與吟詠唱酬，高尚其志。昨年以來，許施兩老，相繼淪亡，而汪氏數日前亦隨之以逝。氏有令子，名授田，現於南洋井耳汶，爲某學堂長云。」

〔註217〕劉登翰等著：《臺灣文學史》（福州：海峽文藝出版社，1991 年 6 月），頁 260。

〔註218〕筆者一直找不到這一本著作，曾向大陸學者汪毅夫探詢，汪先生他表示也未尋得此書。

〔註219〕見鄭鵬雲：《師友風義錄》，頁 90。

〔註220〕見陳漢光：《臺灣詩錄》（南投：臺灣省文獻委員會，1984 年 6 月再版），頁 1298。

〔註221〕見賴子清：《臺灣詩醇》（臺灣分館微捲第 239AAH 號），頁 118、頁 119。

〔註222〕見《菽莊侍郎銀婚祝賀詩文集》（未著錄出版資料）。書藏於臺灣分館。

〔註223〕吳曾祺編：《菽莊先生雲環夫人結婚三十年帳詞》（福建，1921 年）。書藏於臺灣分館。

〔註224〕陳漢光：《臺灣詩錄》（南投：臺灣省文獻委員會，1984 年 6 月再版，頁 1298）以及《重修臺灣省通志・藝文志》（南投：臺灣省文獻委員會，1997 年 12 月）都將此詩詩題誤爲〈秋日懷施耐公先生〉。此處依林景仁：《摩達山漫草》所錄修正。收入《臺灣風物》第 22 卷第 2 期（1972 年），頁 10。

〔註225〕林景仁：《摩達山漫草》（頁十八之九）、陳漢光：《臺灣詩錄》（頁 1298）、《重修臺灣省通志》（頁 484）皆有收錄，但文字有出入。

〈菽莊主人惠贈竹杖，賦詩誌謝〉兩詩，〔註226〕合計起來共有二十首詩作。〔註227〕文稿則有〈上都察院書〉（與葉題雁、李清琦、羅秀惠、黃宗鼎聯名上書）、〈窺園留草序〉、〈汪進士自述〉、〔註228〕〈新竹鄭烈婦傳〉〔註229〕等文，還有楹聯、詩鐘等。這些僅存的詩作只是汪春源作品中之一二而已，這樣的結局，不只是生逢亂離時代詩人創作不能傳世的遺憾，也是臺灣文學界的損失。不過，或許汪春源的作品仍流落在某處，等著我們去發掘。

〔註226〕收入陳支平主編：《臺灣文獻匯刊》（福建：廈門大學出版社，2004 年 12 月），頁 279、頁 380。

〔註227〕劉登翰等著：《臺灣文學史》說汪春源詩作已發現的有二十餘首，但書中未列出詩目無法比對，不知汪春源還有那幾首詩。

〔註228〕見黃典權：〈兩件新史料〉，《臺南市政》第 8 期（1965 年 1 月），頁 5。

〔註229〕收入鄭鵬雲編：《浯江鄭氏家乘》（1913 年 8 月），頁 159。

第三章　海東四子的形成與變化

第一節　海東四子的形成背景

一、清代臺灣教育

清世祖順治九年（1652）刊立臥碑，定出清代的教育目標，並表達朝廷對學子的禮遇：

> 朝廷建立學校，選取生員，免其丁糧，厚以廩膳，設學院、學道、
> 學官以教之。各衙門官以禮相待，全要養成賢才，以供朝廷之用。
> 諸生皆當上報國恩，下立人品。〔註1〕

康熙四十一年（1702）頒布的〈訓飭士子文〉則對學子諄諄訓誨道：

> 國家建立學校，原以興行教化、作育人才，典至渥也。……從來學
> 者，先立品行，次及文學，學術事功，源委有敘。爾諸生幼聞庭訓、
> 長列宮牆，朝夕誦讀，寧無講究？必也躬修實踐，砥礪廉隅，敦孝
> 順以事親、秉忠貞以立志。窮經考義，勿雜荒經之談；取友親師，
> 悉化驕盈之氣。〔註2〕

清廷一再頒布聖諭廣訓，宣揚其興學、育材的用心，又一再訓飭士人「先立品行，次及文學」之理，如此反復惓惓，蓋因：

〔註1〕陳培桂：《淡水廳志》（臺北：臺灣銀行經濟研究室，1963 年 8 月），頁 117。
〔註2〕康熙四十一年〈御製訓飭士子文〉，收入張炳楠：《清代臺灣教育史料彙編》（臺中：臺灣省文獻委員會，1973 年 4 月），頁 3。

為士者，乃四民之首，一方之望。凡屬編氓，皆尊之、奉之；以為

讀聖賢之書、列膠庠之選，其所言、所行，俱可以為鄉人法則也。

〔註3〕

因此，當政者訓飭各種條約規訓以求能端正士習，因為士習既端，不僅培造出為國可用之材，而且民風自然歸於謹厚，也就達到當政者「風教修明，人才蔚起」的目的。然而，砥勵躬修、忠孝醇厚、愛鄉愛民的讀書人固所在皆有，標榜虛名、網利營私、姦猾凌弱的讀書人亦不少見。可見，士人的成就表現不僅賴於上位者抑揚懲賞的大環境的風氣，更會因士人人品個性不同而有不一樣的結果，這也就是士人之「主體性」的表現。

清代臺灣教育承傳中國教育傳統，也是以儒學為教育根本，清領臺灣之後，為推廣教化、興賢育才，自康熙二十四年（1685）起在臺灣立學定制，也在臺灣、鳳山兩縣設置儒學，後又增設府儒學，另外，各地又有社學、義學、書院等陸續設置，在清領臺灣二百一十三年的期間，全臺共計有縣府儒學十三所、大小書院六十五所以上。學額的數目也不斷的增加，「康熙二十五年，福建總督王新命，巡撫張仲舉奏准，臺灣歲進文、武童各二十名，科進文童二十名，廩膳生二十名，增廣生如之」；到了光緒初期學風鼎盛，學額更增加到二百多名，連橫《臺灣通史·教育志》記述：

光緒十一年，劉銘傳任巡撫，析疆置吏，增設學額。嗣經禮部議准，乃飭各學查明，其由南北兩府學撥歸臺灣府學廩膳附增生一百五十名、武生八十六名，又由彰化縣學撥歸臺灣縣學者五十二名、武生十一名，撥歸苗栗者十一名、武生十一名，嘉、彰兩學撥歸雲林者四十九名、武生二十二名。原設廩生增額，應照名次由新籍各生幫補。〔註4〕

學額數目如此，在庠序書院就讀的人數更是數倍於此。光緒十五（1889），劉銘傳（1836～1896）主持臺南、臺北兩地歲試時，就統計了應試的文、武生人數：「兩棚所試，併記文童四千餘人，武童六百餘人。」〔註5〕從當時應試的人數來看，臺灣的教育在由移墾開創的社會轉變成安定富足的土著社會

〔註3〕 雍正四年〈諭正士習〉，收入張炳楠：《清代臺灣教育史料彙編》，頁5。

〔註4〕 連橫：《臺灣通史·教育志》（臺北：眾文出版社，1994年5月1版2刷），頁269、頁275。

〔註5〕 劉銘傳：〈恭報南北考試完竣摺〉，收入臺灣行經濟研究室編：《劉壯肅公奏議》（南投：臺灣省文獻委員會，1997年6月），頁300。

的過程中蓬勃興盛起來了。臺灣教育所以日益發達起來，是守宰者與教育工
作者共同努力的結果。

乾隆年間，臺灣府學教授馬玉麟曾提出學校教育的目標：

> 學校之設，所以長育人才、一道德、同風俗、制彝重矣。我國家崇
> 儒重道，文教覃敷，隨地建學。而學之有明倫堂，飲射於此，讀法
> 於此，賓賢能、習禮儀於此。昔柳子厚有云：「仲尼之道，與王化相
> 遠邇，蓋尤學中之最關體要者。」〔註6〕

「崇儒重道」一語點出臺灣教育與中國傳統教育一樣是以儒教爲本的，
「仲尼之道是學中之最關體要者」。致於對推動臺灣儒學教育發展成效績著的
人，馬玉麟最推崇的是陳璸（1656～1718）。

陳璸於康熙四十一年（1702）到臺任知縣，康熙四十九年（1710）時又
任分巡臺灣廈門道，他在臺宦績斐然：「渡海以來，美政相續」。〔註7〕他在
〈條陳臺灣縣事宜〉〔註8〕一文中指出：規劃治理臺灣事務首先要推動的是
建設臺灣的教育：（一）改建文廟，以重儒教根本（二）興四坊社學，以廣
教化（三）定季考之規，以勵實學。陳璸在臺灣「建學設塾，崇祀先賢；親
詣黌宮，講明絕學」、「暇引諸生考課，以立品敦倫爲先」、「置學田，以資師
生膏火」、「科、歲試士，矢公矢愼」，他如此著意於「作育人才」，因此臺灣
「士風丕振」。〔註9〕又因康熙尊崇朱熹，認爲朱熹以儒家思想爲本，標舉
明人倫、辨義利、讀經書、學聖賢的教育目標，「使六經之旨大明，聖學之
傳有繼」，因此將朱熹列於孔門十哲之次，朱熹之學就在清朝君王的提倡之
下於清初風行全國。陳璸響應康熙表彰朱熹之學的政策，〔註10〕於郡學明
倫堂之左新建朱文公祠以崇正學；〔註11〕他又敦實學、〔註12〕倡經學、明

〔註6〕 廖玉麟：〈重修臺灣府學明倫堂碑記〉，收入臺灣銀行經濟研究室編：《臺灣南
部碑文集成》（臺北：臺灣銀行，1966 年 3 月），頁 123。

〔註7〕 臺郡民人同立〈去思碑〉，收入陳宗洛：《陳清端公年譜》（臺北：臺灣銀行，
1964 年 11 月），頁 75。

〔註8〕 陳璸：《陳清端公文選》（臺北：臺灣銀行，1961 年 9 月），頁 1。

〔註9〕 見〈去思碑〉，收入陳宗洛：《陳清端公年譜》，頁 75。〈陳璸傳〉，收入余文儀：
《續修臺灣府志》（臺北：臺灣銀行，1962 年 4 月），頁 177。

〔註10〕 陳璸：〈請建朱文公專祠碑〉，收入臺灣銀行經濟研究室編：《臺灣南部碑文集
成》（臺北：臺灣銀行，1966 年 3 月），頁 9。

〔註11〕 陳璸：〈請建朱文公專祠碑〉，《臺灣南部碑文集成》，頁 11。

〔註12〕 陳璸：〈條陳臺灣縣事宜〉：「士子廁名庠序，即應以實學爲務。實學者何？於
經史則博而通也，於世務則諳而練也，處爲通儒，出爲良吏，此之謂有本、

人倫，〔註13〕希望臺灣士人能「分別義利二字」、「敬以直內，義以方外」、〔註14〕「以通經學古爲業，以行道濟世爲賢；處有守、出有爲」，〔註15〕他所揭櫫的儒教理想〔註16〕，根本上是朱子學的儒家文化體系。這種以人格道德教育爲主的精神也就成爲以後臺灣書院教育的根基。

陳璸爲清代臺灣教育樹立了範式，自此之後，歷任的臺灣巡道、御使，皆以提倡實學、經學、發揚人倫爲教育目標。例如：康熙六十年（1721），藍鼎元（1680～1733）和藍廷珍（1664～1729）商討臺灣教育的方針：

> 於府城設書院一所，選取品格端正、文理通優、有志向上者爲上舍
> 生徒，延內地名宿文行素著者爲之師，講明父子、君臣、長幼之道，
> 身心、性命之理，使知孝弟忠信，即可以造於聖賢。〔註17〕

他們對臺灣的教育有完整的規劃，也有循序推動的細節步驟，而最終目標在於培養出可以明人倫、造聖賢之境的儒士。又如：雍正二年（1724），巡臺御使黃叔璥重修臺灣縣學學宮，落成後勒石以記，再一次申明教育的目標在於「長育人才，一道德，同風俗，教忠教孝也」，他期勉學者讀聖賢經傳，並首重於篤行人倫：

> 今臺當更化之後，學者蒸蒸然思復於古，知聖賢之所以教人者，其
> 指歸要領，不過欲人盡力於君臣、父子、夫婦、昆弟、朋友之間。
> 父教其子，師勉其弟，日引日上，庶幾篤學力行之君子。〔註18〕

再如：光緒十年（1884），分巡臺灣道劉璈（？～1889）在〈觀風告示〉

有用之學。」收入《陳清端公文選》（臺北：臺灣銀行，1961 年 9 月），頁 3。
〔註13〕陳璸〈臺邑明倫堂碑記〉：「予謂五倫與五經，相表裡者也。……聖經賢傳，垂訓千條萬緒，皆所以啓鑰性靈、開橐原本，爲綱紀人倫之具，而絃誦其小也。願諸生執經請業，登斯堂，顧名思義；期於忠君、孝親、信友、夫義、婦聽、兄友、弟恭，爲端人、爲正士。」收入劉良璧：《重修福建臺灣府志》（臺北：臺灣銀行，1961 年 3 月），頁 544。
〔註14〕陳璸：〈新建臺灣朱子祠記〉，收入《陳清端公文選》（臺北：臺灣銀行，1961 年 9 月），頁 31。
〔註15〕陳璸：〈重修臺灣孔廟碑〉，收入臺灣銀行經濟研究室編：《臺灣南部碑文集成》（臺北：臺灣銀行，1966 年 3 月），頁 13。
〔註16〕有關陳璸的儒教思想，見陳昭瑛：《臺灣儒學：起源、發展與轉化》第二章（臺北：正中書局，2000 年 3 月）。
〔註17〕藍鼎元：〈與荊璞家兄論鎮守南澳事宜書〉，收入丁日健：《治臺必告錄》（臺北：臺灣銀行，1959 年 7 月），頁 59。
〔註18〕黃叔璥：〈重修臺灣縣學碑記〉，收入劉良璧：《重修福建臺灣府志》（臺北：臺灣銀行，1961 年 3 月），頁 555。

文中指出爲學的目的在於濟世匡時，並且期許學子達成仁民愛物之目標：

> 然而學期有用，志貴匡時。諸葛公爲布衣時，形勢瞭如指掌；范文
> 正當秀才日，憂樂早已同民。〔註19〕

來臺司鐸者亦兼有校士之責，爲使學者「知盛朝文教之隆、設科取士之法，以明白正大爲宗，而不囿於方隅聞見間」，〔註20〕將歲科試文擇優刊行成書以示諸生之舉始於陳璸。陳璸曾將臺灣士子試牘之作輯爲《臺廈試牘》：

> 庚寅、辛卯歲科試，見佳文美不勝收，以爲此皆七閩山川秀靈之氣
> 別起一支，騰踔於蛟宮鼉渚之側，其離奇光怪，屏之愈遠，藏之愈
> 固，則發之也亦愈難掩。祇恐不自知其爲寶，而委之泥塗，俾漁人
> 舟子皆得玩而棄之爲可惜也。寧非司衡者之憾歟！爰梓其尤雅者若
> 干篇，示諸生，題曰海外人文。〔註21〕

在雍正初年，巡臺御使夏之芳主歲科兩試，「歲試既竣，擇其文之拔前茅者錄付剞劂，亦爲海隅人士作其氣而導之先路也」，編成《海天玉尺編》兩集：

> 歲試所錄，強半靈秀之篇；科試則多取醇正昌博者，爲臺人更進一
> 格。〔註22〕

接著，乾隆六年（1741），巡臺御使張湄亦依前例開雕課藝集：

> 得課藝數十篇，付之開雕，顏曰《珊枝集》。〔註23〕

乾隆十六年（1751），巡臺御使楊開鼎效仿夏之芳《海天玉尺》、張湄《珊枝詞》之刊剞，集當歲科試文章之優者而成《梯瀛集》。〔註24〕司鐸者刊行這些歲科試文集，一是彰顯愛民之德，二是揭示作文之法，三則希望「瀛以文彰、文以瀛傳」，〔註25〕刊成之後，則「爲學者宗之」，這些歲科試文集一經

〔註19〕劉璈：〈觀風告示〉，收入《巡臺退思錄》（臺北：臺灣銀行，1958 年 8 月），頁 10。

〔註20〕夏之芳：〈海天玉尺編二集序〉，收入范咸：《重修臺灣府志》（臺北：臺灣銀行，1961 年 11 月），頁 669。

〔註21〕陳璸：〈臺廈試牘序〉，收入《陳清端公文選》（臺北：臺灣銀行，1961 年 9 月），頁 27。

〔註22〕夏之芳：〈海天玉尺編二集序〉，收入范咸：《重修臺灣府志》，頁 669。

〔註23〕劉良璧：〈瀛壖百咏跋〉，收入謝金鑾、鄭兼才合纂：《續修臺灣縣志》（臺北：臺灣銀行，1962 年 6 月），頁 462。

〔註24〕楊開鼎：〈梯瀛集序〉，收入謝金鑾、鄭兼才合纂：《續修臺灣縣志》（臺北：臺灣銀行，1962 年 6 月），頁 453。

〔註25〕楊開鼎：〈梯瀛集序〉，收入《續修臺灣縣志》，頁 454。

刊刻「固已膾炙人口，紙貴洛陽」，〔註26〕可惜現在這些合集都散佚了。

雖然臺灣的教育在司鐸者用心著意推動之下日益興盛，但由於臺灣的開發時間晚，蔡淵絜〈清代臺灣的學術發展〉一文認為：臺灣並未具備學術發展所需的充分條件，因此，清代臺灣的學術成就只有承續，而未能有超越或創新。〔註27〕

以上所敘述的是早期臺灣教育大環境的情形，另外，還有一件影響臺灣士風的事值得注意。康熙年間邑廩生董夢龍〈臺灣風土論〉云：

> 至於流寓之士，若沈公文開、王忠孝諸人，清風高節，亦可激勵貪懦；而寧靖王之甘心玉碎、陳丑之傷親自沈，愚孝愚忠，各行其志，皆足以不朽。則僻地之或以人重，又未可知也。〔註28〕

當時臺灣納入清廷版圖才二十多年，董夢龍在措辭上用了「丑」、「愚」等字眼以避禍，但是，很明白地他是在顯揚流落到臺灣的明朝遺臣之忠孝節義的風骨氣節。

道光四年（1824）時，鹿港同知鄧傳安在鹿港建立書院，直接將書院命名為「文開」，他在〈新建鹿港文開書院記〉文中說明命名的用意：

> 以海外文教肇自寓賢鄞縣沈斯庵太僕光文字文開者，爰借其字定書院名，以志有開必先焉。

文開書院中祭祀的是沈光文及南明寓臺先賢徐孚遠、盧若騰、王忠孝、沈佺期、辜朝薦、郭貞一等人，另有清季藍鼎元，這和一般書院明顯不同。鄧傳安所以崇仰奉祀明鄭遺老，一方面是因為他們是臺灣文教的開拓者，另一方面則是為褒彰他們的忠孝仁義精神：

> 臺灣至本朝康熙二十二年始入版圖，前此猶是荒服；豈有國故，不得不仰重於寓賢。……昔朱子諄諄以行仁義、存忠孝勉人，茲奉諸公栗主以配享，諒亦神明所深許也。

他並且勉勵諸生：

〔註26〕劉良璧：〈瀛壖百咏跋〉，收入謝金鑾、鄭兼才：《續修臺灣縣志》（臺北：臺灣銀行，1962年6月），頁462。

〔註27〕蔡淵絜：〈清代臺灣的學術發展〉，收入《第一屆臺灣本土文化學術研討會論文集》（臺北：國立臺灣師範大學，1995年4月），頁563。

〔註28〕收入六十七：《使署閒情》（南投：臺灣省文獻委員會，1994年5月），頁102。董夢龍，臺灣縣人，是陳璸於康熙五十年時所招收的縣學生徒之一。見陳宗洛：《陳清端公年譜》（臺北：臺灣銀行，1964年11月），頁64

諸公皆人師,非經師。孫業諸生,仰止前哲,更思立乎其大,不僅以科名重人。〔註29〕

和鄧傳安是同年的崇文書院山長周璽深知鄧傳安褒彰明末遺民的用心所在,他說:

考鄭氏負固,似周初之多方,砥行諸賢如殷季之夷、齊,在當日為不知天命,今聖朝重熙累洽,顯忠遂良,漳海黃忠端公已奉旨從祀廟廷,則遐荒諸賢皆在應褒之列。〔註30〕

雖然周璽以為「斯舉之表微以補祀典,不大有功於名教」,但是,陳昭瑛〈儒學在臺灣的移植與發展〉一文認為鄧傳安此舉深具表徵意涵:

然崇祀明鄭遺老在臺灣可謂首創,此後尚須經半世紀,才有延平郡王祠之建。所以鄧傳安斯舉頗富於思想史的意義。就臺灣而言,不專崇朱子、宋儒、文昌,自然即有突破官方倡導及民間流行的意味。而崇祀明鄭遺老亦有肯定鄭成功及肯定明鄭開臺的用意,不再像清初官員爭相歌頌「聖朝」教化之功。也就是說,鄧傳安改寫了臺灣文化史的首章,確認明鄭為臺灣文化的起源。〔註31〕

潘朝陽〈從閩學到臺灣的文化主體〉一文則說:

鄧傳安即是藉文開書院之祭典和祭文而將宋明清三朝連貫為一體,從南宋的朱子經過南明的賢儒而接上盛清的藍鼎元;無論是在福建或在臺灣,也無論是朱子學或浙東學的淵源;鄧氏一方面肯定了孔孟儒道的一貫性,一方面也凸顯了臺灣文化主體的連續性。〔註32〕

鄧傳安對儒家文化的傳承、對明朝遺臣的崇仰尊奉的做法,對臺灣士人

〔註29〕 以上見鄧傳安:〈新建鹿仔港文開書院記〉,收入《蠡測彙鈔》(臺北:臺灣銀行,1958年1月),頁41~頁42。鄧傳安在為孔昭虔代寫的〈重修海東書院碑記〉一文中再次重申其顯揚沈光文、徐孚遠等人的用意:「景賢錄所載,皆蘇郡過化之賢者,希賢即所以希聖也。……其以寓賢設教為海外開風氣,郡志但載沈公光文,而不載徐公孚遠;此外缺略者尚多,是宜如景賢錄之詳加編纂,以為多士效法者也。」收入鄧傳安:《蠡測彙鈔》,頁40。

〔註30〕 周璽:〈書後〉,收入鄧傳安:《蠡測彙鈔》,頁43。

〔註31〕 陳昭瑛:《臺灣儒學:起源、發展與轉化》(臺北:正中書局,2000年3月),頁23。

〔註32〕 潘朝陽:〈從閩學到臺灣的傳統文化主體〉,收入《明清臺灣儒學論》(臺北:臺灣學生書局,2001年10月),頁153。

起了不小的影響，我們可以在光緒年間的海東四子身上看到這些精神有不同程度的顯現，證明光緒年間的海東四子既受到大環境的教育風氣影響，同時也受到鄧傳安所褒揚的明代遺臣的忠孝仁義精神的影響。他們有詩作稱美這些明末前賢，如施士洁〈弔沈斯菴遺老〉：

騎鯨霸業空憑弔，夢蝶游蹤亦刹那。

剩有龍宮方術在，仙人島上活人多（平日好施醫藥）。

又有〈臺灣雜感和王蓉畇孝廉韻，胡鉄華太守同作〉：

復甫經營眞將略（鄭氏參軍陳永華，字復甫），斯菴慟哭老儒冠（沈光文別號斯菴，後爲僧）。逸民傳上張盧輩（張士郁、盧若騰皆明遺老，隱於臺者），不數當年戴叔鸞。〔註33〕

許南英〈閑散石虎墓〉則云：

臺灣自鼎革而還，鄭氏開荒爲初祖。其時亦有濟時賢，文武衣冠難僕數：王、辜、盧、沈、張、郁、俞（王忠孝、辜朝薦、盧若騰、沈佺期、沈光文、張士郁、張灝、郁永河、俞荔，此十人皆臺灣流寓），刺桐花下詩壇聚。〔註34〕

丘逢甲〈臺灣竹枝詞〉：

印收監國劇堪嗟，淚灑孤墳日已斜。

城北城西千萬樹，哀魂應化杜鵑花。〔註35〕

二、清代臺灣書院教育

滿清入關之初，於順治九年（1652）諭勅：「不許別創書院，群聚徒黨，及號召他方遊食無行之徒，空談廢業。」但是，順治十四年（1657）之後禁令漸弛，康熙時有修復、賜書書院之舉。〔註36〕而在雍正十一年（1733）更是頒布廣建書院之諭：

建立書院，擇一省文行兼優之士，讀書其中，使之朝夕講誦，整躬勵行，有所成就，俾遠近士子，觀感奮發，亦興賢育才之一道也。……

〔註33〕施士洁：《後蘇龕合集》，頁194、頁55。

〔註34〕許南英：《窺園留草》，頁14。

〔註35〕收入世界河南堂丘氏文獻社編：《丘逢甲遺作》，頁126。

〔註36〕王啓宗：《臺灣的書院》（臺北：行政院文化建設委員會，1999年6月增訂1版），頁15。

封疆大臣等並有化導士子之職，各宜殫心奉行，黜浮崇實，以儲國
家菁莪棫樸之選。〔註37〕

乾隆元年（1736），又頒諭：「書院之制，所以導進人才，廣學校所不及。」
並飭各書院「慎延講席，選擇生徒，令肄業其中；並令各書院酌仿朱子白鹿
洞規條，立之儀節；仿分年讀書之法，實施課程，期令諸生檢束身心，貫通
經史，爲世通儒。」〔註38〕由是之故，臺灣的書院教育也就日益蓬勃，並且
從咸豐年間開始逐漸取代日漸衰微的各縣儒學；在清領臺灣的二百多年間，
至少成立了六十五所書院，下表是依各縣邑在不同時間成立的書院整理而的
簡表，可以明白看出在不同時間、不同縣邑書院的成長情形。

清代臺灣各縣書院設立情況簡表

	淡水縣	新竹縣	宜蘭縣	基隆廳	苗栗縣	臺灣縣	彰化縣	嘉義縣	安平縣	鳳山縣	澎湖廳	共計
康熙		明志				玉山			西定坊、鎮北坊、彌陀室、竹溪、鎮北坊、西定坊、東安坊、西定坊、崇文、西定坊、海東	屏山		14
雍正							正音	正音	中社、正音、南社	正音		6
乾隆	明志						白沙、龍門	玉峰奎璧	南湖	鳳閣、鳳崗	文石	9
嘉慶			仰山				螺青、主靜、振文		引心	萃文、鳳儀、屏東		8
道光	學海						興賢、文開、藍田、文英、修文、鼇文、奎文、登瀛、超然	羅山登雲聚奎		朝陽		14

〔註37〕收入劉良璧：《重修福建臺灣府志》（臺北：臺灣銀行，1961 年 3 月），頁 32。
〔註38〕陳培桂：《淡水廳志》（臺北：臺灣銀行，1963 年 8 月），頁 121～頁 122。

咸豐	樹人						道東	玉山			3
同治											0
光緒	登瀛明道			崇基	英才	宏文	明新、礦溪、啓文	正心	蓬壺	雲峰	11
共計	5	1	1	1	1	2	19	8	17	9	1	65

附註：1、本表依據黃秀政〈書院與臺灣社會〉、王啓宗《臺灣的書院》第三章、林文龍《臺灣的書院與科舉》第一輯所列之書院資料表整理而成。

　　　2、清領時臺灣地區的行政劃分經過五次的改變，配合本論文海東四子的時代主要隸屬光緒朝，故本表採用光緒十三年臺灣建省後的行政區域劃分。

　　　3、正音書院是爲便利政教推動，以教授官音而設立的，和一般書院有所不同。

　　　4、安平縣有數所書院名稱相同，依周元文《重修臺灣府志・書院》（頁36）所列資料來看，是分別在不同時間、不同人物所建，故一一皆列入。

　　　5、鳳山縣之鳳岡書院，黃秀政說是在道光十年成立、王啓宗說是在道光十六年成立，林文龍則說是乾隆十二年成立。

　　依表列統計來看，臺灣書院教育事業的推動與臺灣各地的開發繁榮很有關係。雍正年以前以南部地區臺灣府治爲主；乾隆以後，諸羅以北、鳳山漸次開發完成，書院的設置也就多了，中部彰化一地的書院成長尤其快速；而北部地區的書院則在道光以後慢慢增加。〔註39〕光緒十五年（1889），劉銘傳在〈恭報南北考試完竣摺〉中提出他觀察臺灣各地文風的結論：

　　　　臣查各屬文風，臺南以彰化、安平爲上，嘉義、鳳山次之；臺北以淡水爲上，新竹、宜蘭次之。

　　這份實地觀察的結果，證明書院的建設、書院教育的發達，對一地文風的繁榮與否有很大的影響。他也發現：「近年以來，（臺灣）文風蒸蒸日盛，原定學額，不敷登進之資。」因此準備另行奏辦「酌增學額」。〔註40〕

　　書院教育在臺灣的發展、對臺灣文士的栽培已經開花結果，成績顯著。李國祁〈清代臺灣社會的轉型〉文中明確的比率計算，讓我們更清楚了解臺灣教育日益發展的盛況：

〔註39〕黃秀政：〈書院與臺灣社會〉，《臺灣文獻》第31卷第3期，1980年9月，頁16。

〔註40〕劉銘傳：〈恭報南北考試完竣摺〉，收入《劉壯肅公奏議》（南投：臺灣省文獻委員會，1997年6月），頁300。

臺灣自咸豐以後中舉人的有一○六人，佔清代臺灣中舉人數的
42.23%，中進士的有二十一人，佔清代臺灣進士總數的 72.41%，足
見這一時期臺灣科舉風氣之盛。〔註41〕

科舉制度的弊病，會令人懷疑受科舉制度牽引的書院教育的正確性，連
橫《臺灣通史‧教育志》就感慨說臺灣士人在清朝文字獄的威脅、功名利祿
的誘惑、書院長官各種花紅獎賞之下，紛紛投入科舉行列，「天子所榮之，則
群趨以為是」，成為君主的順民，而不敢危言深論、陳述天下利弊，喪失知識
分子的風骨。〔註42〕又如王啓宗《臺灣的書院》一書認為：臺灣的書院與清
代其他省份的書院一樣，都受到政府的監督輔導，在崇尚講學自由風氣與朝
廷箝制士子言行的矛盾狹縫間生存，因此發展出不同性質的書院：一為講求
理學的書院，二為博習經史詞章的書院，三為考試時文的書院。從好的一面
看，治學範圍增廣，由理學及於經史詞章；從壞的一面看，漸漸走入科舉的
窠臼。〔註43〕不過，也有學者肯定臺灣書院教育的價值，如黃秀政在〈書院
與臺灣社會〉一文說：

> 臺灣書院除補助學校之不足的傳統功能外，在教化先民、改善社會
> 風氣、樹立社會清議，作為主持地方文運中心的社會教育功能方面，
> 尤扮演重要之地位，而值得吾人特別重視。〔註44〕

潘朝陽〈書院——儒教在地方的傳播形式〉則認為：

> 以書院為基本形式，在臺灣推展踐履的儒家文教，雖然不免亦雜冗
> 以科舉功名之利祿心，但就整體大方向而言，實乃臺灣承接中國文
> 化大傳統而轉化成自己的小傳統的最重要的方法，士子儒生依據私
> 塾、家學、書院、文昌祠，以及文人結社等方式，很自然地將文化
> 常道之大小傳統連續貫串而為一上下流通的文化生機體。〔註45〕

〔註41〕李國祁：〈清代臺灣社會的轉型〉，收入臺灣師範大學中等等教育輔導委員會
　　　主編：《認識臺灣歷史文集》（臺北：臺灣師範大學中等等教育輔導委員會，
　　　1996 年 6 月）
〔註42〕連橫：《臺灣通史‧教育志》（臺北：眾文圖書公司，1994 年 5 月，1 版 2 刷），
　　　頁 275。
〔註43〕王啓宗：《臺灣的書院》（臺北：行政院文化建設委員會，1999 年 6 月增訂 1
　　　版），頁 14。
〔註44〕黃秀政：〈書院與臺灣社會〉，《臺灣文獻》第 31 卷第 3 期，1980 年 9 月，頁
　　　24。
〔註45〕潘朝陽：〈書院——儒教在地方的傳播形式〉，收入《明清臺灣儒學論》，頁 30。

　　所以，臺灣書院教育也可以培育出「在朝可爲卿相，擔負國政大業；在野則爲士君子，可以領導地方社會，以成就社會」的儒士。〔註46〕這和來臺的司鐸官員一再提倡儒學教化、朱子之學，以導正科舉功名想法的作法是有密切關係的。例如陳璸呼籲學子：「分別『義利』二字，乃儒者第一義。」〔註47〕又如徐宗幹向學子強調：「書院之設，非徒課文詞也，所以造人才、敦士品也。」〔註48〕都是提示學子爲學最終目標在學聖賢、篤明倫這一理想。

　　所以，雖然在「清人以弓馬得天下，入關之後，仍沿明制，以科舉可籠絡人才也，故又範之以程式，約之以楷書」的教育制度之下，讀書人有可能墜入科舉坎陷，以追求個人功名利祿爲目標，但是，連橫也注意到臺灣學壇有一股清新的風氣，「臺灣爲海上新服，躬耕之士，多屬遺民，麥秀禾油，眷懷故國，故多不樂仕進」。〔註49〕道光年間的貢生魏宏就是一個例子。魏宏肄業於海東書院，院中月試，屢冠其曹，受知於徐宗幹：

> 當是時海道艱危，臺人士之應鄉闈者，須於小暑前內渡，過此恆遭不測。往來既艱，費又重，以故老師宿儒多不赴。省中人輕之，至加侮蔑，謂諸生爲「臺灣蟳」，以其無黃也。宏聞之大憤，詣學院，請與省中人角優劣。許之。即赴鳳池書院月課。學使觀其文，推爲壓卷，然慮損省中士面目，抑爲第二，獎之甚厚。省中士無不駭異，遂不復敢輕臺人。以是文名大噪。或謂宏曰：「吾子此舉，壓倒多士，固榮於領鄉薦者。」宏欣然應曰：「吾非好與省中士爭勝負，亦聊以淺臺人之憤爾。今幸不恥辱，則領鄉薦復何用？」遂買舟歸，以歲貢終。〔註50〕

　　臺灣士人在當時的教育制度之下，經過科舉考試的層層關卡獲得功名，雖然有人就此走上仕宦之途，留在大陸求發展，但也有更多的臺灣士人透過

〔註46〕潘朝陽：〈從閩學到臺灣的傳統文化主體〉，收入《明清臺灣儒學論》（臺北：臺灣學生書局，2001 年 10 月），頁 141。

〔註47〕陳璸：〈新建朱文公祠碑記〉，收入范咸：《重修臺灣府志》（臺北：臺灣銀行，1961 年 11 月），頁 683。

〔註48〕徐宗幹：〈諭書院生童〉，收入《斯未信齋文編》（臺北：臺灣銀行，1960 年 10 月），頁 84。

〔註49〕連橫：《臺灣通史・教育志》（臺北：眾文圖書公司，1994 年 5 月，1 版 2 刷），頁 274。

〔註50〕連橫：《臺灣通史・列傳》，頁 980。

科舉考試的方式獲得社會大眾的肯定，成為地方上的領導階層，在臺灣家鄉貢獻一己之力。固然他們在社會上享有種種法定特權，可與朝廷官吏直接往來，但也因為他們取得這種社會地位，這群在清代政治體制下的非正式結構基層力量，才能成為地方上重要的領導人物，有所作為。〔註51〕魏宏是這樣風骨的臺灣文士之中的一個代表，而竹塹鄭用錫（1788～1858）、鄭用鑑（1791～1870）從兄弟也是其中例子。鄭用錫在道光三年（1823）中為進士後，對地方公共事務如建淡水文廟、募勇協防大安港、協辦團練等事出力甚多，也擔任淡水明志書院講席八年；鄭用鑑為道光五年（1825）拔貢，後捐請內閣中書銜，他掌明志書院達三十年的光陰，栽培不少弟子，也倡勸重修文廟、明倫堂等工程。〔註52〕另外還有光緒十二年（1886）中為進士的徐德欽，回籍擔任玉峰書院山長，並辦理清丈局務；〔註53〕同年中了進士的林啓東（1850～1891），則回臺掌教崇文、羅山兩書院。〔註54〕再如海東四子也是在科舉考試中為進士之後，選擇回到故鄉臺灣從事文教工作，如施士洁曾任白沙書院、海東書院山長職；許南英推辭蓬壺書院山長職務，深入山區從事理番化番事業；丘逢甲擔任過宏文書院、崇文書院山長職務。他們回鄉的原因不盡相同，但是他們參加科考並非只為追求功名利祿則明白確定的。至於內渡之後許南英、汪春源走上宦途，和原來所抱持的心志相違，是遭逢巨變下的不得不的選擇，也是他們這一代士人的無奈。

臺灣書院之中的崇文、白沙、宏文、蓬壺這幾座書院和海東四子有過關聯，因此，先簡單敘述這幾座書院的相關資料於下。〔註55〕至於海東書院，則另立一小節說明。

〔註51〕蔡淵洯：〈清代臺灣基層政治體系中非正式結構之發展〉，收入《國立臺灣師範大學歷史學報》，第11期，1983年6月，頁101。

〔註52〕黃朝進：《清代竹塹地區的家族與地域社會》（臺北：國史館，1995年6月），頁74～頁76。

〔註53〕賴鶴洲：〈臺灣古代詩文社（四）〉，《臺北文物》第九卷第一期，1960年3月，頁130。

〔註54〕曾守湯：《重修臺灣省通志·文學篇》（南投：臺灣省文獻委員會，1997年12月），頁362。

〔註55〕見連橫：《臺灣通史·教育志》（臺北：眾文圖書公司，1994年5月，1版2刷）、王啓宗：《臺灣的書院》（臺北：行政院文化建設委員會，1999年6月增訂1版）、林文龍：《臺灣的書院與科舉》（臺北：常民文化事業股份有限公司，1999年9月），頁41。

（一）崇文書院

臺灣知府衛臺揆創立於康熙四十三年（1704），建於臺灣府治東安坊，屬於縣學，是臺灣正式書院之首置。衛臺揆每月延諸生，分席講藝，親定甲乙；置學田，資膏火，文教因而大興。乾隆十年（1745），巡道莊年重新整修。乾隆十五年（1749），臺灣縣知縣魯鼎梅移置舊海東書院址。乾隆二十四年（1759），知府覺羅四明就府署之東新建講堂齋舍，立碑記之，文曰：「下車後，入崇文書院，見多士衣冠絃誦，彬彬儒雅。課期考校，或瑰奇恣肆，或跌宕夷猶，洵海濱鄒魯也。」〔註 56〕對書院學風、生童表現甚是肯定。乾隆三十一年（1766），蔣允焄籌給膏火。道光十四年（1834），周彥將控地案土地撥充書院膏火。光緒十八年（1892），書院文風浸盛，臺南知府唐贊袞甄別第一之生童賴文安，是科即登賢書。〔註 57〕

（二）白沙書院

乾隆十年（1745），淡水同知兼攝彰化縣曾曰瑛（1708～1753）改彰化縣學爲白沙書院，位於彰化縣學宮右方。乾隆二十四年（1759），知縣張世珍重修。乾隆五十一年（1786），林爽文亂起，書院被焚燬，知縣宋學灝改建於文祠之西。嘉慶二十一年（1816），署知縣吳性誠重修，局制較爲擴大。嘉慶十六年（1811），知縣楊桂森訂立書院學規，揭示諸生：讀書以力行、立品爲先，以成物爲急，並要求讀八比文、賦、詩等。學規所定是以人品教育爲主，又鼓勵學習科舉制藝之法。同治元年（1862），戴萬生起兵抗清，攻陷縣城，改白沙書院爲應天局，以此向民間抽銀、派飯，書院學務因而停頓，生童亦星散。同治二年（1863），經兵備道丁曰健、候補知府林占梅（1821～1868）克復。〔註 58〕

（三）宏文書院

在臺灣府治（今之臺中），光緒十五年（1889），士紳林朝棟、吳鸞旂、吳海玉等建議知縣黃承乙建立。

（四）蓬壺書院

在縣治赤嵌樓之右，爲臺灣縣屬書院。書院前身爲寧南坊呂祖廟內的引

〔註56〕覺羅四明：〈新建崇文書院記〉，收入臺灣銀行經濟研究室編：《臺灣教育碑》（臺北：臺灣銀行，1959 年 7 月），頁 22。
〔註57〕唐贊袞：《臺陽見聞錄》（南投：臺灣省文獻委員會，1996 年 9 月），頁 94。
〔註58〕見林文龍：〈風格書院巡禮〉，收入《臺灣的書院與科舉》（臺北：常民文化事業股份有限公司，1999 年 9 月），頁 57。

心文社，嘉慶十五年（1810），拔貢張青峰、優貢陳震曜（1778～1852）、增生陳廷瑜等議定課期。嘉慶十八年（1813），知縣黎溶與士紳黃拔萃等商議，將引心文社改爲縣轄的書院，即引心書院。光緒十二年（1886），臺灣知縣沈受謙（1836～1917）將引心書院改建於赤嵌樓右，並定名爲蓬壺書院。〔註59〕

三、海東書院

　　分巡道梁文瑄於康熙五十九年（1720）在寧南坊府學宮之西創建臺灣海東書院，書院成立之後，經歷任的巡道、學政如單德謨、劉良璧、楊二酉、魯鼎梅、覺羅四明等人的提振與督導，〔註60〕書院業務蓬勃發展，雖然成立時間較崇文書院晚了十六年，但到乾隆初年就已經成爲臺灣第一大書院，並且和福建的鼇峰書院並峙，影響臺灣文教風氣甚大。關於書院生童的人數，乾隆五年（1740）楊二酉〈海東書院記〉曰：「郡守錢公亦能加意振作，選諸生中文藝有可觀者，得數十人，以實其中。」〔註61〕而到了道光二十七年（1847），徐宗幹在〈寄浙撫梁楚香中丞書〉一文中說到書院生童的人數，足可看出海東書院文風鼎盛的情況：

　　　舊有海東書院肄業者三百餘人，各街巷晝夜俱有讀書聲，內地所罕聞也。〔註62〕

　　書院立定學規，除可標舉爲諸生爲學做人的圭臬，同時也彰顯出書院的風格精神。乾隆五年，分巡道劉良璧手定海東書院學規五條：一曰明大義，二曰端學則，三曰務實學，四曰崇經史，五曰正文體，六曰愼交游。乾隆二十七年（1762），分巡道覺羅四明重新勘定學規成八條目：一曰端士習，二曰重師友，三曰立課程，四曰敦實行，五曰看書理，六曰正文體，七曰崇詩學，

〔註59〕林文龍：〈回首臺灣的書院〉，收入《臺灣的書院與科舉》，頁 41。

〔註60〕連橫〈臺灣書院表〉記：海東書院在臺南府學之西。康熙五十九年，巡道梁文煊請建，後爲校士院。乾隆四年，巡臺御史單德謨奏請別建校士院。翌年，巡臺御史楊二酉奏請照福建省直轄之例，以府學教授爲師，考取諸生而教之，給以膏火。乾隆六年，巡道劉良璧手訂書院學規。乾隆十五年，知府方邦基、知縣魯梅鼎移書院舊署。乾隆十七年，詔改以巡道兼提督學政校士，校士院乃曠。乾隆廿七年，巡道覺羅四明整修舊院爲用。乾隆三十年，知府蔣允焄擇地於寧南坊，新建今院。其後曾經多次重修。《臺灣通史・教育志》（臺北：眾文圖書公司，1994 年 5 月 1 版 2 刷），頁 278。

〔註61〕收入范咸：《重修臺灣府志》（臺北：臺灣銀行，1961 年 11 月），頁 690。

〔註62〕徐宗幹：《斯未信齋文集》，收入丁日健：《治臺必告錄》（臺北：臺灣銀行，1959 年 7 月），頁 348。

八日習舉業。〔註63〕。黃秀政認爲海東書院學規中的端士習、重師友、敦實行、務實學諸條揭示人格培養的重要，書院教育對培育地方才俊有不小的貢獻。〔註64〕張勝彥則說覺羅四明的八條目直接明言書院教育目標在於陶冶士子品德使達於聖賢境，教育士子使能負國家重任，並成「治國平天下」之才，最後透過科舉的淘選能成爲國家優秀的官僚。〔註65〕劉良璧、覺羅四明二人學規的確立就此決定了海東書院教育的宗旨是以人格教育爲重的風格，也爲後來的司鐸者及教授的山長指出教育的標的。

乾隆三十年（1765），蔣允焄〈改建海東書院碑記〉中說：

> 至夫師之所以教、弟子之所以學，自小成以底大成，於以紹休聖緒，
> 本末兼貫，出爲國家天下之楨幹，處爲風俗人心之倚賴，則具有成
> 法。〔註66〕

他以聖賢大道、內聖外王的儒家理想爲書院教育主旨，並期勉書院諸生能成爲社會良心、社會領導者。道光七年（1827），孔昭虔〈重脩海東書院碑記〉：

> 余於道光四年奉命來臺，每至書院，必詔肄業諸生曰：「閩省自唐以
> 後，始有聞人；然理學之盛，莫過於閩。臺郡被聲教百餘年，人文
> 不讓內地；諸生挾四書、五經以專心於舉業，自謂能學聖人之學矣，
> 抑思學其學者必志其志，豈徒以文辭乎！溯閩學之上繼濂、洛，皆
> 由先立乎誠而戒欺以求慊；若徒冀科目重人，鄉會得雋如願，遂爲
> 不失令名，恐先有愧於鄉先儒而去聖人之道日以遠，非使者所望於

〔註63〕林孟輝：〈從書院學規看清代臺灣書院教育的儒學教育宗旨〉文中說：整體看來，從書院學規可以看出書院教育是以道德教育爲主，透過經典史籍的閱讀，以了解作人的道理，進而於日常人倫之中加以實踐，士習端正，則可以爲民楷模，進而移風易俗。收入《孔孟月刊》，第37卷第6期，1999年2月，頁10～頁18。陳昭瑛：〈儒學在臺灣的移植與發展〉一文認爲覺羅四明所訂學規是以劉氏學規爲基礎再加以深化；從學規來看，清代儒學教育並不局限於宋明理學，也重視經、史、詩、文，可看出傳統文化在臺灣的移植相當全面。收入《臺灣儒學》（臺北：正中書局，2000年3月），頁25～頁29。

〔註64〕黃秀政：〈清代臺灣的書院〉，收入《臺灣史研究》（臺北：臺灣學生書局，1992年2月），頁126。

〔註65〕張勝彥：〈清代臺灣書院制度初探〉，《食貨月刊》，復刊第6卷第3、4期，1976年6月，頁153。

〔註66〕蔣允焄：〈改建海東書院碑記〉，收入謝金鑾、鄭兼才合纂：《續修臺灣縣志》（臺北：臺灣銀行，1962年6月），頁503。

諸生也！」於是士皆知奮。〔註67〕

道光二十八年（1848），徐宗幹（1796～1866）〈喻書院生童〉：

> 書院之設，非徒課文詞也，所以造人才、敦士品也。〔註68〕

由此可見，歷任臺灣學道在督導海東書院學務時就依據劉良璧、覺羅四明二人立下的學規來擬定教育目標及學程，他們都強調人格教育的重要，期許培養出智、識、德兼備的人才。他們一再提醒諸生學聖人之學重在「志其志」，若只求中舉、中進士，那是離道日遠且有愧於聖人的；除了要通經，也得兼顧讀史，如此才能成為真正有識之士，也才會是對國家、社會有用的人才。

除了強調人格教育的重要之外，劉良璧手定的學規中的「崇經史」、「正文體」和覺羅四明學規中的「崇詩學」、「習舉業」兩條，表明督促書院生員通過科舉考試取得功名也是書院教育的目標之一，惟有如此，書院培育出來的人材才會為朝廷所用，成為社會領導階層。徐宗幹〈試院諭諸生〉：

> 須先窮經為根柢之學，或專治一經，務熟不務多；兼看註疏及先儒
> 說經精義，則作文可以貫通，而二場工夫亦並及之矣。暇時兼觀史
> 書，不但為策問之學，並可以增長識力，不是讀幾篇時文、鈔幾本
> 類典，便詡通才也。〔註69〕

為激勵臺灣學子，道光二十八年（1848）任臺灣巡道的徐宗幹效仿夏之芳、張湄選輯歲試文之優者刊剞成書，藉以獎掖士人並有保存時文的用意，將考錄制藝雅馴者編為《東瀛試牘》，將說經、論史及古近體詩文之優者裒輯為《瀛洲校士錄》，「俾庠塾子弟有所觀感，而則傚焉為誘掖獎勸之助，藉以鼓舞而振厲之」；〔註70〕道光二十九年、三十年，他又分別編輯了《瀛洲校士錄》第二集、第三集，以及《東瀛試牘》第一集、第二集、第三集共有

〔註67〕孔昭虔：〈重脩海東書院碑記〉，收入鄧傳安：《蠡測彙鈔》（臺北：臺灣銀行，1958 年 1 月），頁 39。

〔註68〕徐宗幹：《斯未信齋文集》，收入丁日健：《治臺必告錄》（臺北：臺灣銀行，1959 年 7 月），頁 353。

〔註69〕徐宗幹：《斯未信齋文集》，收入丁日健：《治臺必告錄》（臺北：臺灣銀行，1959 年 7 月），頁 356。

〔註70〕徐宗幹：〈瀛洲校士錄序〉，收入《斯未信齋文編》（臺北：臺灣銀行，1960 年 10 月），頁 120。徐宗幹〈答王素園同年〉信中說：「上年考畢，聊集可觀者為試牘，不過作海外稗乘觀。」（見前引書，頁 350）臺灣士子的創作似乎未達到他期望的水準。

六本書。〔註71〕現在，《東瀛試牘》三集都未能見，中央圖書館臺灣分館則收藏有道光三十年（1850）時所編輯的《瀛洲校士錄》第三集。〔註72〕光緒十七年施士洁擔任海東書院山長時也延續此例，選錄剞刻海東書院的校士文集。〔註73〕

臺灣僻處海上，書籍不易獲得，如何豐富書院藏書供給士人研讀以提高教育與文化的普及，是司鐸主事者所關心的事。張湄「加意作人，手集先正大家名文三百篇，置海東書院，為諸生楷模。」〔註74〕嘉慶二十五年（1820），葉世倬調任臺灣道，他課海東書院「時復重刊朱子小學，統郡士而勵以必讀。見聖廟書籍殘缺，購置多部以補之。」〔註75〕徐宗幹任臺灣巡道時也重刊家藏遺編、先人手澤，以求充實書院的藏書，他在〈恭跋孝經正解〉文中說：

> 昔年巡漳南時，以同善錄、文昌、孝經及孝弟圖等授諸生，今漳人士翻刻印訂若干部，附海艘而來，散與臺郡海東書院子弟，以資蒙養之助。顧牖民主於勸善，而課士務在宗經。爰所藏孝經正解，敬謹復校，登之棗梨，付各師生為庠塾讀本；庶幾海隅率俾，返樸還淳。〔註76〕

光緒年間，唐景崧任臺灣巡道，在道署內建萬卷堂，藏書頗富。〔註77〕不過，日據之後，書院「為軍隊所據，藏書盡燬」。〔註78〕施士洁有詩嘆曰：「苦憶榕壇群玉府，劫灰紅過十三秋（臺灣『海東書院』『榕壇』藏書卷，乙未兵燹以後，蕩無復存）！」〔註79〕

山長是書院的主講，負責教授生徒、培育人才；由於責任重大，清廷對於書院山長的聘用非常重視，對書院山長聘用資格、績核與約束都有清楚的

〔註71〕徐宗幹：〈東瀛試牘三集序〉，序中再次重申他編纂校士詩文集的用意：「由文而行，由藝而德，引以正鵠，則心不外求；範以馳驅，則才不泛騖。有以取之，無自棄也；有以榮之，無自辱也。誘掖以此，獎勸亦以此。」收入《斯未信齋文編》（臺北：臺灣銀行，1960年10月），頁123。

〔註72〕徐宗幹編：《瀛洲校士錄》，中央圖書館臺灣分館微捲第239ＡＱ號。

〔註73〕施士洁：〈臺澎海東書院課選序〉，《後蘇龕合集》，頁255。

〔註74〕劉良璧：〈瀛壖百咏跋〉，收入謝金鑾、鄭兼才：《續修臺灣縣志》（臺北：臺灣銀行，1962年6月），頁462。

〔註75〕陳國瑛：《臺灣采訪冊‧葉中丞傳》（臺北：臺灣銀行，1959年9月），頁109。

〔註76〕收入徐宗幹：《斯未信齋文編》（臺北：臺灣銀行，1960年10月），頁134。

〔註77〕連橫：《臺灣詩薈‧萬卷堂》（南投：臺灣省文獻委員會，1992年3月），頁604。

〔註78〕連橫：《雅堂文集‧臺南古蹟志》（臺北：臺灣銀行，1964年12月），頁250。

〔註79〕施士洁：〈寄題繆荀甫東倉書庫圖〉，《後蘇龕合集》，頁167。

規定。乾隆元年諭令：「凡書院之長，必選經明行修，足為多士模範者，以禮聘請。」乾隆五年議准：「福建臺灣地方現有海東書院，……至該府教授缺出，令該撫於通省現任教授內由進士、舉人出身，擇其文理優長者，具題調補。照例三年報滿，如果著有成效，將該員酌量議敘；倘不實心訓課，即行題參。」〔註80〕施士洁被聘為海東書院山長，自是其學養優異、足為士林楷模的關係；而許南英曾有聘為蓬壺書院山長之議，丘逢甲曾掌教羅山、崇文、宏文書院，內渡後亦任職韓山、焦桂、東山、景韓、嶺東同文學堂等書院，這都證明他們的人品學養皆受朝廷、主司者肯定。

第二節　海東四子的形成

一、光緒十三年之前

　　施士洁於光緒二年（1876）中為第三甲第二名進士，他曾短時間宦留大陸，但是在當年臘多即回到臺灣。「官如水清」是他辭官歸故里的原因，「小臣自許答昇平，老母承歡有長兄。忽聞斷雁心怦怦，予季行役悵孤□；或出或處兩念縈，況有倚閭望歸旌。挂冠買棹回東瀛，閉門不與世逢迎。」〔註81〕這也是施士洁所以辭官的原因。

　　光緒五年（1879），當時的臺灣道夏獻綸邀請施士洁參加斐亭午宴，同席的尚有海東書院山長楊希閔（字臥雲）；施士洁在誌謝詩中說：「一瓣心香酬一飯，歐陽門下說恩知」、「受知賤日常銘腑，留醉花天免折腰。我與斐亭新綠竹，同沾雨露上青霄」，〔註82〕由這些感謝的詩句來看，應該是夏獻綸曾表示對施士洁有器重之意。施士洁與舊識楊莘笙重逢，在〈喜晤楊莘笙大令〉詩中提到共同相識的楊希閔已過逝，「鯤瀛絳帳靈光失（謂臥雲師）」，又說到自己的近況：「君從臺海入閩天，我住榕壇又幾年」。〔註83〕這首詩的創作時間不清楚，而楊希閔則在光緒四年（1878）過世。這是施士洁早年與海東書院有關的一個記錄。

〔註80〕臺灣銀行經濟研究室編：《清會典臺灣事例・學校》（臺北：臺灣銀行，1966年5月），頁99。
〔註81〕許南英：〈讀施澐舫山長詩草，恭擬題詞〉，《窺園留草》，頁15。
〔註82〕施士洁：〈五月廿九日，方伯夏小濤師命陪楊臥雲山長、楊心眂農部、王紫溪校官午宴斐亭，賦此志謝〉《後蘇龕合集》，頁31。
〔註83〕施士洁：《後蘇龕合集》，頁56。

施士洁原在彰化白沙書院擔任講席，〔註84〕光緒九年時轉調掌教海東書院，〔註85〕繼續他推動臺灣教育、栽培臺灣士人的工作。白沙書院是縣屬書院，海東書院是道屬書院，他這一次職位的轉任是高昇。

光緒十一年（1885），唐景崧以說服劉永福黑旗軍效命清朝投入中法越南戰役並獲得捷報，得授臺灣道；光緒十三年，唐景崧到臺灣後，聽聞施士洁名聲，曾多次親自拜訪並與之訂爲文字交，〔註86〕並延續聘任施士洁爲海東書院山長，自此施士洁也經常參與唐景崧斐亭、牡丹詩社的活動。〔註87〕許南英、丘逢甲、汪春源於光緒十三年進入海東書院就讀之前，施士洁已擔任海東書院山長的職務有數年的時間了。

首先進入海東書院接受施士洁教導的是汪春源。光緒八年（1882），汪春源應童子試，臺灣知縣祁征祥拔置第一，並選入衙署讀書。〔註88〕施士洁與祁征祥是詩友，兩人往來唱和不斷，交往密切，施士洁集中與祁征祥的唱和作品就有三十多首。〔註89〕在這段期間，施士洁透過祁征祥認識汪春源是有可能的。光緒十二年、十三年時，汪春源參加秋試，皆爲唐景崧拔爲第一，並於光緒十三年時食廩餼，進入海東書院，正式成爲施士洁的門生。〔註90〕

光緒十一年，許南英與丘逢甲同時共赴榕城參加鄉試，同樣是臺灣學子，他們在這時相識。這次考試，許南英中爲舉人，光緒十二年，他入京參加會試，卻因對策傷時被放；就因爲他這一次會試失敗了，所以在光緒十三年時進入海東書院，成爲施士洁的門生。許南英於光緒十三年（1887）寫有〈讀施澐舫山長詩草，恭擬題詞〉，是他進入海東書院後恭讀施士洁詩集後的酬應之作：

〔註84〕施士洁〈寄懷青孺諸羅代東〉：「丁丑冬，君來崁垣，我客彰淡，及今歷歷已四年矣。」丁丑年是光緒三年，四年後即光緒七年。《後蘇龕合集》，頁127。

〔註85〕見本論文第一章第一節的推論。

〔註86〕黃典權：〈弁言〉，見《後蘇龕合集》，頁1。

〔註87〕施士洁：〈浴沸前一日，唐維卿廉訪招同倪耘劬太令、楊穉香孝廉、張湃萊廣文、熊瑞卿上舍、施幼笙茂才遊竹溪寺，次廉訪韻〉、〈疊前韻〉，《後蘇龕合集》，頁52、頁53。

〔註88〕見汪春源：〈汪進士自述〉。

〔註89〕見施士洁：《後蘇龕合集》，頁47、頁48、頁49、頁50、頁321、頁322～頁330等。

〔註90〕按《臺灣通志》所記，唐景崧是在光緒十三年四月到臺履任，與汪春源〈汪進士自述〉所記「丙戌年爲拔置第一」年份有差異。

　　吾師福慧本雙清，弱冠馳驅遊帝京。

　　珥筆射策宴春明，秘省聯班榮復榮。

　　沖霄健翮如飛燕，直上青雲萬里雲。

又云：

　　人中佼佼鐵中錚，實之大者聲自宏。

　　當軸聞名耳為傾，皋比講學舊家聲。

　　海東桃李門墻盈，吾師應聘為文衡。

　　造士械樸詠菁菁，十餘年來叶士評。〔註91〕

　　寫得如此客套盛譽，由此判斷許南英應該是在進入海東書院之後才正式認識施士洁的。

　　丘逢甲在府城之遊時就曾與施士洁會面。光緒七年，丘逢甲與父親丘龍章、呂汝玉昆仲，還有傅于天等人，「至郡城數日，即遊竹溪寺，與諸名士吟詠終日而歸」，〔註92〕與會諸人皆有〈步七十二峰羈客上巳竹溪寺修禊韻〉唱和詩之作。其中，呂汝玉詩中注文有：「澐舫山長名句：萬樹午陰花韻寂，一痕生意筍芽齊」一段，〔註93〕這是施士洁同韻詩作〈竹溪寺題壁和韻〉一詩中的頷聯：

　　春色無端綠滿溪，我來何處辨東西？

　　茫茫世態空雲狗，莽莽雄圖失草雞。

　　半晌午陰花有韻，萬尖生意筍初齊。

　　歸途猶戀山僧味，惆悵夕陽鴉亂啼。〔註94〕

　　字句略有差異，應是施士洁後來刪定的關係。雖然施士洁這首詩未收在《竹溪唱和集》之中，但很明白的，施士洁是丘、呂諸人府城之行時「與諸名士吟詠終日而歸」其中的一人。光緒十一年，丘逢甲參加鄉試失利，而在光緒十三年參加唐景崧主持的院試時被選入海東書院就讀，也因此而開始他和施士洁的師生關係。

　　就這樣的因緣聚合，光緒十三年這一年，許南英、丘逢甲與汪春源在海

〔註91〕許南英：《窺園留草》，頁48。

〔註92〕丘逢甲詩題，收入《丘逢甲遺作》（臺北：世界河南堂丘氏文獻社，1998年12月），頁119。

〔註93〕呂汝玉：〈步七十二峰羈客上巳竹溪寺修禊韻〉，收在《海東三鳳集》（臺北：臺灣史蹟研究會印行，1981年6月），頁164。

〔註94〕施士洁：〈竹溪寺題壁和韻〉，《後蘇龕合集》，頁8。

東書院聚集，成爲同學，共事施士洁爲師。海東四子師生四個人——施士洁、許南英、丘逢甲、汪春源這一個「群體」，在光緒十三年這個「時間」、海東書院這個「空間」裡形成了。這一年，施士洁、許南英都是三十三歲，丘逢甲二十四歲，汪春源十九歲。

二、光緒十三年至光緒二十一年

施士洁在〈臺澎海東書院課選序〉一文中說到他的教育理念與教學方法，是承襲他的父親施瓊芳任海東書院山長時所用的教學方式：「如期按課論文外，有背誦經書之課；復加小課，以賦詩雜作相與切磋」，在準備科舉考試的制義試帖之外，又著重在經書義理的熟悉理解，以及爲詩、古文的創作。因爲「學者作文，苟能從經文傳注涵泳而出，而又一一體驗於身心，精實之作，自然不可磨滅。」施士洁又說：自明代以帖括取士以來，「迄正、嘉間，始能以古文爲時文，鎔鑄經史而出之，博大昌明，閎深肅穆，文至是而極盛」；到了清朝，則「桐城方氏、金壇王氏、宜興儲氏，均實能以濂、洛、關、閩之理，運王唐歸胡之法者」，足爲學者奉爲圭臬。士人讀書，若學養兼到，即能「隨題抒寫，汩汩其來，自綱常名教，以及一名一物，細微曲折，萬有畢備。」若做到這一點，那麼制藝之文亦能代聖賢立言。如此一來，舉業不僅不會妨礙義理之學，更能成爲拜獻之先資、經傳之羽翼。〔註95〕光緒十三年開始，許南英、丘逢甲、汪春源三人在海東書院共硯研習的這一段時間，就接受施士洁「於制義試帖外，倡爲詩、古文詞之學」〔註96〕的教學薰陶。

丘逢甲進入書院之後，於光緒十四年入閩赴鄉試，並順利考得舉人。光緒十五年，他參加京城會試，一試即成進士；之後，他也就離開書院，先後在嘉義羅山書院、臺南崇文書院主講。施士洁、丘逢甲兩人未留下直接相互唱酬的作品，但是，他們二人和汪春源經常參加唐景崧斐亭、牡丹吟社的文酒之會，應該是有會面的機會。現今所見，只有施士洁〈臺北唐維卿方伯幕中補和臺南「淨翠園」韻〉一詩詩注「邱仙根水部、王貢南孝廉，在臺南時先有和作」中提到丘逢甲；而丘逢甲的同時之作〈淨翠園敬步維卿師元韻〉十二首、〈唐薇之觀察以淨翠園詩見示，有懷舊園主人維卿方伯師〉四首，

〔註95〕施士洁：〈臺澎海東書院課選序〉，《後蘇龕合集》，頁353。
〔註96〕汪春源〈窺園留草序〉：「維時臺學使灌陽唐公文治方新，禮延耐公施先生掌教臺澎講院；於制義試帖外，倡爲詩、古文之學。」《窺園留草》，頁3。

〔註97〕則完全未提到施士洁。即使是寫於科甲及第、辭官歸里之後的《柏莊詩草》，其中共收有二百八十二首詩作，〔註98〕也沒有一首提及施士洁，因此，無法知道他們相互的看法。倒是丘逢甲《柏莊詩草》中有多首題贈給唐景崧的作品，明白表達出他對唐景崧的欽仰及感激之情。〔註99〕

　　施士洁的年齡比許南英要小了兩個月多，但因施士洁在二十二歲時就完成舉業，並擔任山長職務，因此就成了許南英的老師。對於許南英這一位以博士弟子員身份進入書院，年齡比自己大一些的學生，施士洁是抱著亦師亦友的態度，他在〈窺園留草序〉裡說：「予與允白，生同歲、長同里，處同筆硯、出同袍澤；凡所遭遇、科名、仕宦、兵革、羈旅，舉一生安樂憂患，蓋亦未嘗不同。」其中「處同筆硯」一語，實是他謙退、愛護學生的表示。許南英則敬重、推崇施士洁，認為他是「人中佼佼鐵中錚，實之大者聲自宏。」〔註100〕

　　許南英進入書院之後，於光緒十五年（1889）再次進京赴考，仍因言論傷時被放。光緒十六年，他第三次赴京會試，考中恩科第三甲第一六一名，完成舉業，也在這一年離開海東書院。他中舉回到臺灣之後，當時擔任崇文書院山長的丘逢甲向許南英「以詩索畫梅」，〔註101〕可見當時兩人仍有過往。之後，許南英抱著「秋風石逕長蒼苔，久與衙官謝往來」、「就花缺處補茅廬，擬似衡門泌水居」〔註102〕的退隱想法，〔註103〕深入番社辦理墾土化番的工

〔註97〕收入世界河南堂丘氏文獻社編：《丘逢甲遺作》（臺北：世界河南堂丘氏文獻社，1998年12月），頁146、頁87。
〔註98〕江昆峰：〈丘逢甲《柏莊詩草》試論〉，《臺北文獻》直字第一四六期，2003年12月，頁121。
〔註99〕《柏莊詩草》集中以唐景崧為題贈對象的作品，有：〈自山中以茯苓為沈太夫人壽，賦贈維卿師〉、〈送維卿師入都，用陸放翁送曾學士赴行在韻〉、〈臺人輿頌篇，上維卿師〉、〈重過臺南道署，憶自丁亥入署讀書，文酒之會極盛，至園亭新築，唱和之作裒然成冊；覓舊夢而難忘，思墜歡之莫續；用前淨翠園即事詩韻，賦寄維卿師。時師方入覲，將南還也〉、〈唐韓之觀察以淨翠園詩見示，有懷舊園主人維卿方伯師〉等諸作，以及收在《丘倉海先生詩文錄》中的〈淨翠園敬步維卿師元韻〉、〈辭別維卿師〉；而〈請纓日記序〉文末則署名曰：「門下士丘逢甲」。
〔註100〕許南英：《窺園留草》，頁15。
〔註101〕許南英：〈邱仙根工部以詩索畫梅，用其原韻應之。時仙根掌教崇文書院，而余辭蓬壺書院之聘〉，《窺園留草》，頁24。
〔註102〕許南英：〈窺園漫興〉，《窺園留草》，頁27。
〔註103〕汪春源〈窺園留草序〉亦云：「君蓋澹於仕進者。」收在《窺園留草》，頁3。

作，丘、許兩人似乎沒有再連繫。

至於汪春源，他在進入書院之後於光緒十四年時中爲舉人，但一直到光緒二十一年離開臺灣前，他三次赴京會試，卻皆未能得售。內渡之後，汪春源於光緒二十九年（1903）那一年考中了進士，也完成了舉業。

光緒十五年、十六年時，丘逢甲、許南英分別中爲進士，先後離開海東書院，這時，海東四子看似分散了。但是，無論是對身爲師者的施士洁，還是身爲門生的許南英、丘逢甲、汪春源三人來說，海東書院這一段時間在他們的人生過程中都是一個重要的旅程碑；雖然他們並未結社成派，但是同屬清光緒朝臺灣本土知識份子的身份，使得他們有類似的遭遇，是臺灣末代傳統知識分子的代表；還有，他們因此而發展出來的情緣、或是創作上的共同特徵，也是他們成爲一個「群體」的因素。尤其，在經歷時代巨變、兵燹流離的滄海桑田之後，他們內渡後在不同的時間、地點，有過偶遇或是長聚，並在那一段時間裡相濡以沫，繼續他們的友誼。雖然，因爲他們之間的交誼深淺不同、內渡後居留或仕宦的地點也不同，所以交往情形也有不同的發展，但是，這一個在清領末期、由臺灣本土士人結成的「群體」，他們在世變時代的發展、變化，是研究臺灣文學不可不知的。即如劉登翰《臺灣文學史》所說：

> 據施士洁〈臺澎海東書院課選序〉中記載，1848 年，徐宗幹、施瓊芳曾在海東書院開「以賦詩雜作相與切磋」之課。作爲這項教學改革的直接成果，《瀛州校士錄》收有新樂府〈保生帝〉、〈鯤身王〉、〈羅漢腳〉、〈伽藍頭〉、〈草地人〉、〈地瓜行〉等題之作，所記皆臺灣民情民風，又以方言俚語入詩遠非一般書甲，也是許南英、汪春源、鄭鵬雲諸人的共同特點。這一特點的形成與海東書院「倡爲古文詞之學」的教育是有直接關係的。〔註104〕

第三節　海東四子的變化

一、乙未割臺

臺灣在日人眼中具有無上地利價值：「可以扼黃海、朝鮮海、日本海之航權，而開闢東洋之門戶。」所以，自明治維新後，日本即抱著侵佔臺灣爲一

〔註104〕劉登翰等：《臺灣文學史》（福州：海峽文藝出版社，1991 年 6 月），頁 252。

貫策略，從同治年間以來就一再挑釁製造事端，更在中日甲午戰爭後簽定馬關條約時，堅持要清廷割讓臺灣，實現其侵佔臺灣的野心。而顢頇的清廷竟也屈服於日本強權，在東北的戰爭失敗之後，卻犧牲位處東南的臺灣。對於清廷的處理，許多廷臣職官一再上疏呈文反對割臺，尤其以為：要求全臺之民「違邱隴、棄田園，轉徙異地；變衣冠、易服色，與犬羊異類雜處」，若「設身處地而代決，其必不可行者也」。〔註105〕李鴻章與日本代表伊藤博文會議期間，已有割讓臺灣的傳聞，臺灣人民立即強力表示反對；然而最後清廷仍不顧臺灣人民的意願與利益，在光緒二十一年乙未（1895）三月二十三日與日本簽下條約，割讓臺灣終成定局。

確定割臺消息傳來，汪春源正在京城應試，他與臺灣葉題雁、李清琦、羅秀惠、黃宗鼎等人聯合上書，強烈表明臺灣士人反對割臺，〈戶部主事葉題雁等呈文〉：

> 今一旦委而棄之，是驅忠義之士以事寇讎；臺民終不免一死，然而死有隱痛矣！或謂朝廷不忍臺民罹於鋒鏑，為此萬不得已之舉。然倭人仇視吾民，此後必遭荼毒：與其生為降虜，不如死為義民。或又謂徙民內地，尚可全生；然祖宗墳墓，豈忍捨之而去？田園廬舍，誰能挈之而奔？縱使子身內渡，而數千里戶口，又將何地以處之？此臺民所以萬死不願一生者也。

在這同時，汪春源也參加了康有為在京城發起的公車上書大會。〔註106〕

而在臺灣這邊，早於光緒二十年中日開戰之初，施士洁、許南英、丘逢甲等人即參與組織兵勇的防務工作：許南英徵募鄉勇二營，任團練局統領，施士洁為協辦；〔註107〕丘逢甲則在唐景崧支持之下督辦團練。割臺消息傳來，臺灣紳民首先對中外發表佈告檄文，抗議日本罔顧國際公法，剝奪臺灣人民主權，強行侵佔臺灣的惡行，檄文云：

> 惟臺灣土地政令，非他人所能干預，設以干戈從事，臺民惟集萬眾

〔註105〕見〈山西舉人常曜宇等呈文〉，收在《清光緒朝中日交涉史料選輯》（南投：臺灣省文獻委員會，1997年6月），頁342。

〔註106〕前引文收入《清光緒朝中日交涉史料選輯》，頁230。汪春源〈窺園留草序〉：「亡何割臺禍起，時春源以公車詣闕上書，不報。」收入《窺園留草》，頁3。

〔註107〕施士洁〈窺園留草序〉：「尋值甲午中東之役，乙未廷旨割讓臺灣，倉葛大呼，王人不服；允白與吾黨諸子枕戈泣血，連結豪帥，敵愾同仇，而終於無效。」收入《窺園留草》，頁1。施士洁：〈同許蘊白兵部募軍感疊前韻〉、〈瀛南軍次再疊前韻示同事諸子〉，見《後蘇龕合集》，頁71、頁72。

禦之。願人人戰死而失臺，決不願拱手而讓臺。……此非臺民無理倔強，實因未戰而割全省，爲中外千古未有之奇變。臺民欲盡棄田里，則內渡後無家可歸；欲隱忍偷生，實無顏以對天下。因此搥胸泣血，萬眾一心，誓同死守。〔註108〕

四月二十一日，丘逢甲以「全臺義勇統領」、「在籍工部主事」名銜，代表臺灣人民書寫呈文，並血書「拒倭守土」，三次上書清廷，請唐景崧代奏上呈光緒皇帝，表明臺灣人民堅持守土的決定：

臺灣屬倭，萬民不服，迭請唐撫代奏臺民下情，而事難挽回，如赤子失父母也，悲慘曷極！伏查臺灣爲朝廷棄地，百姓無依，惟有死守，據爲島國，遙戴皇靈，爲南洋屏蔽。惟須有人統率，眾議堅留唐撫臺，仍理臺事，並劉鎮永福，鎮守臺南。請各國查照割地紳民不服公法，從公剖斷，臺灣應作何處置，再送唐撫入京，劉鎮回任。

臺民此舉，無非戀戴皇清，以圖固守以待轉機。〔註109〕

四月二十六日，清廷發出電文，要求在臺大小官員開缺到京，將臺人請願置若罔聞，不作回應。清廷將臺灣視爲棄地，完全不顧臺灣人民的意願與利益，未經一戰即割讓臺灣，這也是臺灣人民最無法接受的。丘逢甲代表臺民再次上書，電文曰：

全臺非澎湖之比，何至不能一戰？臣等桑梓之地，義與存亡，願與撫臣誓死禦。設戰而不勝，請俟臣等死後，再言割地。〔註110〕

如此痛心泣血，如此慷慨激昂，而清廷無意也無力保臺，因此，臺灣士紳合議主張自立爲國，在五月二日建立臺灣民主國，唐景崧被推爲民主國總統，留守臺北，劉永福則鎮守臺南，各義軍團練駐派各地協防。民灣民主國雖言「自立」，事實上是爲了避免日本對清廷爲難，同時，也爲了爭取國際各國的支援；若抗日成功，臺灣仍歸屬於清朝。

而在五月初十日李經方與日本派遣的樺山資紀登橫濱輪辦理交割手續時，日軍已登陸入侵臺灣，臺灣人民抗日義旗就此揭起。

丘逢甲在「乙未夏將乘舟離臺時倚裝匆匆所作」，寫下〈離臺詩〉六首，

〔註108〕見〈臺民布告中外檄〉，收入龔鵬程等編：《國史鏡原》（臺北：時報文化公司，1986年12月二版一刷），頁373。

〔註109〕見〈乙未奏疏及函電四件〉，收入丘晨波、黃志萍、李尚行等編：《丘逢甲文集》（廣東：花城出版社，1994年6月），頁261。

〔註110〕見〈乙未奏疏及函電四件〉，頁260。

憤慨、悲痛、無奈之情充溢其中，引錄其中三首於下：

> 宰相有權能割地，孤臣無力可回天。
>
> 扁舟去作鴟夷子，回首河山意黯然。
>
> 捲土重來未可知，江山亦要偉人持。
>
> 成名豎子知多少，海上誰來建義旗？
>
> 亂世團圓骨肉難，弟兄離別正心酸。
>
> 奉親且作漁樵隱，到處名山可掛單。〔註111〕

事隔一年之後，與他一起抗日、一起內渡後又回臺的謝頌臣至粵探訪他，他在餞別謝頌臣回臺灣時重提往事，〈重送頌臣〉詩中說到當時抗日之初衷，以及失敗後離臺的原因：

> 海氛忽東來，義憤不可抑。出君篋中符，時艱共勠力。
>
> 書生忽戎裝，誓保臺南北。當時好意氣，滅虜期可刻。
>
> 何期漢公卿，師古多讓德。忽行割地議，志士氣爲塞。
>
> 刺血三上書，呼天不得直。北垣遽中亂，滿地淸兵賊。
>
> 此間非死所，能不變計亟。親在謀所安，況乃虜烽迫。
>
> 乾坤已中變，萬怪競荒惑。人情易翻覆，交舊成鬼蜮。〔註112〕

「義憤不可抑」、「時艱共勠力」、「誓保臺南北」，是他積極參與臺灣民主國抗日行動的原因；「此間非死所，能不變計亟」、「親在謀所安，況乃虜烽迫」，是他決定離開臺灣的原因。他也在〈廬山謠答劉生芷庭〉一詩中說到他在乙未抗日行動中以及失敗內渡的心情轉折：

> 黑風摧海水四立，陰雲慘淡臺山危。
>
> 沙蟲百萬勢將化，末劫不救非慈悲。
>
> 生作愚公死精衛，謂海可塞山能移。
>
> 開屯遽欲試神手，礮雷槍雨供驅馳。
>
> 玉門第八金匱九，安知變故多參差。
>
> 值天方醉剪鶉首，呵壁欲問寧非癡。
>
> 豈有扶餘王劍俠？虹髯一傳詞尤支。
>
> 不如歸去亦一策，山中血淚啼子規。
>
> 朱厓雖棄漢地大，公卿固應從捐之。

〔註111〕丘逢甲：《嶺雲海日樓詩鈔》，頁365。
〔註112〕丘逢甲：《嶺雲海日樓詩鈔》，頁25。

獨恨平生失微尚，請纓請劍忘官卑。

南陽已矣不得臥，兼累羽扇無能揮。

遼東幼安本僑厲，欲去猶戀將奚爲？

撒手臺山慘將別，直等死別非生離。

全家輕舟遽西渡，舊游回首成天涯。

閩山將盡粵山見，青山萬里安輿隨。

五花戰袍失光彩，賸有餘耀生萊衣。〔註113〕

丘逢甲最初是抱持著愛民愛鄉的心意決心力挽割臺之事，但公卿不可期、朝廷亦不可靠，在「北垣遽中亂，滿地淆兵賊」之時，他「獨恨平生失微尚，請纓請劍忘官卑」，頗有無力之感，因此而有「不如歸去亦一策」的想法，尤其，他一再提到「奉親且作漁樵隱」、「親在謀所安」、「賸有餘耀生萊衣」，可見這是他很大的牽掛，也是他離臺內渡的重要原因。

丘逢甲內渡時間向爲學者間的爭議，筆者在此以丘逢甲作品互證爲法提出意見。此處提到的季節、月份，都依據農曆；又，光緒二十一年這一年閏五月。

丘逢甲〈陰那山行〉詩注云：「乙未夏在泉州曾夢見異僧二來謁。」〔註114〕所以，他在乙未年夏天已來到泉州。〈鮀江秋意〉、〈乙未秋日歸印山故居，因遊仙人橋作〉、〈去歲秋初抵鮀江，今仍客游至此，思之憮然〉〔註115〕等詩串連起來，則可知他在乙未年初秋經汕頭、潮州，轉梅州，再回到故鄉鎮平印山村。

致於丘逢甲在〈林龍雲郎中鶴年寄題蠔墩忠蹟詩冊，追憶舊事，次韻遙答〉：「倉葛哀呼竟何補，全軍難保武巒山。」句下注云：「割臺之後，太僕倉卒內渡，予獨抗議保臺，卒乃轉戰支離無成而去。武巒山在臺中。」武巒山事實上是在嘉義縣，〔註116〕依據當時的行政區域畫分來看，是屬於臺南州。而丘逢甲帶領團練駐紮戍守的地點是在桃園附近，若說他轉戰至武巒山，他

〔註113〕丘逢甲：《嶺雲海日樓詩鈔》，頁21。

〔註114〕丘逢甲：《嶺雲海日樓詩鈔》，頁149。

〔註115〕丘逢甲：《嶺雲海日樓詩鈔》，頁1、頁2、頁30。

〔註116〕引詩見丘逢甲：《嶺雲海日樓詩鈔》，頁130。安倍明義：《臺灣地名研究》（臺北：武陵出版有限公司，1996年9月三版四刷），頁198。施士洁詩可爲旁證，〈諸羅忠烈羅參戎祠〉詩注云：「大武巒爲邑之主山。」又〈哭曾五小魯〉：「一夜告我暫錄別，明將就道往武巒。」曾小魯爲曾青矯弟，居諸羅。《後蘇龕合集》，頁147、頁40。

還是弄錯地點了。另外，若是依據臺灣人民對抗日軍戰役發展的時間來看，丘逢甲戍守的桃園在五月下旬已被日軍侵佔；之後，日軍在六月下旬攻佔苗栗，七月上旬攻下臺中，七月初九彰化失守，嘉義則於八月下旬淪陷；〔註117〕無論就臺中或嘉義淪陷的時間來看，丘逢甲那時已在廣東，這是丘逢甲誤記時間了。

　　許南英所募的團練兵勇原駐防在臺南城，因為茖濃溪熟番劉烏河倡亂，他率兵勇前往戡定。〈防匪〉組詩即記錄此事：

匹馬馳驅出北門，書生慚愧不能軍！
夷吾自創連鄉法，龔遂空傳諭賊文。
城社已遭狐鼠毒，溪山竟聚犬羊群！
興戎伏莽營三窟，隔岸人家盡賊氛。

練軍小隊駐南莊，號召團丁徧四鄉。
從我袒衣周太尉，望君免冑沈諸梁。
忍聞中澤鳴鴻雁，那肯深山放虎狼！
剿撫兼施操勝算，管教爭獻夜郎王。〔註118〕

　　與許南英共同協防的施士洁，對於劉烏河在異族入侵之際未能「時艱共濟」，反而率眾作亂地方的舉動，亦深感臺灣前途的困難：

半壁江山不繫舟，赤嵌遺址賸荒樓！
難憑內外雙重險，坐棄東南一大州！
據社人須防黠鼠，乘查客欲犯牽牛。
義旂舉後降□□，□□將軍敢斷頭！〔註119〕

　　雖然，日軍在向南推進過程中，一路受到姜紹祖、吳湯興、吳彭年、徐驤、袁錦清等人激烈對抗，但是，九月初三日時日軍兵分多路攻入臺南城，達成其侵臺野心。施士洁與許南英在日軍入城之後，分別乘船內渡。

　　許南英有詩〈和王泳翔留別臺南諸友原韻〉，流露離臺時無語問天之悲：

竹枝唱罷淚如絲，庶務紛更異昔時。

〔註117〕洪棄生：《瀛海偕亡記》（南投：臺灣文獻委員會，1993年5月），頁6～頁17。吳德功：《讓臺記》（南投：臺灣文獻委員會，1992年5月），頁128～頁155。黃家鼎：〈消夏〉、〈秋感〉，收入連橫：《臺灣詩乘》（臺北：臺灣銀行，1960年1月），頁236～頁241。
〔註118〕許南英：《窺園留草》，頁31。
〔註119〕施士洁：〈同許蘊白兵部募軍感疊前韻〉，《後蘇龕合集》，頁71。

一樣災黎遭小劫，幽冤誰訴與天知？〔註120〕

許南英〈秋懷八首和邱仙根工部原韻〉之五：「不爲鄉國搢紳囚，風送輕帆入粵州。」〔註121〕這是他所以內渡大陸的原因。事隔一年之後，他追憶當時往事，依舊充滿自責與傷痛：

涼秋又是月初三，往事回思祇自慚！

漢代衣冠遺族恨，順昌旗幟老生談。

血枯魂化傷春鳥，繭破絲纏未死蠶。

今日飄零遊絕國，海天東望哭臺南。〔註122〕

施士洁離臺時的慌亂與緊張，在〈避地鷺門，骨肉離邊數月矣，歲暮始復團聚。舉家乘小輪船赴梅林澳，風逆浪惡，不得渡，晚宿吳堡，感事書懷〉一詩中流露無遺，詩中亦詳細描述他離開時臺南城的戰況與慘狀，以及戰亂中人性的扭曲，真是讓人怵目驚心，即使事隔數月之後，施士洁回想起當時仍感驚恐：

可惜先生有時醒，醒時歷歷夢中境。赤嵌城外血倒流，渡海心魂猶耿耿。……一時囊括靡孑遺，貧者次骨富者危，十族爪蔓相攀追，滿城飲鴆甘如飴。薦紳顛倒成嬰兒，有人慧眼龍宮窺。……群酋鐵騎聲怒鏖，皇皇大帥宵遁逃！槍林彈雨紛如猱，淋漓碧血膏彼刀，嶙峋白骨填我濠，水火疫癘相煎熬，浩劫似此古罕遭！〔註123〕

抗日失敗之後，海東四子選擇內渡大陸，由於離開的時間不同，同時的人士對他們有不同的評價。〔註124〕洪棄生說：「吾郡邱進士仙根……，昨年時

〔註120〕許南英：《窺園留草》，頁33。

〔註121〕許南英：《窺園留草》，頁86。

〔註122〕許南英：〈丙申九月初三日有感（去年此日日人登臺南）〉，《窺園留草》，頁37。

〔註123〕施士洁：《後蘇龕合集》，頁79。

〔註124〕《臺北文物》第九卷第一期（1960年3月）中刊載廖毓文因搜集耆老口述資料得到謝汝銓〈乙未抗日雜記〉一文，和《漢文臺灣日日新報》明治40年5月1日、4日分刊以謝汝銓署名之〈領臺時之臺南〉一文的內容相同之中又有不少差異。謝文內容的安排選擇，和植亭署名之〈乙未大變錄〉敘述北部乙未抗日情形一文相呼應（《漢文臺灣日日新報》明治40年5月1日、3日、5日），所以，依謝文原文內容所定之標題來看，文章是敘述臺南抗日行動的發展情形，提到丘逢甲的地方只有一處：丘逢甲致書臺南士紳，謂：「臺灣我等父母之邦，義不可去，食毛踐土，恩不可忘，切宜固守，與此地共存亡；北部之兵備既周，糧餉亦足，無敵軍之來。南部之軍務，願公熟籌之。」是爲說明丘逢甲在臺灣民主國抗日行動中的號召地位。而廖毓文搜得之文雖同

事破碎，聞唐撫棄臺西遯，己逐棄義軍倉皇渡海，軍饟不發，家屋盡爲部將所焚；徒向外間報紙張皇民主國虛情，以此爲人口實。」又說：「林朝棟棄臺西遯，較邱進士尤難掩眾論。蓋仙根書生，未嫻戎務；出領義軍，係唐景崧濫舉。」至於許南英，他則認爲：「臺人之堅韌拒敵，後來諸義民遍處樹幟，前後擾攘者五年，死者無萬數；固足興起海內頑儒，不減廣東三元里之逐英夷！即當時建議抗敵諸君，如臺南許南英等，鹿港施仁思、施茭等，亦多堅守不移，至兵臨城下，始潔身內渡。甚至臺中失後，尚有往臺南恢復者。視先時棄軍而遁諸君，事權不及而氣概過之萬萬。」〔註 125〕易順鼎說：「閏五月初二：時守臺中之道員林朝棟、楊汝翼、主事邱逢甲皆擁巨資，棄師潛逃。」〔註 126〕

　　黃俊傑在〈古代中國人的價值觀：價值取向的衝突及其消解〉文中指出：在政治社會結構重組關鍵時刻裡，許多人的價值取向都會面臨抉擇的困境；在追求忠、孝、節、義無法同時兼顧而困惑之際，同時又在維護個人生命與國家利益並全之中痛苦掙扎。而當一個人置身於無法化解的矛盾衝突之中卻想保持個人人格的完整性，就得要面臨各種恫嚇生命的課題；當理想之烏托邦與事實有一程度上的差距割裂而又非本身力量所能化解時，面對這種價值衝突、矛盾的撕裂時，在不同時空條件限制下的不同時代人，對「份位原則」與「行事原則」〔註 127〕有不同的思考與不同的價值取向。不同的人在面對價值衝突時做出不同的選擇，正也呈現出當事人之價值取向。從容就義或含辱忍生是不同的價值選擇，也完成不同的生命意義。如伯夷、叔齊餓死首陽山，

署爲謝所作，但和謝文最大不同處是添寫丘逢甲參加閏五月七日在臺南白龍庵舉行之歃血誓盟大會，以及丘逢甲與吳彭年在彰化並肩奮戰，直至吳戰死後才離臺，文中並引謝汝銓解說以丘逢甲爲對象所寫之詩意涵等。其目的在強調丘逢甲離臺時間在農曆七月初九彰化失守之後，以及借謝汝銓之詩澄清丘逢甲挾金內渡之傳聞。就內渡時間來說，丘逢甲詩作自言「乙未夏」時他人已在泉州。故廖毓文搜得之文的虛實待考證。

〔註 125〕洪棄生：《寄鶴齋詩話》（南投：臺灣省文獻委員會，1993 年 5 月），頁 93、頁 94、頁 140。

〔註 126〕易順鼎：《魂南記》（南投：臺灣文獻委員會，1993 年 9 月），頁 7。

〔註 127〕黃俊傑、吳光明合著〈古代中國人的價值觀：價值取向的衝突及其消解〉：「一般說來，『行事原則』所關切的是導源於行爲本身價值的絕對要求；相對而言，『份位原則』關注在人際互動的關係網絡中，當事者在其份位上的絕對要求。」收入沈清松主編：《中國人的價值觀——人文學觀點》（臺北：桂冠圖書股份有限公司，1994 年 8 月），頁 9。

或管仲不死而爲齊桓公九合諸侯，是不同人生價值的完成。〔註 128〕有人選擇死亡做爲歸宿，有人因爲其他因素決定存活，但他要面對的是永無寧止的內心撕裂之苦。海東四子在臺灣民主國失敗之後選擇內渡，其時間有先後的不同，但其內心所受之痛苦煎熬則相同。

不論海東四子內渡或留在臺灣，他們都要面對層層的問題。〔註 129〕首先，是死或不死的問題。第二、自我的責難。第三、留或不留的選擇。第四、內渡後出路的問題。第五、他人的評判論斷。

第一、死或不死的問題

何冠彪《生與死——明季士大夫的抉擇》一書指出：殉國的觀念在春秋時期形成，到宋末理學盛行時忠臣殉國觀念更趨於熾熱；但自明代王守仁倡導致良知的學說，主張人人皆有良知可成堯舜，王門後學即抨擊消極的「無事袖手談心性，臨危一死報君王」想法，認爲活下來的人得一再面對出處選擇的困境，和「消極殉國」者一了百了的做法比較起來更顯得困難；因爲，選擇存活的人雖然活了下來，但是必須面對無數次生命與道德的考驗與折磨，使他們的生命充滿愧疚與悔恨。〔註 130〕

施士洁〈別臺作〉：「恨未喪師先失地，問誰揖盜自開門？」、「鬼已無頭怨羅刹，僧猶有髮愧闍黎。逐臣不死懸雙眼，再見英雄縛草雞。」〔註 131〕寫出對臺灣民主國失敗的憤恨、對臺灣土地人民淪陷於異族的愧疚，但他期待再見故土恢復故而不死。

許南英〈寄臺南諸友〉詩中表露當初決定離臺的想法：「徒死亦何益，餘生實可哀！縱云時莫挽，終恨我無才。身世今萍梗，圖書舊劫灰。家山洋海隔，鄉夢又歸來。」〔註 132〕他選擇不死，因爲「一巢燕子苦依人」，因爲「尚有風塵未了因」，〔註 133〕卻也明白後半輩子都要爲這個決定痛苦自責。事隔兩

〔註 128〕黃俊傑、吳光明合著：〈古代中國人的價值觀：價值取向的衝突及其消解〉，頁 1～頁 25。

〔註 129〕廖漢臣編：《臺灣省通志稿・學藝志・文學篇》（臺北：成文出版社，1983 年 3 月），頁 16～頁 23。吳文星：《日據時期臺灣社會領導階層之研究》（臺北：正中書局，1992 年 3 月），頁 28～頁 30。二文對當時臺人內渡後又返臺、或往返兩地的原因及想法有詳盡的分析，從中可看出抉擇之難。

〔註 130〕何冠彪：《生與死——明季士大夫的抉擇》第一章第二節、第三節。（臺北：聯經出版事業公司，1997 年 10 月）

〔註 131〕施士洁：《後蘇龕合集》，頁 73。

〔註 132〕許南英：《窺園留草》，頁 35。

〔註 133〕許南英：《窺園留草》，頁 47、頁 36。

年之後，他再度憶起當時倉促惶恐之下做的決定：「胡天苦相厄，鯨鯢肆東瀛！誰呼倉葛死？孰諒伯夷清？家山悵已矣，避地偕寡兄。」〔註134〕

　　丘逢甲〈離臺詩〉：「宰相有權能割地，孤臣無力可回天。扁舟去作鴟夷子，回首河山意黯然。」〈重送頌臣〉詩中亦說：「此間非死所，能不變計亟。親在謀所安，況乃虜烽迫。乾坤已中變，萬怪競荒惑。」因此他決定離臺內渡，雖然落魄難過，他暗下決心：「捲土重來未可知，江山亦要偉人持。」另外，「奉親且作漁樵隱，到處名山可掛單。」〔註135〕奉親娛老也是他所以離臺的考慮。

第二、自我的責難

　　吳季籛埋骨戰場，許南英說：「羨殺餘姚吳季子，星旗隊裡換雲幢。」恨自己未能一樣戰死沙場。內渡後一年，他在〈丙申九月初三日有感〉詩中仍說：「涼秋又是月初三，往事回思祗自慚。」民國五年，許南英〈自題小照〉一詞云：「已矣！舊邦社屋，不死猶存面目。蒙恥作遺民，有淚何從痛哭？」一直到此時，他心中仍然抱著無限憾恨。

　　光緒二十二年，丘逢甲〈古詩〉：「死者為哀燐，存者僅碩果。出門念交舊，萬里賸孤我。嗟哉何酷毒，此罪天應坐。留此七尺軀，馬革不得裹。畀為愁城主，所值無一可。」〔註136〕經過了十三年，他在宣統元年寫有〈以攝影法成澹定邨心太平草廬圖，張六士為題長句，次其韻〉一詩開端：「我生延平同甲子，墜地心妄懷愚孤。毘耶故國不能守，脫身兵火燒天紅。坐令玉山竟落五百年後此一劫，有愧東渡滄海朱家龍。」〔註137〕看似一樣的自責愧疚之言，但這首長詩接著寫盡鄉居之樂：「神僧許我一片乾淨土」、「人間若別有天地，桃花流水盡日聲淙淙」，他並且「偶圖山居志吾幸已脫劫外」，似乎已走出陰霾。

　　施士洁內渡後常有身世飄零之嘆、自憐自艾之語：「繩頭名利窮途淚，虎口妻孥異地哀。誰念東門喪家狗，皋夔項頰在塵埃？」〔註138〕但也常有解脫之言：「一得復一失，世事偶然耳！鯤鵬汗漫遊，么麼笑蟲蟻。醉倒萬花叢，

〔註134〕許南英：〈和秋河送行原韻〉，《窺園留草》，頁43。
〔註135〕丘逢甲：《嶺南海日樓詩鈔》，頁366、頁5。
〔註136〕丘逢甲：《嶺南海日樓詩鈔》，頁33。。
〔註137〕丘逢甲：《嶺南海日樓詩鈔》，頁242
〔註138〕施士洁：〈呈閩浙制府許筠菴師〉，《後蘇龕合集》，頁88。

腐豎駁且死。我特解君趣，君亦味我旨；噫彼造物者，通塞任所使。」〔註139〕
致於自責的話很少看到。

第三、留或不留的選擇

雖然日人曾對海東四子表示友好，極力拉攏，〔註140〕但是四子內渡後，
住屋即被日人收封，曾廼碩〈中華民族乙未抗日史導論〉一文記載臺南地區
住屋被封收的有施士洁、許南英等人：「日本佔領之初，大事沒收房屋，以居
日人，凡與永福有關之軍民士紳，俱不能免。……臺南縣屬紳民陳情書中記
載：下橫街陳宅、美街施宅、下甲石街汪宅、馬公廟許宅等……皆被日軍標
封。」〔註141〕

民國元年許南英回臺有詩記：「敝廬因日人築路取用，子弟輩將別謀住
所。」他並將所餘產業分給留臺族人。連家宅都沒有了，也因此更增添他「旅
客他鄉是故鄉」、「昔爲此邦人，今爲此邦客」〔註142〕的慨嘆。

臺灣民主國失敗，施士洁有〈由吳堡至□□□□號〉：「居夷蹈海兩無
□，□□□□幸賦□。……塞翁失馬寧非福，老子猶龍不可攀。」〔註143〕詩
中有缺漏文字，但施士洁當時在留或不留兩難間掙扎之跡可見，最後他決定
內渡，並且從痛苦疑慮中超脫出來，這和他早年接觸道家思想學說應有關係。

丘逢甲〈菊枕詩〉：「秋風一場戰，應保危臺危。朱崖地遽棄，百計不得
施。餘生脫虎口，寤寐空相思。昔爲稱意花，今作斷腸枝。」〔註144〕在不
得已情況下，丘逢甲率領家族百餘口內渡，「攜家此偕隱，遠渡婆娑洋。豈
不思東歸，故里今犬羊。」因爲家山淪陷，所以他離開家鄉另尋出路，他一

〔註139〕施士洁：〈贈楊壽眉上舍〉，《後蘇龕合集》，頁93。

〔註140〕許南英〈臺感〉之四詩注：「日軍到嘉義，即採訪士論，通函請予在府辦保良
局。予內渡後，有兵官名花板者，亦通函請予回臺。」又曰：「日人入城，收
封予屋，號曰『亂民』，旋即起還，並給先叔以六等徽章，列於紳士。」「臺
南警察署攝予小照，懸諸廳事，題曰『名譽家某某』。」《窺園留草》，頁82。
《臺灣日日新報》明治32年6月13日也提到日人到廈門利誘內渡人士返臺：
「我政府目擊心傷，特遣景美辦務長谷信敬赴廈門招撫，使諸君子互相汲引，
以冀盡羅一網中。且誓以重入國門，則緇衣之詠可復作。」

〔註141〕曾廼碩：〈中華民族乙未抗日史導論〉，收入《臺灣文獻》第6卷第3期，1955
年9月，頁184～頁185。

〔註142〕許南英：〈滿城風雨近重陽〉、〈南社同人在醉仙樓開歡迎會，酒後放歌〉，《窺
園留草》，頁118、頁107。

〔註143〕施士洁：《後蘇龕合集》，頁80。

〔註144〕丘逢甲：〈潮州舟次〉，《嶺南海日樓詩鈔》，頁10。

直記掛的是：「啞啞返哺鳥，得食不果腹。」、「采得千年芝，持爲高堂祝。」
〔註145〕

第四、內渡後生活出路問題

四子內渡之後生計問題是最迫切等待解決的。雖說是歸回故鄉，但因居臺已數代，內渡後人生地不熟，易受人欺，易遭匪搶；就算囊資較豐的人也擔心坐吃山空，無以爲繼。除此之外，還遇上疫癘流行，奪走人命無數，面對這麼多的困難，因此內渡後又返臺的人所在多有，如許南英、丘逢甲二人的兄長內渡後不久就又回到臺灣。

海東四子內渡後各人的經濟情形又不完全相同。施士洁〈補作六十述懷寄示諸同人索和〉：「洞天雞犬夢中虛，十丈腥塵繞寄廬。蠶沫噴成新世宙，鯤身撞壞好家居！懸旌心事危於線，彈鋏生涯出不車。島上更無臺避債，愁城坐待一年除。」〔註146〕又寫他在「米鹽凌雜」、「難償婚嫁」的經濟重擔下的苦惱。不過施士洁文名盛傳，尚有潤筆之資救急。

許南英本是澹於仕進的人，內渡後走上宦途，就是因爲生計上的困難而做的決定；但是即使違反了原本的心志，許南英一家內渡後的生活仍甚清貧，他在〈寄題邱倉海工部澹定邨心太平草廬〉詩中說：「同群瑣尾流離出，公等俱泰我依然。自貶南交爲末吏，不栖惡木飲盜泉。一家飄泊梗猶汎，孤舟斷纜浮長川。黃沙捲地迫我後，白浪滔天衝我前。」〔註147〕

在經濟上比較起來，丘逢甲要寬緩許多，因此比較少抒寫窮愁困窘這一類內容的作品，〈山居詩〉一詩是他內渡初期生活的描述：

> 我家深山中，聊用謝世紛。吾弟各異才，出作同習勤。
>
> 荷鋤影相隨，伐木聲相聞。向晦入宴息，一燈夜論文。
>
> 微言繹聖牒，奧語搜皇墳。琅琅金石聲，遙出山中雲。
>
> 因之雖亂離，其樂仍欣欣。〔註148〕

第五、他人的評判論斷

內渡之後，除經濟窘迫、生活不易之外，最難安頓的是被放逐、被誤解的傷痛。許南英〈臺感〉之一說出了這種心情：「小劫滄桑幻海田，不堪回首憶從前！某山某水還無恙？誰毀誰譽任自然！我信仰天無愧怍，人譏避地

〔註145〕丘逢甲：〈山居詩〉，《嶺南海日樓詩鈔》，頁17。
〔註146〕施士洁：《後蘇龕合集》，頁252。
〔註147〕許南英：《窺園留草》，頁80。
〔註148〕丘逢甲：《嶺南海日樓詩鈔》，頁17。

轉顛連。浮沈薄宦珠江畔，已別鄉關十六年！」〔註149〕〈無題〉之三也說：
「毀家紓難作王民，鐵馬金戈賸此身；寄語多金文弱士，莫將成敗論刻人。」
〔註150〕事實上眾人對於許南英堅持守衛臺灣直到最後不得已才離臺的作爲多
持肯定態度，因此許南英兩次回臺與之過往唱和的詩人非常多，但是許南英
自責的心在他六十歲時的詩作〈和施耐公六十初度見贈之作並次原韻〉中才
稍爲放鬆：「耐寒久中煙霞疾，忍餓毋爲富貴淫。徹夜梅花枝上月，澄心自證
去來今。」〔註151〕

　　或許因爲施士洁個性放誕曠達，或許和他早年研讀道家學說有關，在他
內渡後的作品中很少看到因內渡遭謗的憂戚苦惱之言，但是並非施士洁不了
解此事其中之曲折，只是他抱著「補石難完缺後天，休論破釜與沈船」、「珍
重千秋金石意，豈應咄咄亂書空」〔註152〕的態度，找到他痛苦情感的出口，
他〈桐郡病中〉說：「一夕西風臥茂陵，故國山川有所思，身無羽翼欲何之？
仲宣客感蘭成怨，四顧蒼茫獨立時！繩牀紙帳學枯禪，此日癡翁號信天。消
盡命宮磨蝎恨，黑甜安穩老坡仙。」〔註153〕

　　內渡之初，丘逢甲風聞他人批判之言，他在〈有書時事者，爲贅其卷端〉
說：「人間成敗論英雄，野史荒唐恐未公。古柳斜陽圍坐聽，一時談笑付盲
翁。」〔註154〕在〈當歌〉中則顯得煩惱：「劫火餘灰騰謗焰，恨天遺石築愁
城。」〔註155〕他也曾反駁外間流傳的謗言：「渡江文士成愴父，歸國降人謗
義師。」、「扁舟但益飄零感，過海何曾便是仙。」、「當時力保危臺意，只有
軍前壯士知。」〔註156〕光緒二十五年，他寫下〈嗟哉行〉：「行百者半九十
里，晚節末路之難乃如此。君不見扶風大儒宮中才子當時果以投荒死，豈不
賢名溢青史？」〔註157〕他人的評斷在他內心引起巨大的反思與痛苦。到了
光緒三十一年，這個問題依然困擾他，但他面對的態度有所改變：「滿目刧
塵無法說，青天碧海哭詩人」、「自有千秋詩史在，任人成敗論英雄」。〔註158〕

〔註149〕許南英：《窺園留草》，頁82。
〔註150〕許南英：《窺園留草》，頁60。
〔註151〕許南英：《窺園留草》，頁141。
〔註152〕施士洁：〈疊前韻〉、〈泉守幕中晤沈桂珊內史〉，《後蘇龕合集》，頁95、頁84。
〔註153〕施士洁：《後蘇龕合集》，頁83。
〔註154〕丘逢甲：《嶺南海日樓詩鈔》，頁3。
〔註155〕丘逢甲：《嶺南海日樓詩鈔》，頁12。
〔註156〕丘逢甲：〈答臺中友人〉、〈有感書贈義軍舊書記〉，《嶺南海日樓詩鈔》，頁48。
〔註157〕丘逢甲：《嶺南海日樓詩鈔》，頁68。
〔註158〕丘逢甲：《嶺雲海日樓詩鈔》，頁215。

二、內渡大陸之後

內渡之後，施士洁、許南英先後抵達廈門，兩人在廈門曾會面，施士洁有詩〈廈門晤藴白〉八首，其中第六首曰：

> 將星碩果巋然存，海外無人不識君！
> 唱到城烏逋尾曲，唐蒙以後又劉琨。〔註159〕

施士洁肯定許南英能堅持到情勢再無可為時才離臺的作為，這和洪棄生《寄鶴齋詩話》說「如臺南許南英等，……至兵臨城下，始潔身內渡」的看法是一樣的。不過，施士洁也深知選擇內渡者內心必受折磨之苦，因而安慰許南英說：「從來得失千秋案，人鬼須爭此一關。」〔註160〕廈門匆匆一會，施士洁仍暫居廈門，等候在臺灣的家人到廈門團聚；許南英則轉入汕頭不遠的桃都，投寄宗人許子榮昆仲處，並與家人會合。家產散盡的許南英接受許氏昆仲的建議，遠赴南洋尋訪族人，以求轉換生計。他於光緒二十二年五月來到廣州，欲搭洋輪轉赴新加坡。卻由於大陸沿海鼠疫流行，領佔新加坡的英人防疫禁海舶靠岸，因此許南英於當年秋季才抵達新加坡。

在新加坡滯留了半年多，光緒二十三年春，許南英從新加坡附輪回鄉。這一趟遠行，許南英在宗人許秋河的鼓勵之下做了「為貧為祿仕，聽鼓五羊城」〔註161〕的決定，回國後就入都到吏部投供以兵曹改知縣，〔註162〕開始了他後半輩子的宦途生涯。汪春源〈窺園留草序〉說許南英：「君蓋澹於仕進者也。」許南英也自言：「本來名士不求知，疏懶如雲出岫遲。」「容我讀書皆造化，課人藝圃亦經綸。」〔註163〕他原是打算在聞樨學舍教學一輩子，過著與詩友唱詠的詩人生活吧！但是乙未割臺擊碎了他的夢想，迫使他離開家鄉，也迫使他改途重新出發。

光緒二十四年，許南英分發廣東，先後應番禺縣令裴伯謙、廣州府知府周桂午之聘分校試卷。在潮陽東山書院的丘逢甲在這一年和許南英聯繫上，有寄懷詩贈許南英：

> 誰可陳蕃匹，吾尤念許虔。幾同嶺外謫，等是汝南賢。

〔註159〕施士洁：《後蘇龕合集》，頁73。
〔註160〕施士洁：《後蘇龕合集》，頁73。
〔註161〕許南英：〈和秋河送行原韻〉，《窺園留草》，頁43。
〔註162〕許南英：〈吏部投供以兵曹改知縣，歸途車中口占〉，《窺園留草》，頁47。
〔註163〕許南英：〈和郭士梯感懷原韻〉、〈窺園漫興〉，《窺園留草》，頁14、頁27。

仙令丹砂地，蠻王左纛天。何時渡江客，聚語永嘉年。〔註164〕

光緒二十五年，許南英參與惠陽、潮州等地的清鄉事務，經常到廣州府署探訪駐府署處理試務的陳望曾，〔註165〕也在這一年年初與丘逢甲重聚，兩人各有〈己亥春日感興〉、〈春感次許薀伯大令韻〉組詩相互唱和。「傷心狐鼠憑城社，轉瞬滄桑變海田！最是清明惆悵甚，松楸墓道草生煙」是兩人對家山易色的悲憤慨嘆；「沈鬱雄心苦未灰，他年捲土儻重來」、「濛濛海氣遍東西，何日干戈許再提」，是兩人內心恢復故土的殷切期望。在追憶昔日、縱論時局之後，許南英感慨能與丘逢甲在異地重逢：「相憐復有邱工部，喚起花神帶醉哦。」而已在廬山買山築村的丘逢甲卻仍告訴許南英說：「九州無地不胡塵，難覓名山老此身。」〔註166〕

同這一年，汪春源欲入都補行殿試之前來到廣州府與陳望曾、許南英會面，「風雲變態幾經秋，刦火生還有舊遊」，他們共聚在廣州府署西偏書屋栖翠簃剪燭促膝夜談，「邑里鯤沙逝水流」、「莫談鄉事起鄉愁」，許南英期勉即將赴京應試的好友：「東海文章餘數子，西清品望孰為儔。」〔註167〕不過，丘逢甲並沒有參與這一次的聚會。

光緒二十六年，丘逢甲被派往南洋調查僑務並宣揚保商局業務，出發前，他在汕頭與許南英晤面；「小別鬑鬑竟有髭，相看都異少年時」，〔註168〕五年光陰過去了，兩人的外貌改變了，家山卻依然淪陷，「一輪曉日射東溟，回望鄉關淚眼停」；〔註169〕感傷之餘，兩人談論起流傳的有關臺灣的各種消息，許南英有詩云：「一曲南唐翻舊調，念家山破付歌師。」〔註170〕丘逢甲的次韻詩句下有注說：「千秋定論刪蕉史（近人書臺事者多失實）。」〔註171〕這裡所說的「近人書臺事者多失實」所指為何事並不確定，但應該是許南英

〔註164〕丘逢甲：〈寄懷陳省三、許薀白遊宦廣州〉，《嶺雲海日樓詩鈔》，頁61。

〔註165〕《臺灣日日新報》明治32年12月5日：「陳省三太守望曾自去年署理廣東省篆務，本年科試衡文已畢，即向上告假卸事。太守膺粵督特達之知，風聞不久定委署潮州府缺矣。」

〔註166〕許南英：〈己亥春日感興〉，《窺園留草》，頁51。丘逢甲：〈春感次許薀伯大令〉，《嶺雲海日樓詩鈔》，頁105。

〔註167〕許南英：〈送汪杏泉入都補殿試〉，《窺園留草》，頁53。

〔註168〕丘逢甲：〈鮀江喜晤許薀伯大令〉，《嶺雲海日樓詩鈔》，頁354。

〔註169〕許南英：〈和仙根水部見贈原韻，並以送行〉，《窺園留草》，頁55。

〔註170〕許南英：〈和仙根水部見贈原韻，並以送行〉，《窺園留草》，頁55。

〔註171〕丘逢甲：〈次韻答薀伯〉，《嶺雲海日樓詩鈔》，頁355。

和丘逢甲的談話涉及臺事，這是丘逢甲對許南英提問的問題的回答。究竟兩人討論什麼，無法由此得知，卻留給我們一個疑問。最後，「乘風逕欲跨南溟」的丘逢甲慷慨熱切，對遠行充滿期待：「萬方待見黃人日，五緯交連赤道星。」〔註172〕許南英也祝福他：「東海文章餘數子，南州冠冕屬斯人」、「元豹有文因霧隱，大鵬狦翮任風張」。〔註173〕

家山淪陷後飄泊異鄉故國，爲求生計而違反自己本性踏上仕宦之路的許南英，心中有許多難言之苦，他對往日的無限追憶之情就流露在「東海文章餘數子」一句話裡了。過往已逝，但對自己及朋儕的尊重與肯定卻仍在心中。所以他鼓勵即將赴京殿試的汪春源時說「東海文章餘數子」，爲懷抱雄心大志遠赴南洋的丘逢甲送行時也說「東海文章餘數子」，這是他在亂離飄搖之中對自我身份的認同肯定，也是他對同儕的期待與勉勵。

光緒二十八年，許南英將任徐聞縣令前夕，接到「別來已三秋，聚會良不易」的丘逢甲信函，許南英歡喜至極，感謝丘逢甲的祝賀與勉勵，並對丘逢甲亂世不棄的情誼感覺欣慰：

> 一紙長相思，窮通見交誼……不改歲寒心，論交還有幾。〔註174〕

許南英另有〈無題〉一詩，寫作時間約在這時，其中之四詩云：「纏腰有客號知幾，官帑搜羅十萬歸。」〔註175〕由此來看，許南英是沒有相信丘逢甲攜金內渡的傳聞。

光緒三十二年，許南英任陽春、陽江縣令期間，正值丘逢甲受聘爲廣東學務公所議紳，常駐廣州，而陳望曾也在廣州府署，因此，三人往返密切，依丘逢甲《丙午日記片斷》所記：「光緒三十二年八月初一日：廣州府陳省三太守來，晤談約一點鐘」、「八月十三日：省三來談，子韞亦來」、「九月初十日：午后子韞來談」、「九月十一日：子韞送所作窺園詩草二本，乞刪定」、「九月十九日：許子韞來談」、「九月二十七日：午后往子韞處，柯參戎在焉」、「十月初三日：往廣府署作螃蟹之局，同席爲許子韞、柯月波」、「十月初五日：夜赴子韞席」。〔註176〕他們或是招讀好詩，或是雅集讌飲，也互相介紹朋友認

〔註172〕丘逢甲：〈鮀江喜晤許韞伯大令〉，《嶺雲海日樓詩鈔》，頁354。

〔註173〕許南英：〈和仙根水部見贈原韻，並以送行〉，《窺園留草》，頁55。

〔註174〕許南英：〈邱仙根工部付書王伯嵩索畫梅，適余將之任徐聞，倚裝作畫應之，並題此詩〉，《窺園留草》，頁57。

〔註175〕許南英：《窺園留草》，頁59。

〔註176〕收入丘晨波、黃志萍、李尚行等編：《丘逢甲文集》（廣東：花城出版社，1994

識，如丘逢甲日記中提及的「柯參戎」、「柯月波」，即是和許南英會剿陽春、陽江盜匪的遊擊柯壬貴；〔註177〕而許南英也因丘逢甲介紹，認識了茹懷西、汪莘伯、覃孝方等人。〔註178〕

　　光緒三十四年，許南英入都門，丘逢甲作〈送蘊白之京〉為之送行；〔註179〕宣統元年，丘逢甲因與學務公所同仁在南園施行多年的詩鐘之會煙消雲散而傷離歡逝，寫下〈南園感事詩〉五首及序文，〔註180〕許南英亦有〈南園感事，和邱倉海工部原題〉〔註181〕之作與之唱和。許、丘兩人在內渡後於光緒二十四年聯繫上，之後即不間斷地交往；而這樣的情況在宣統元年有了改變。

　　宣統元年，丘逢甲在廬山築澹定邨已過了十五年，他先以攝影法完成澹定邨心太平草廬之圖，再將攝影圖移寫紙本，「畫中吾廬在何許，羅浮東望煙雲重。四百三十二峰正初日，海天朵朵金芙蓉」，歡喜之餘，又寫下詩作多首記述買地築村的經過。他向許南英展示心太平草廬之圖，許南英有詩〈寄題邱倉海工部澹定邨心太平草廬〉，云：

　　　邱君倉海高尚士，卓犖為傑紆徐妍。卜築梅州幽絕處，買山更買數
　　　頃田。自成村落名「澹定」，結廬經始丙申年。玉華金簡相羅列，石
　　　虹水月自娟娟。君不見先生黃庭手一卷，心自太平隱几眠。五羊石
　　　上重相見，我疑陸地有神仙。披圖讀詩自嘆息，骯髒尚與山無緣。
　　　亦有故人招隱處，不堪展讀歸來篇。〔註182〕

　　丘逢甲買山築邨一事值得注意。丘逢甲在〈送謝四之桃源〉詩中說：「浮海同歸來，買山苦無錢。」〔註183〕但依其〈以攝影法成澹定邨心太平草廬圖，張六士為題長句，次其韻〉詩中所記：「丙申之春吾廬寔經始，買山更在光緒乙未之初冬。」〔註184〕丘逢甲在乙未年十月購置澹定村山地，並在

　　　　年6月），頁350～頁371。
〔註177〕許南英：〈與柯參戎月波會剿石梯、珠環土匪紀事六十韻〉，《窺園留草》，頁70。
〔註178〕許南英〈和易實甫觀察原韻〉序云：「昨於汪辛伯同年處讀易實甫觀察原唱，辛伯與邱仙根各有和章。」〈寄懷覃孝方大令〉：「愛我邱滄海，招邀讀好詩。潮來船自在，客去月相隨。葭露伊人溯（時孝方赴新寧任），苔岑與子期。拋磚思引玉，介紹結新知。」《窺園留草》，頁77、78。
〔註179〕丘逢甲：《嶺雲海日樓詩鈔》，頁212。
〔註180〕丘逢甲：《嶺雲海日樓詩鈔》，頁240。
〔註181〕許南英：《窺園留草》，頁79。
〔註182〕許南英：《窺園留草》，頁80。
〔註183〕丘逢甲：《嶺雲海日樓詩鈔》，頁7。
〔註184〕丘逢甲：《嶺雲海日樓詩鈔》，頁243。

光緒二十二年春開始建築山莊。他在〈廬山謠答劉生芷庭〉:「憶昨泉山小留滯,清源紫帽神摯維(在泉州時,清源紫帽山神皆曾入夢)。陰那老僧速歸駕,許我佳地當非欺(夢見慚愧祖師,亦在泉州時事)。夢中之境忽眞得,此事或亦神能司。」〔註185〕、〈以攝影法成澹定邨心太平草廬圖,張六士爲題長句,次其韻〉:「神僧許我一片乾淨土,闞然入戶精靈通(謂慚愧禪師入夢事)。」〔註186〕一再強調:購買廬山、築澹定邨,乃神明應允之事。他在光緒二十四年〈答臺中友人〉詩中云:「歸來誰與話辛酸,滿目茫茫劫後塵。……本無曠土容安插,難恃高文濟困貧。」〔註187〕到了光緒二十五年,他在給許南英〈春感次許蘊伯大令韻〉詩中說:「九州無地不胡塵,難買名山老此身。」在〈題絜齋丈鴛湖舟隱圖〉中也說:「百口渡江無宅住,綠簑鱷海念東都。」〔註188〕這和他覓妥廬山築室安居的實情不符。雖然他和在廣東做官的許南英經常見面,卻一直過了十五年之後,也就是宣統元年(1909),在他以攝影法成澹定邨心太平草廬圖之後,才告訴許南英有關廬山澹定邨一事。許南英內渡之後,過著「一家飄泊梗猶汎,孤舟斷纜浮長川。黃沙捲地迫我後,白浪滔天衝我前」的生活,他把丘逢甲當做「一紙長相思,窮通見交誼」的故交,在廣東仕宦時,他經常和丘逢甲往來唱和。在知道澹定邨一事後,許南英含蓄的在〈寄題邱倉海工部澹定邨心太平草廬〉詩中說:「君不見先生黃庭手一卷,心自太平隱几眠。五羊石上重相見,我疑陸地有神仙。」〔註189〕他無法接受丘逢甲在內渡之初就有能力買山築邨的事實。這時,他雖移署三水縣,離在廣州任職的丘逢甲更近,兩人反倒沒有往來了,相互唱和的情形也減少了。〔註190〕事實上,除了買山築邨之外,丘逢甲在內渡之初,也曾花費「千金結客」以求封侯,但費了巨款,結果卻未能如願。〔註191〕

〔註185〕丘逢甲:《嶺雲海日樓詩鈔》,頁22。

〔註186〕丘逢甲:《嶺雲海日樓詩鈔》,頁243。

〔註187〕丘逢甲:《嶺雲海日樓詩鈔》,頁48。

〔註188〕丘逢甲:《嶺雲海日樓詩鈔》,頁104、頁105。

〔註189〕許南英:《窺園留草》,頁80。許南英經濟拮据,亦可在〈壽菽莊主人〉:「去歲君介紹,鐵驅走南洋。」得到印證。《窺園留草》,頁191。

〔註190〕宣統元年,許南英另有〈秋懷八首和邱仙根工部原韻〉組詩,但這是透過單孝方原唱,丘逢甲次韻的同題創作,並非兩人直接的唱和作品,可以察覺兩人已失去之前相互唱和的熱烈,而「盤馬秋郊殘照裡,羨他十歐自閒閒」兩句更似意有所指。

〔註191〕丘崧甫〈村居書感〉:「浮家萬里非眞隱,結客千金不算貧。」提到千金結客

丘逢甲寫於宣統元年的詩作〈寄韞白三水〉：「半晴半雨釀春和，春水溶溶綠始波。三十六江樓上望，不知春在那江多？」〔註192〕流露出丘逢甲在友誼生變之後的揣測之情，最終，許南英只有充滿客套言語的〈邱仙根爲余錄其近作於扇，寫梅報之〉詩作回應：「昨從袖裡出秋扇，乞寫先生近作詩；欲換新詩無墨竹，橫斜聊作老梅枝。」〔註193〕

光緒二十一年內渡之初，施士洁與許南英曾在廈門有過短暫會晤，這一次分手之後一直要到光緒三十一年除夕，施士洁才聽聞許南英與汪春源各在廣東、江西任官的消息：

> 回首瀛南舊鳳鸞，同時飄泊羽毛殘；許渾作客汪倫別（允伯、杏泉二門人，遠宦於江右、粵東），剩有孤松守歲寒！〔註194〕

光緒三十四年，居留在廈門的施士洁，透過鄭養齋的轉輾聯繫，與在廣東三水任縣官的許南英通上消息。〔註195〕他們憑藉詩文往來，說明自己的近況也互訴情懷，施士洁談到自己的情形說：

> 詩人潦倒謝元暉，傭筆依人計總非！
>
> 入火焦桐憑棄取，出山小草昧從違。
>
> 生涯自分雙弓米，眷屬眞成百衲衣。
>
> 愁絕當年王謝燕，孤飛不向故巢歸！

又說到家人一一過世的悽愴心情：「三五小星今又隕，老來誰與送殘暉！」不過，他對於最近幾年宦途多舛的許南英則多所安慰，也與許南英訂下歸隱之約：

> 魯山賢令紫芝暉，大邑名存惜實非。

一事。丘逢甲〈寄懷許仙屏中丞〉：「相逢抵掌談時事，曾許籌邊上節樓。」則所欲結之「客」應是許仙屏。〈愁雲〉：「封侯未遂空投筆，結客無成枉散金。」，《嶺雲海日樓詩鈔》，頁16、頁40、頁21。

〔註192〕除〈寄韞白三水〉外，丘逢甲作於宣統元年另有〈春江〉一首，一樣顯露出丘逢甲對兩人情誼發生變化的揣度心情。丘逢甲：《嶺雲海日樓詩鈔》，頁247。

〔註193〕許南英：《窺園留草》，頁101。

〔註194〕施士洁：〈乙巳除夕感懷，寄示林彭壽公子〉，《後蘇龕合集》，頁155。

〔註195〕先是許南英有詩〈寄懷鄭養齋〉題贈鄭養齋，接著施士洁〈和許允伯直刺「三水寄懷」韻〉三首寄許南英，許南英回贈〈施澐舫山長在廈用「寄鄭養齋原韻」作詩二首寄贈，並索和章，仍用原韻奉呈〉二首，施士洁再〈倒疊前韻〉一首。許南英：《窺園留草》，頁76、頁77；施士洁：《後蘇龕合集》，頁172。

　　腔血那堪因宦冷，脂□不合與時違。

　　肆江磊落新冠蓋，瀛島蕭條舊缽衣！

　　我欲寓書姜伯約，商量遠志或當歸。〔註196〕

　　許南英向施士洁表達別後依依之情，並深深感慨「疏林暮景挂斜暉，轉悔今非似昨非。一別真成遊子恨，十年竟與故人違」，他仍以師尊之禮對待施士洁：

　　滄溟東望日含暉，城郭人民嘆已非！

　　亂世功名無所用，平生心跡不相違。

　　詞章應世東洋體，婦孺還鄉大襖衣。

　　我愛鷺江師與友，獨存風骨忍言歸？〔註197〕

　　分別了十多年，他們的情誼不但沒有減少，而且更加濃厚了。

　　民國二年（1912），許南英被任命為福建龍溪縣縣令，正逢汪春源攜眷由上海歸來祖籍龍溪定居。許南英於汪春源生日時登門祝壽：

　　不死竟逢新世界，餘生未忘舊山林。

　　登堂一笑留君我，索取中山酒一斟。〔註198〕

　　當時施士洁住在廈門，與龍溪相距只有咫尺，他在〈讀允白「壽杏泉詩」，感憾係之〉云：「此生薇蕨仍周土，吾道荊榛遍孔林。安得薌江都化酒，三人邀月影同斟。」〔註199〕因此，施士洁、許南英、汪春源三人就在這一年秋季共聚龍溪縣官署，一直待到過完新年。「癸丑之秋，舟訪龍溪許侯於郡廨，參商久矣，文酒驩然。」但是滄海桑田、人事變異，鬢髮斑白的他們感慨更深：

　　溯自榕壇爪跡，米市巢痕，德操之衡宇相望，根矩之研席與共。維
　　時海氛不作，火色未騰，彼同學者少年，豈殊眾於賤日。未幾而秋
　　蟾、春雁，袍巳爛銀；詩虎酒龍，衣猶慘綠。

　　再想起扭轉他們命運的關鍵——乙未割臺，更是如梗在喉，不吐不快：

　　歲乙未，割臺事起，……咄哉蒼天沈醉，翦鶉首之土以賜秦：黑水

〔註196〕施士洁：〈和許允伯直刺「三水寄懷」韻〉，《後蘇龕合集》，頁 172。

〔註197〕許南英：《窺園留草》，頁 77。

〔註198〕許南英：〈汪杏泉壽辰登堂拜祝，書此誌感，即以奉賀〉，《窺園留草》，頁 134。

〔註199〕施士洁：〈許允白、汪杏泉兩君，勞燕分飛，倏逾十稔，今日薌江萍水，天假
　　　　之緣，讀允白「壽杏泉詩」，感憾係之；走筆次韻，用質吟壇〉，《後蘇龕合集》，
　　　　頁 223。

群飛，啟鹿耳之門以延鄭！蓋至田是而杜鵑啼蜀、丁鶴語遼，憂甚

墜天、義寧蹈海矣！〔註200〕

這時，他們的第二代都已長大成人，許南英的長孫作新也都四歲了。他們把酒言歡，唱酬不斷，而沈琛笙也正在許南英幕中，他們在南山寺共度重陽佳節，也為歸隱家鄉的關介堂雅集餞別，接著，又為籌辦許南英、施士洁的六十壽辰宴會而忙碌。他們談起時代的亂離，感慨深沉：

問天生我果何心，三淺桑田歷劫深。

不耐洪鑪燒白璧，可憐虛牝擲黃金。

佯狂縱酒貧仍樂，結習耽書老更淫。

一瞥平頭新甲子，焦桐爨下到如今。〔註201〕

憶及故鄉臺灣時，他們滿懷都是傷痛：

同羣今離索，小輪迴毗耶佛海，天親無著。鹿耳鯤身何處也，夢斷雲隈水曲；且解衣相從裸俗，十丈長鯨吹黑沫，莾妖氛滿地腥羶惡！

橝星指，樞星落。　　陸沈那有還魂藥？廿年前等閒甌脫！江山繡錯，大好家居撞壞了，使我摧肝蕩魄！問何事馬關空約？城郭已非華表在，盍歸來化作遼東鶴？杜陵老，吞聲哭！〔註202〕

但是，能在兵燹劫餘再度相逢於異鄉，他們也互相慰藉鼓勵：

海東壇坫今何在？儒雅風流尚有師。

一自亂離情愈摯，況經飄泊迹相隨。

是翁矍鑠身何健，如我浮沈死尚遲。

一肚皮容桑落酒，大家俱不合時宜。〔註203〕

甘心長抱荊山璞，何事還求象罔珠？

冷眼靜觀時世變，始知忠義寄刀屠。〔註204〕

雖然自己歷經滄桑、顛沛流離，但是看到新生一代的茁長，他們心中又

〔註200〕施士洁：〈許允伯六艷開九雙壽〉，《後蘇龕合集》，頁416。

〔註201〕施士洁：〈藝農、幼青強欲觴予初度，自維屈正則庚寅謫降，不禁感懷身世，無限蒼涼，伏枕口占，沉沉睡去；醒後錄塵允白、杏泉，並謝諸君子〉，《後蘇龕合集》，頁226。

〔註202〕施士洁：〈前調七疊韻（傲樵六疊索和，時予與允白話故鄉事，七疊酬之）〉《後蘇龕合集》，頁347。

〔註203〕許南英：〈壽施耐公六十初度〉，《窺園留草》，頁140。

〔註204〕許南英：〈和施耐公六十初度見贈之作並次原韻〉，《窺園留草》，頁141。

充滿希望：

> 馳逐文場皆弱冠，浮沈宦海共灰心。
>
> 羨君氣節龍之蟄，有子和鳴鶴在陰。〔註205〕
>
> 舊日盈庭卓卓英，而今宇宙不垂名。
>
> 風流異代推前輩，經濟中華屬後生。〔註206〕

他們在相同遭逢的對方身上找到類似的經驗，有了相通的感情；他們賦詩抒情、相濡以沫，互相安撫對方飄泊了十多年的魂魄。但歡聚再久，終需一別，施士洁寫下依依離情：「薌江重晤兩忘年，醉我離觴更黯然！便是河梁蘇李別，古來無此意纏綿！」〔註207〕並期待再續後會之期：「浪跡頭銜署散仙，薌江重訂再來緣。此間可有耆英會，觴詠風流致仕年。」〔註208〕果真，民國三年，許南英、汪春源在施士洁的引介下赴鼓浪嶼菽莊為菽莊主人賀四十壽辰，〔註209〕之後，也都加入菽莊吟社，他們共處的時間更多了，情誼也得以再進一步發展。從施士洁薦舉許南英和林菽莊認識〈和允白韻兼示菽莊主人〉的詩句來看，對於能在半生亂離之後再與海東書院舊交共聚吟社觴詠，施士洁充滿欣喜之情：「到此寧然已死灰，得宗天賦是樗材。相逢剩水殘山裡，私幸鬮詩汐社來。」〔註210〕

民國五年九月，許南英在林菽莊的介紹之下，到蘇門答臘棉蘭為張鴻南編輯服官事略。一年之後，遠在異地的許南英難忘與詩友在菽莊吟社的文酒之歡、鬮詩之樂，他寫下〈秋日懷人〉組詩寄回國內：

> 迢遞江關問起居，沈腰潘鬢近何如？
>
> 饑來大府猶分俸，老去空山自著書。

〔註205〕許南英：〈汪杏泉壽辰登堂拜祝，書此誌感，即以奉賀〉，《窺園留草》，頁134。

〔註206〕許南英：〈和耐公送關介堂原韻〉，《窺園留草》，頁139。

〔註207〕施士洁：〈杏泉汪大令以詩壽我兼以贈別，如韻答之〉，《後蘇龕合集》，頁228。

〔註208〕施士洁：〈前詩草草，意有未盡，再疊四首〉，《後蘇龕合集》，頁228。

〔註209〕汪春源：〈叔臧侍郎暨淑配龔夫人四十雙壽〉：「媿我卻超剛入幕，效顰聊旨祝延詩。」又〈叔莊主人四十有八壽〉：「憶昔甲寅逢閏夏，於今八載又張筵。」「甲寅」年即民國三年，這一年閏五月，汪春源剛入菽莊吟社。《菽莊主人四十壽言》（未著錄出版資料）書中亦有許南英〈壽林叔臧侍郎四十初度〉、〈賀林叔臧侍郎暨淑配龔夫人四十初度逢閏重慶〉諸詩，也是民國三年時許南英到菽莊賀壽時的作品，許贊堃誤編在民國二年。《窺園留草》，頁144、頁145。

〔註210〕施士洁：《後蘇龕合集》，頁232。

暖擁群花醇酒後，狂吟小草劫塵餘。

子平易數吾能說，磨蝎韓蘇似不虛。（施耐公山長）

髫年文字竹溪西，香火因緣手共攜。

獻賦相如春走馬，著鞭越石夜聞雞。

鄉心瀛島縈雲樹，宦跡章江認雪泥。

猶記印須求我友，林公祠宇夕陽低。（汪杏泉大令）〔註211〕

最後，許南英客死異鄉，施士洁祭弔之文中曰：

世幻道坎，君行萬里，君客日里，君今死矣！然予之生，不如君之

死也；微特予生不如君死，即君之生，抑不如君之死！〔註212〕

「生不如死」，是施士洁在遭逢世變時代、家山破碎被放逐，並在經歷種種坎坷與生活折騰後的心聲，他既爲許南英悲痛，也爲自己及同時代人悲痛。

施士洁與汪春源仍一起參加菽莊吟社的活動，但兩人之間並沒有酬唱吟和的作品留下。或許可以說，許南英病歿之後，海東四子這一群體的往來情況也就逐漸消散於無形了。民國十一年，施士洁過世；民國十二年，汪春源過世。海東四子的一生情緣，就如施士洁〈後蘇龕詩鈔自序〉中所說：「回念海東諸子，死生離聚於浩劫中□，如隔一世。」〔註213〕

海東四子群體並不是一個正式的組織，所以四子之間的交往活動，並沒有任何的因素會加以牽制，他們之間的交往與其情誼的發展，純粹繫連於他們曾同聚海東書院共筆硯、同屬臺灣傳統知識分子的身份，以及共同遭遇臺灣割讓，被迫成爲遺民，內渡後卻又再一次面對時代巨變——革命事起，朝代更替。在這樣飄泊亂離的時代裡，人命如絲，動如參商，沒有人能預料未來。施士洁〈耐公六十自祭文〉中自嘆一生：「琴焦爨下，錐伏囊中，一生磨蟻，到處泥鴻，駢枝贅拇，朽禿成翁。而今已矣，漏盡鳴鐘，天人交迫，貧病相攻。」〔註214〕許南英〈自壽〉：「百年賸此肉皮囊，歷盡艱難困苦場。」、「蒼狗白雲隨變幻，紅羊黑氣幾消沉？浮生大夢隍求鹿，詭遇羞稱御獲禽。」〔註215〕而丘逢甲〈秋懷八首，次覃孝方韻〉：「萬古興亡閃電過，百年人事幾蹉跎。海枯石爛英雄盡，木落江空涕淚多。」〈秋懷次前韻〉：「三十登壇往事

〔註211〕許南英：《窺園留草》，頁195。

〔註212〕施士洁：〈寄祭許允白文棉蘭日里〉，《後蘇龕合集》，頁432。

〔註213〕施士洁：《後蘇龕合集》，頁1。

〔註214〕施士洁：《後蘇龕合集》，頁387。

〔註215〕許南英：《窺園留草》，頁200。

過，英雄兒女兩蹉跎。他鄉白髮愁邊滿，故國青山夢裡多。」〔註216〕他們的晚期作品中流露的心境有其不同之處，但都同樣充滿世變時代的悲情。在亂世兵燹劫灰之後仍能倖存已是萬幸，還能與故交重逢相聚那更是難逢機緣，所以，海東四子他們的亂世情誼更顯難得。

　　整體來看，海東四子情誼的維繫，是以許南英為中心的，這和他「多情」個性有關係。不過，雖然許南英分別和丘逢甲、施士洁與汪春源皆有來往，但是檢閱他們留存的作品，內渡之後，丘逢甲和施士洁、汪春源之間並無交往。固然四子作品遺佚、未錄的情形不少，但其中沒有一點丘與施、汪往來的蛛絲馬跡資料，甚至，連提及對方的文字記錄都沒有，因此可以確定：他們在內渡之後並沒有連繫往來。事實上，丘逢甲、施士洁、汪春源三人若想連繫對方、再續情誼，是有不少的機會的。首先，是許南英。許南英與丘逢甲於光緒二十四年重逢之後，即與丘逢甲維持往來的關係，一直到他知道丘逢甲於光緒二十二年即已築成澹定邨後，這段友誼慢慢淡薄。但他在光緒三十四年時，即和施士洁聯絡上了，依他明顯的「海東」群體的意識，他一定有對施士洁提及丘逢甲的事；但是，施、汪、丘三人並沒有透過許南英這一條線連繫上。第二，丘逢甲居留粵東，施士洁則往返晉江、廈門之間，兩處距離並不遠，就如施士洁所說的「我頃僑鷺門，望潮僅咫尺」；〔註217〕更何況，以他們進士出身、割臺後內渡的相同身份，再加上他們有共同的朋友，〔註218〕有心相會是沒有問題的。所以，他們的不相往來應是有意避開的。

〔註216〕丘逢甲：《嶺雲海日樓詩鈔》，頁250、頁251。

〔註217〕施士洁：〈鷗塵「潮州荔枝詞百首」題後〉，《後蘇龕合集》，頁177。

〔註218〕從詩集中作品可以知道他們結交的朋友有重疊，一是自潮州至廈門的謝鷗塵。自光緒三十年起，施士洁和謝鷗塵往來頻密，一直到民國三年謝鷗塵過世。施集中收錄許多他與謝鷗塵的唱和作品。而謝鷗塵與丘逢甲也是相識的。（〈蘭西將去潮，次鷗塵韻送之〉，《嶺雲海日樓詩鈔》，頁255。）另一是鄭陶齋。施士洁有詩〈和鄭陶齋觀察「七十自壽詩」韻〉，詩注云：「鄭陶齋嘗總理彭剛直公營務。」（施士洁，《後蘇龕合集》，頁198）而丘逢甲送王豹君入蜀之詩是和彭剛直的韻的。（丘逢甲：《嶺雲海日樓詩鈔》，頁216。）另外還有同是來自臺灣而在大陸仕宦的陳望曾。透過共識的朋友要得知對方的訊息是很有可能的。

第四章　海東四子的交游與活動方式

　　施士洁、許南英、丘逢甲三人的交游圈都很廣，朋友也都非常多，就三人詩集中往來唱和的詩友人數來算，施士洁集中提及的詩友有三百四十多人，許南英有一百六十多人，丘逢甲有二百二十多人；事實上，他們往來的朋友有些並沒有在詩集中提及，因此真正的人數不只這些。不過，雖然提到的詩友有這麼多，但是很多詩友只有一次或兩次的唱和，也就不在這裡介紹；另外，也有不少往來頻密的詩友卻沒有留下什麼資料，方志文獻裡也找不到資料，因此無法在此介紹。

　　介紹四子的交游，若用時地分類的方法來呈現困難且紛雜，因為這個時代環境變化劇烈的關係，更因為乙未割臺，人們在流轉的時空裡轉輾遷徙變動頻繁，無法單以時或地一種關係將之分類。這裡就以四子為經分成四節，下繫其所交往的朋友，再於第五節討論四子與詩友間的詩文活動情形。

第一節　施士洁的交游

　　一、白鸞卿：字仲安，河南人。咸豐十年，任臺灣知縣；同治元年，調署嘉義。正值戴萬生圍城，白鸞卿矢志守城。同治五年，再任臺灣知縣。

　　二、楊寶吾：字西庚，湖北靖州人。光緒元年任嘉義縣令，光緒二年因案黜職。在臺時與施士洁往來唱酬。

　　三、夏獻綸：字芝岑，號筱濤，江西新建人。同治十二年，以福建船政提調署臺灣道。整飭吏治、開山撫番、折衝洋務。光緒五年，卒於任。

　　四、祁征祥（1852～？）：字星階（施士洁詩中有時稱為辛陔），雲南人，

光緒庚辰進士。

五、周長庚（1847～1892）：字莘仲，又字味禪，福建侯官人。同治元年舉人，選建陽教諭。光緒十年，署彰化縣學教諭。施九緞以清丈不公，率眾圍城，周長庚曉諭利害，乃得緩師。邑令欲誅脅從者二十四莊，周長庚極力調護，幸得保全；卻因此而為蜚語所中，乃棄官內渡。曾參與斐亭詩鐘會，唐景崧稱其為閩中作手。著有《周莘仲廣文遺詩》。

六、鄭祖庚：字星帆，福建福州人，清光緒舉人。鄭星帆是林維讓（林維源之兄）的女婿、林熊祥的姑丈。光緒十九至二十一年間，他曾在臺北唐景崧幕僚中，也參與牡丹詩社活動。

七、唐景崧（1838～1903）：字維卿，亦作薇卿，號南注，又號請纓客，廣西灌陽人。同治四年進士。中法越南戰役中，自請赴越，說服劉永福黑旗軍效順。光緒十一年，以功授臺灣兵備道；光緒十三年四月履任；光緒十七年，陞臺灣布政使，駐臺北；光緒二十年，署臺灣巡撫。在臺時獎掖藝林，常邀僚屬如宦臺者王貢南、陳鳳藻、羅大佑等，以及臺地文士施士洁、丘逢甲、汪春源等，於道署內斐亭召開文酒之會，扢雅揚風，蜚聲壇坫；北調後，成立牡丹詩社，冠蓋雲集，吟詠不輟。詩鐘雅吟所得，輯成《詩畸》。乙未割臺事起，唐景崧被推為民主國總統，卻未戰離臺，造成民主國分崩離析。著有《請纓日記》、《詩畸》。

八、唐贊袞：字韡之，江蘇善化人。同治十二年舉人。光緒十七年調署臺澎道，旋補臺南知府，署理臺灣道兼按察使。輯唐景崧、王貢南、羅大佑、施士洁、丘逢甲等人在澄懷園中唱和之作為《澄懷園唱和集》，著《臺陽見聞錄》。

九、羅大佑（？～1888）：字穀臣，江西德化人。同治十年進士。光緒十三年署臺南知府。光緒十四年四月卒於任上。著有《栗園詩鈔》。

十、王毓青：字貢南，福建閩縣人，光緒十四年舉人。為唐景崧在臺北時的幕僚，曾參與牡丹詩社活動。

十一、倪鴻：字雲癯，又字耘劬，廣西人。光緒年間來臺署知縣，與施士洁同在唐景崧幕中。

十二、易順鼎（1858～1920）：字實甫，又字中碩，號眉伽，晚號哭庵，湖南龍陽人。光緒舉人，曾任廣東欽廉道。甲午中日戰爭屬主戰派，乙未到臺灣，欲協助臺灣民主國義軍，聞臺北失守折赴臺南，見事不可為而去。與

臺人唱和，激昂慷慨。工詩，宗中晚唐詩，著有《琴志樓全書》、《嶺南詩錄》、《四魂記》。

十三、林鶴年（1847～1901）：字謙章，號鐵林，又號氅雲，晚號怡園老人，福建安溪人。光緒十八年渡臺，辦理茶釐船捐等局務，暇與臺灣士紳酬唱吟詠。臺北建省，唐景崧爲布政使，每開文酒之會；乙未新正，林氅雲以海舶運致牡丹數十盆，唐景崧喜之，定詩吟會名曰「牡丹」。乙未，攜眷內渡，居廈門鼓浪嶼之怡園，自號怡園老人。其子爲林輅存。著有《東海集》、《福雅堂集》。施士洁與林鶴年常相唱和酬贈，有〈毓臣與林氅丈訂咄嗟之局，余爲手柬，速客比至，而余外出，彼此相左，因戲以博氅丈一笑，并毓臣〉。〔註1〕林氅雲死後，施士洁應林輅存之請，爲林鶴年書編輯、寫序。

十四、林輅存：字景商，林鶴年子，號怡園小主人，福建安溪人。曾隨父到臺，寄居淡水。割臺事起，隨父返回廈門鼓浪嶼。曾掌教安溪、考亭書院。林輅存舉經濟特科，留心時務，曾上書變法，光緒帝任用總理各國事務衙門英國股章京職；戊戌政變事敗，避居日本，又出遊歐美；歸國後，曾任福建諮議局議員。民國成立，任參議院議員、眾議院議員。因家業在臺，故常到臺灣考察商務，經營茶、樟腦、金礦業，並與臺地士紳多所往來。中日合創廈門東亞書院，林輅存任監督，以中學爲體、西學爲用，月課以策論經義詩學算學。〔註2〕

十五、陳文騄（1840～1904）：字仲英，號壽民，又號南孫，晚號槁叟，湖南祁陽人。同治十三年進士，光緒十年任金華知府；光緒十八年，任臺北知府；光緒二十年，任臺灣兵備道。乙未割臺議成，亟謀對抗，賦詩勉勵諸將。編有《陳氏清勞錄》。

十六、胡傳（1841～1895）：字鐵花，又字三守，號鈍夫，安徽績溪縣人，爲胡適父親。光緒十七年，他應臺灣巡撫邵友濂之邀任全臺營務處總巡，光緒十八年改臺南鹽務總局提調；光緒十九年，代理臺東州隸知州。乙未事起，居於臺東的胡傳並不知情，因此錯過清廷指定的官員內渡時間；後來他到達臺南與劉永福見面，被以軍法處置。〔註3〕胡傳有〈和王藍畇孝廉臺灣秋興八

〔註1〕 收入鄭鵬雲《師友風義錄》（陳支平主編：《臺灣文獻匯刊》，福建：廈門大學
　　　　出版社，2004 年 12 月），頁 11。

〔註2〕 吳魯：〈林氅雲先生家傳〉，收入陳漢光：〈林氅雲先生家傳詩鈔〉，《臺灣文獻》
　　　　第十七卷第三期，1966 年 9 月，頁 141。

〔註3〕 楊若萍：《臺灣與大陸文學關係簡史》（上海：上海文藝出版社，2004 年 3 月），

首〉，施士洁有和韻之作〈臺灣雜感和王蔀畇孝廉韻，胡銕華太守同作〉。

十七、曾雲峰：字青孺，安平縣人，光緒間舉人。〔註4〕

十八、呂敦禮（1871～1908）：字鯉庭，號厚菴，爲三角仔莊呂汝玉長子。幼承家學，與林癡仙有同筆硯之親。乙未年內渡避亂，嗣後返臺，致力於實用之學。爲櫟社創社九老之一，隱於詩酒。著有《厚菴遺草》。施士洁〈泉垣旅次，呂厚菴文學自臺中三角莊來，贈予日槧宋林和靖、明高清邱二詩集。厚菴父汝玉上舍、叔汝修孝廉，予二十年前友也〉詩中提到與呂敦禮父呂汝玉、叔呂汝修是故交。

十九、鄭安國（1872～1939）：字以庠，號養齋，鄭用鑑之孫。乙未內渡歸籍泉州，因家業在臺，不久即回臺。閉戶讀書，不預俗事。發揚詩學不遺餘力，重振竹梅吟社，又任社長；常與瀛社、桃社聯吟；民國二十八年主辦「五州聯吟會」，會聚全島各地詩人。

二十、陳槐澄（1877～1940）：字槐庭，又字心水，號沁園，彰化鹿港人。善古文詩詞，割臺後所作激楚淒滄。爲臺中櫟社社員，另又組鹿苑吟社、大冶吟社，爲騷壇健將。曾任臺中州協議會會長，主持街政十二年，熱心公益，設學闢路，貢獻良多。著有《沁園詩草》。交遊遍海內外。

二一、魏清德（1886～1964）：字潤庵，新竹人。日據時任臺灣日日新報記者、漢文部主任，前後達四十年之久；被推爲新竹州議員。爲瀛社社員，並爲第三任社長。著有《魏潤菴詩草》。

二二、王松（1866～1930）：字友竹，又字寄生，晚號滄海遺民，新竹人。弱冠時即入北郭園吟社與鄉先達唱和。乙未內渡遇盜，復重歸竹塹；不樂仕進，好吟詠，宏揚詩教。著有《滄海遺民賸稿》、《臺陽詩話》。

二三、蔡壽星：字樞南，彰化鹿港人。光緒十二年進士；光緒十八年，掌教彰化白沙書院。

二四、吳逢清：字瀓洲，又作澄秋，號水田，竹塹人。性淡遠，喜讀書。同治十三年入縣學，光緒十二年舉歲貢，光緒十七年署臺灣縣學訓導。乙未割臺，攜眷內渡，不久即返竹塹，以教讀爲業。

頁71。

〔註4〕作品僅見〈和徐仞千原韻〉、〈東園賞菊〉，收入賴子清：〈臺南詩文社〉（《臺南文化》（新）第8期，1980年1月），頁132。曾守湯等撰：《重修臺灣省通志·文學》（南投：臺灣省文獻委員會，1997年12月），頁410。

二五、鄭鵬雲（1862～1915）：字毓臣，號北園後人，原籍福建永春，同治四年，與父視鄭祥和自福建遷居竹塹北門；光緒九年入臺北府學，光緒二十年食廩餼。以同姓之誼，出入鄭如蘭門庭，後爲編撰鄭氏族譜。日據時，任新竹廳囑託，受知縣櫻井勉器重，多所唱和，並配授紳章、出派揚文會。光緒二十三年冬，承櫻井勉命與曾逢辰共修縣志，惜縣廳改制撤辦，未竟全功，即今之《新竹縣志初稿》。經常往返於福建、臺灣，活躍於各詩社。曾任福建瀛僑會館理事。光緒二十七年，北上京師謁肅親王，條陳興革意見，然未得要領。曾到日本，留有詩作。著有《師友風義錄》。

二六、林爾嘉（1875～1951）：字眉壽、叔臧，一字菽莊，晚號百忍老人，臺北板橋望族林維源次子，著有《林菽莊先生詩稿》。割臺後內渡，寓居廈門鼓浪嶼，築菽莊，並創立菽莊吟社，召邀文士宴飲唱酬不知凡幾。光緒年間，奉派爲廈門保商局總辦、商務總理，推動廈門各項工、商務實業，厥功甚大。民國肇立，被舉任國會議員、市政會會長等職。積勞成疾，赴瑞士養病，又漫遊歐陸而返。自是不聞理亂，幽居菽莊。大陸淪陷後，返回臺灣，復創小壺天吟社。

二七、林景仁（1893～1940）：字健人，號小眉，別署蟬窟主人，臺北板橋人，林爾嘉長子。性穎悟，才便捷，從施士洁學。乙未年內渡，與家人避亂廈門。爲菽莊吟社一員，與施士洁、許南英、汪春源等人雅集吟詠。曾留學英、法、日等國，也曾侍父遊歷南洋、歐美、印度等地，足跡遍及海內外。民國十二年回臺，創立鐘社，與會詩友作品輯爲《海東鐘聲》。後赴瀋陽任僞滿洲國歐美情報司司長，客死異鄉。著有《摩達山漫草》、《天池草》、《東寧草》等詩集。

二八、莊棣蔭：字怡華，號慶民，著有《耕餘吟草》。爲林維源之外甥，內渡後寄寓鼓浪嶼菽莊，與菽莊吟社詩友相互唱和。後回臺居於臺北，與謝雪漁、魏清德等人唱酬不斷。

二九、邱緝臣（1859～1922）：臺灣嘉義縣人，頗富文名。光緒二十一年舉家內渡，歸籍於福建漳州。民國之後，僑居越南、爪哇、緬甸等地多年，回國後寓居上海。於六十四歲時自滬回鄉，未幾即謝世。著有《丙寅留稿》。〔註5〕又有《越南吟草》，佚失。

〔註5〕葉國慶：〈丙寅留稿、繡英閣詩合刊序〉，收入《丙寅留稿、繡英閣詩合刊》，

　　三十、邱韻香：邱韻香隨父邱緝臣內渡時年六歲，受父親影響也成為詩人。其後適霞陽著名書畫家楊文升，夫妻兩人詩、畫合璧，是文壇一段佳話。邱韻香曾參加廈門菽莊吟社活動，集中有應菽莊吟社於民國十年時所舉辦的「三九雅集徵詩」活動的入選詩作。〔註6〕邱韻香樂善好施，得享高年。宣統元年，邱韻香寄呈詩作給施士洁，表明「願拜門牆」之意，施士洁對其亦讚許有加：「萬丈塵中一腐儒，忽開老眼見明珠」，自此展開師生情緣，詩文互相酬贈，往來頻繁。後因有人以「陳無忌」為名，批評施士洁寫給邱韻香的詩中措辭不當，這段師生關係也就中斷了。不過，後來施士洁仍然為邱韻香的詩集寫序文。

　　三一、黃鴻翔：臺灣嘉義縣人，光緒二十八年中為舉人，乙未年內渡後定居於福建漳州。曾任廈門教育會會長、福建省議會議員。〔註7〕

　　三二、黃宗鼎：黃宗鼎（1864～？），字樾澂，淡水人。光緒十五年舉人。割臺事起，黃宗鼎與汪春源、羅秀惠等人上書督察院抵制。內渡後，曾任山西夏縣、蒲縣、永濟等縣知縣，福建建寧、河南蘭封知事。民國時被聘為北京市文史研究館館員。曾任漳州丹霞書院講席。著有《浣月齋吟稿》。

　　三三、王少濤：字雲滄，別號小維摩，臺北人。畢業於日據臺北師範學校。擅長詩畫，山水尤有逸趣。曾任廈門旭瀛書院訓導。

　　三四、陳浚芝（1855～1901）：字瑞陔，號紉石，竹塹人。光緒八年舉人。曾入梅杜、竹梅吟社，以及臺北牡丹詩社。掌教新竹明志書院、臺北明道書院。乙未年內渡，歸籍福建安溪。光緒二十四年，補行殿試中進士；後任考亭書院山長。著有《嬾雪窩詩鈔》。

　　三五、周殿薰：字墨史，清孝廉。民國時被舉為議員，同文書院漢文部主任。

　　三六、黃瀚：字雁汀，光緒年間舉人。曾任廈門禾山商業學校校長。著有《禾山詩鈔》。〔註8〕

　　三七、江春霖：字仲默，號杏邨，晚號梅陽山人，福建莆田人。文章經緯經史，正直敢言，雖親貴不避。光緒二十年進士，後補江南、遼寧、河南、

　　頁1～頁2。
〔註6〕　邱韻香：〈哀安海〉，《丙寅留稿、繡英閣詩鈔合刊》（福建：東山圖書館，1989年4月），頁43。
〔註7〕　汪毅夫：〈赤嵌歸然家已毀，邱遲老去有薪傳〉，收入《臺灣近代詩人在福建》（臺北：幼獅文化事業有限公司，1997年），頁190。
〔註8〕　黃瀚：《禾山詩鈔》（未著錄出版資料）。

四川諸道的監察御史。在職時不畏權貴，以直聲震朝野。他曾八次上書，列舉袁世凱與權貴朋比爲奸及禍國殃民的劣迹；也曾上書彈劾慶親王奕劻賣官貪賄，貪污腐敗。宣統二年，因嚴劾清廷權貴措詞過激而被黜，返里居家。著有《梅陽江侍御奏議》、《江春霖集》、《江杏邨詩存》等書。

三八、陳祖琛（？～1925）：字劍門，號蓀田，福建同安人。任廈門同文書院董事，與友共創廈門電燈公司，振興廈地商業，被舉爲總商會協理；革命事起，組保安團維持地方安寧。

三九、小竹德吉：明治四十三年，領事菊池義郎蒞任，得其援助之力，而有旭瀛書院之實現，小竹德吉爲首任院長。大正二年秋，小竹因病歸臺就醫，不幸在臺病逝。〔註9〕

四十、菊池義郎：菊池義郎於明治四十三年三月、明治四十四年十月、大正二年四月三次到廈門任日本駐廈領事。在任期間常與當地文士雅集聯絡；施士洁有〈送贈日本領事官菊池義郎〉、〈別菊池慧摩領事假歸日本受篆舫山〉、〈感時十二絕句，緣寄廈門菊池領事、臺南鈴村官司〉相與唱合。〔註10〕

四一、山吉盛義：號米溪，通今博古、工詩善書，日本駐廈門領事館書記，於明治三十六年十一月到任，〔註11〕駐廈多年，經常與廈門士紳雅集吟詠、相互酬酢。光緒三十年，首次回國，施士洁等人在南普陀寺設宴餞別。光緒三十二年，奉日本外部徵召回國，廈門士紳在鼓浪嶼開送別會。

四二、石坂莊作（1870～1940）：明治二十九年來臺，寄居顏雲年家中；受聘於臺灣日日新報。他熱心地方公益，明治三十六年創立基隆夜學校；明治四十二年，創立私人圖書館「石坂文庫」。

第二節　許南英的交游

一、陳仲英：見施士洁交游一節。

二、易順鼎：見施士洁交游一節。

三、吳彭年：字季籛，餘姚人。入臺爲劉永福幕客，往來公文多經其手。

〔註9〕收入陳支平主編：《臺灣居留公報》（福建：廈門大學出版社，《臺灣文獻匯刊》，2004年12月），頁214。

〔註10〕收入陳支平主編：《臺灣居留公報》（福建：廈門大學出版社，《臺灣文獻匯刊》，2004年12月），頁275。

〔註11〕收入陳支平主編：《臺灣居留公報》（福建：廈門大學出版社，《臺灣文獻匯刊》，2004年12月），頁275。

爲人慷慨熱烈。乙未在臺率軍防守，臺北事急請援，向劉永福請命出軍北上；與日軍遇於彰化八卦山，獨揮七星旗與敵決戰；孤軍無援，後中礮而死。

四、王漢秋：字咏裳，或作詠裳、詠翔，臺南人；性不羈，慷慨任俠，交友以恕，常一諾耗千金，無少吝；雅好詞章，素以文名。〔註12〕乙未避亂回晉江，光緒二十五年，在泉州參加科試，獲經策優等。〔註13〕未幾客死。他是許南英「聞樨學舍」時期的詩友，兩人往來唱和頻密；他也曾進入海東書院，成爲施士洁門生；內渡後初期仍有詩文往返，惜不久王咏裳即亡逝。

五、陳鳳昌（1865～1906）：字卜五，號鞠譜，臺南人。性豪邁，俠義之士。光緒十一年邑庠生。吳彭年爲臺事戰亡，陳鳳昌爲文祭弔；後又背負其遺骸歸鄉，並贈金安恤其遺孤。乙未之役中，曾走叩軍門，向劉永福請募軍赴前線驅敵，未得批准，慨然與人曰：「劉帥亦碌碌者！」後奉劉永福命守臺南，事敗後攜眷渡廈門；在廈與林竹癡等人組東海詩社。後歸臺學賈。常與胡南溟酣飲高談國事時局，不能自己。〔註14〕

六、蔡國琳（1843～1909）：字玉屏，號春巖，臺南人。同治十三年，與楊士芳等人籌議，請建延平郡王祠，奉旨核准，於光緒元年完工。光緒八年舉人，〔註15〕設教延平王祠，謝汝銓等人爲其門生。光緒十六年以鄉試第三名授職國史館。返臺，許南英推薦他擔任蓬壺書院山長。日據時，曾攜眷歸廈門，次年即又返臺。臺南知事磯貝靜藏聘其編輯縣志，又任臺南參事。著有《叢桂堂詩鈔》。

〔註12〕王咏裳詩作，〈聞警〉、〈過鐵砧山〉、〈稻江紀別〉三首，連橫《臺灣詩乘》、王松《臺陽詩話》皆有收錄，陳漢光《臺灣詩錄》（南投：臺灣省文獻委員會，1984年6月，頁903）中另收有〈鷺江客邸〉、〈題客邸壁〉兩首；丘煒萲《五百石洞天揮塵》（上海：上海古籍出版社，續修四庫全書集部1708冊，頁220～頁221）又收有〈採蓮曲〉兩首、〈太眞〉、〈送淨上人往嵐山住持〉、〈山行〉、〈悼亡〉、〈步陳岳生無題原韻〉、〈題梅花畫扇〉、〈有寄〉、〈即事作〉，還有玉鳳校書〉、〈寄臺南諸戚友〉、〈口占〉、〈旅邸懷人〉、〈韓冬郎〉等。另外《鳳山采訪錄》（南投：臺灣省文獻委員會，頁290、頁310）收了他呈報〈曾節婦事實〉、〈朱節孝婦事實〉兩文。

〔註13〕《臺灣日日新報》明治32年12月3日：「臺士與選：此回戴少懷科試泉州廩生員，臺籍士子取列膠庠者，尚未定額，其廩生取列經解優等者，則有王漢秋……」

〔註14〕連橫：〈陳鞠譜傳〉，收入《雅堂文集》（南投：臺灣省文獻委員會，1992年3月），頁63

〔註15〕曾守湯等撰：《重修臺灣省通志・文學篇》記蔡國琳於光緒十八年壬辰中舉，但依臺灣銀行經濟研究室所輯之《清季申報臺灣紀事輯錄》（臺北：臺灣銀行，1994年7月，頁1073）中所記，蔡國琳是在光緒八年（壬午）中舉。

七、陳望曾（1862～1929）：字省三，號魯村，福建漳浦人。同治九年舉於鄉，同治十三年中進士，授內閣中書；先後署廣東雷州、韶州知府、三任廣州知府。後奉委提調廣東海防兼善後總局，管理全省軍需。思慮周密，治事有恆，士民愛戴。光緒三十四年，擢任廣東勸業道，振興實業，建設地方，不遺餘力。民國成立後，隱居香港。陳望曾熱愛鄉土，關心故里，每有鄉親造訪，以禮相待，深得臺人士崇敬。

九、王少濤：見施士洁交游一節。

十、林爾嘉：見施士洁交游一節。

十一、林景仁：林景仁《摩達山漫草》、《天池草》、《東寧草》都收有寫給許南英的贈詩。〔註16〕也有一首是酬贈許贊元。

十二、陳日翔：字藻耀，號梧岡，光緒十一年鄉試中舉；捐道銜，出任中國駐呂宋總領事。〈窺園先生詩傳〉：「陳梧岡先生自授秘魯使臣後，未赴任，蟄居廈門；因清鼎革想邀先生落髮為僧，或於虎溪巖邊築室隱居。這兩件事都未成功，梧岡先生不久也謝世了。」《臺灣日日新報》：「陳藻耀日翔，前奉兩廣總督李傅□相派委到呂宋各埠觀察商務，本年春間，請假回廈。」〔註17〕許南英長子許贊書取陳日翔長女為妻。

十三、謝瑞琳（1879～1921）：號籟軒，別號石秋，臺南人。日據後，為延續國粹，與趙鍾麒、連橫等人創立南社，擊缽吟詠；應連橫之邀，任臺南新報漢文部記者。後到日本神戶經商，從事貿易。民國十年卒於異地。其子輯其作品成《謝籟軒詩集》。

十四、謝國文（1889～1938）：字星樓，號省廬、醒廬，臺南人，著有《醒廬遺稿》。謝籟軒為其叔，同為南社社員。民國四年，東渡日本留學，因感日人對臺人的歧視，於留學時加入新民社，回臺後參加臺灣文化協會之民族運動，並與同志發刊《臺灣青年》雜誌。於餘暇創文虎社，提倡燈謎運動。〔註18〕

十五、趙鍾麒（1860～1936）：字麟士，號雲石，別署畸雲，臺南人。光緒十三年補廩，四赴秋闈未售，臺灣既割，遂絕念不求仕進。性敦厚，喜引

〔註16〕三詩集收在《臺灣風物》第22卷第3期，1972年。

〔註17〕《臺灣日日新報》明治33年9月9日。

〔註18〕吳家顯：〈醒廬詩及謎遺稿序〉，收入謝國文：《省廬遺稿》（臺北：龍文出版社，1992年），頁9。

掖後進。日據後，曾任法院通譯。與連橫、謝石秋、陳渭川等人組南社，並任第二任社長。又與連橫、洪鐵濤、王開運等人創辦「三六九小報」，鼓吹漢文，貢獻甚大。著有《畸雲小稿》。

十六、胡殿鵬（1869～1933）：字子程，號南溟，安平人。乙未隨父內渡，寓居廈門，數年後重回灣。任《臺澎日報》記者，與連橫共主筆政；連橫在廈門創辦《福建日日新報》，胡南溟內渡相助。

十七、吳筱霞：爲許南英親戚，亦拜許南英爲門師。民國元年許南英回臺，就住在吳氏嘯霞樓。臺灣語言專家吳守禮即吳筱霞之子。

十八、謝汝銓（1871～1953）：字雪漁，別署奎府樓主人，又號奎府樓老人，臺南人。少從蔡國琳門下學。與許南英有表親關係，乙未年曾佐許南英辦團練抗日。日據後，入臺灣總督府國語學校國語部；曾任臺灣日日新報記者，又任「昭和新報」、「風月報」主筆。明治四十二年，與林湘沅、洪以南倡設瀛社，爲吟社第二任社長。明治四十五年六月，到菲律賓赴任馬尼拉「公理報」記者，途中並與許南英會面。著有《雪漁詩集》。

十九、林馨蘭（1870～1923）：字湘沅，又署湘畹，號六四居士，臺南人。好吟詠，從蔡國琳門下學；兩次應鄉試未第。割臺後內渡，兩年後返臺經營家業，任全臺日報、臺南新報、臺灣日日新報記者，爲提倡漢文、發揚詩學盡力。爲南社社員，移居臺北後，與謝汝銓創立瀛社。著有《湘沅吟草》。

二十、顏燦慶（1875～1923）：字雲年，號龍吟，北臺礦業鉅子。能詩文，爲瀛社社友；民國元年，〔註19〕築環鏡樓成，廣邀名流，擊缽唱和。著有《環鏡樓唱和集》、《陋園吟集》。

二一、林祖密（1878～1925）：字季商，號式周，臺中霧峰人，爲林朝棟三子。乙未割臺，舉家內渡漳州，未幾返臺處理家業；目睹日人暴虐，遂暗

〔註19〕環鏡樓告成日期，或有以爲是在民國三年，即大正三年（1914），如朱仲西主編《基隆市志·文物篇》：「環鏡樓唱和集自序：歲壬子，擇地基津，……閱兩歲，而堂初就，榜曰環鏡樓。」又謝汝銓〈全島詩人大會紬緒〉：「顏雲年築華屋於基津，署名環鏡樓。大正三年，小春望日，舉行落成式，柬邀全島騷人戾止，大啓吟筵。余表兄許允伯先生自鷺江歸，投宿艋津余家，延主詩盟。……是爲全島詩人大會之濫觴。以所得佳章編爲環鏡樓唱和集」但許南英回臺一在民國元年，一在民國五年。顏雲年〈新居告成聊以自慰即成一律〉則刊登在《臺灣日日新報》大正元年9月16日，同日報紙並有洪以南、許梓桑、沈相其的賀詩，而且許南英唱和詩作編在元年。《臺灣日日新報》大正元年12月3日又有刊文：「環鏡樓成，顏雲年舉行瀛社大會，又柬邀全島吟朋雅集吟詠，所得作品刊成《環鏡樓唱和集》。」故環鏡樓告成日期仍需再探清。

中資助抗日義軍；失敗後，退居閩廈。亦曾資助閩地革命活動；民國成立，袁氏稱帝，乃參與討袁、護法行動，被命爲閩南軍司令；國父北伐，他被調任爲參議兼侍從武官。其在閩地時從事實業開發，又致力水利建設，貢獻頗大。與許南英爲姻親。

二二、沈琛笙（1870～1944），字琛笙，號南岳傲樵，清泉縣人。光緒二十八年中舉，光緒三十年留學日本學習法政，學成回國後任兩廣鹽運使。因目睹政治腐敗，遂改入廣東法政大學任教。宣統三年，許南英與沈琛笙相識於廣州聽秋聲館，談藝甚歡。民國二年，許南英任龍溪縣令，聘沈深笙修龍溪志，然事後不成。民國三年，與許南英同訪菽莊吟社，後入菽莊吟社，主編《菽莊叢書》。著有《寄傲山館詞稿》、《壺天吟》。

二三、張魯恂：字昭芹，樂昌人。以拔貢選授廣東陽春縣學訓導，親課生童，教化大行。光緒二十七年舉於鄉，改派四川，以知縣用。

二四、丘煒萲（1874～1941）：號菽園，又號嘯虹生，福建海澄人，著有《菽園贅談》、《五百石洞天揮麈》、《嘯虹詩草》。光緒十九年舉人。乙未割臺，丘煒萲奔走上書，不報。光緒二十四年，寓新嘉坡，自號星洲寓公，創辦「天南日報」。主張維新變法，光緒二十六年，贊助唐才常組織漢口自立會，策畫於東南地方舉事，然秘洩無功。後接辦「振南日報」、任「星洲日報」副刊主任，對民國初年軍閥內戰多所誅伐。〔註20〕許南英內渡寓廈門時始識丘菽園。《五百石洞天揮麈》文述：「明年丙申，余來星洲，君亦以訪親踵至。」〔註21〕丙申年即光緒二十二年。

二五、張耀軒（1861～1921）：原名鴻南，廣東嘉應人。其兄張榕軒早歲到南洋謀生，張耀軒其後南下助其兄營商，均成巨富。兄弟兩人俱熱心維護南洋華人權益，張耀軒後來擔任中國駐檳榔嶼副領事。

二六、江春霖（1855～1918）：見施士洁交游部分。

第三節　丘逢甲的交游

一、謝道隆（1852～1915）：原名長聰，字頌臣，又作頌丞，揀東堡人。

〔註20〕張叔耐：〈丘菽園傳略〉，收入丘煒萲：《菽園詩集》（臺北：文海出版社，1974年），頁7。
〔註21〕丘煒萲：《五百石洞天揮麈》（上海：上海古籍出版社，續修四庫全書集部1708冊，2002年）。

入邑庠，受業於吳子光，與呂汝玉昆仲遊，博覽呂家所藏書；然不屑爲章句儒，有古烈士風。與丘逢甲爲中表昆弟，丘逢甲組義勇抗日，謝頌臣亦募鄉勇助之。乙未事敗，與丘逢甲同渡廣東，次年即再回到臺灣，以醫術救人。營生壙於睦督科山，邀文人置酒高會，與會者皆歌詩以張之。著有《科山生壙詩集》、《小東山詩存》。

二、吳子光：字芸閣，廣東嘉應人，同治四年中舉，後入臺，寄籍淡水，先後在淡北、苗栗、竹塹設帳教學。光緒三年，在岸裡社文英書院開館講學，後受聘於彰化三角仔呂家，呂汝修兄弟、丘逢甲等人皆受教於門下。著有《吳子光全集》。〔註22〕

三、呂汝玉昆仲：呂汝玉（1851～1925）：字庚虞，號縵卿，著有《璞山詩卷》。〔註23〕明治三十年授鄉紳，明治三十七年任臺中參事。呂汝修（1855～1889）：字賡年，光緒十四年舉人，著有《餐霞子遺稿》。〔註24〕呂汝成（1860～1929）：字鶴巢，號錫圭。世居彰化三角仔。三人皆以能文見稱，文壇譽爲「海東三鳳」，作品合刊爲《海東三鳳集》。呂汝修與丘逢甲交情尤其深厚，〈次韻答丘仙根四十韻〉詩中，表達出其對丘逢甲才學的推崇；呂汝修亡逝時，丘逢甲有〈哭汝修同年〉三首，沈痛哀傷。

四、傅于天：字子亦，號覽青，與呂氏中弟、丘逢甲同在吳子光門下受業，深受吳子光器重，著有《肖巖草堂詩鈔》，〔註25〕連橫以爲其詩「力求工穩，不爲誇大之辭」。〔註26〕光緒七年，與丘龍章、丘逢甲父子及呂氏兄弟共同遊歷臺南，當時的唱和作品合爲《竹溪唱和集》，又稱《同人集》。

五、陳萬青：字選初，淡水銅鑼灣人。廩生，讀書博學強記，吳子光以衣鉢期之。爲丘逢甲的表兄，丘逢甲亦與之相善。箋註宋湘《紅杏山房詩》，未竟全功而卒。

六、包容：字喆生，一字哲生，號哲臣，江西南昌人。光緒十四年七月署臺南安平知縣，九月調署嘉義，值施九緞事起，包容緝匪靖事，全境乃安。其在任上，深體民情，嘉人士感德之。光緒十七年陞署臺南知府，嘉人徵詩頌其德。光緒十八年改任基隆同知，光緒二十年卒於任。

〔註22〕王國璠輯：《吳子光全集》（臺北：臺灣史蹟研究中心，1981 年）。
〔註23〕收入《海東三鳳集》（臺北：臺灣史蹟研究中心輯，1981 年 6 月）。
〔註24〕收入《海東三鳳集》（臺北：臺灣史蹟研究中心輯，1981 年 6 月）。
〔註25〕傅于天：《肖巖草堂詩鈔》（臺北：龍文出版社，2001 年 6 月）。
〔註26〕連橫：《臺灣詩薈雜文鈔》（臺北：臺灣銀行，1966 年 3 月），頁 43。

七、唐景崧：見施士洁交游一節。

八、唐韓之：見施士洁交游一節。

九、陳季同（1851～1907）：字敬如，號三乘槎客，福建侯官人，著有《西行日記》、《三乘槎客詩文集》。爲福州船政學堂首屆畢業生，曾留學歐洲，任駐法參贊。光緒十年到臺灣任劉銘傳幕賓；割臺事起，臺灣民主國成立，〔註27〕陳季同擔任外務大臣，事敗後內渡。

十、俞明震（1860～1918）：字恪士，一字確士，號觚齋，晚號觚庵，浙江山陰人。光緒十六年進士；光緒二十年，入臺灣巡撫唐景崧幕；乙未事敗，唐景崧內渡，俞明震亦去。著有《觚庵詩存》。

十一、黃遵憲（1848～1905）：字公度，廣東嘉應人。光緒二年中舉；出任日本使館參贊。光緒二十一年，以三品大臣出使德國；光緒二十四年出使日本，未行，以黨禍受羅織，解職歸籍。著有《人境廬詩草》、《日本國志》。

十二、王恩翔（？～1905）：字曉滄，廣東嘉應人，貢生出身，與丘逢甲、丘煒菱俱友善；戊戌政變後與丘逢甲迭有唱和，作品集成《金城唱和集》。光緒二十六年（1900），與丘逢甲同到新加坡考察僑務，後居留南洋。著有《鷦鴣村人詩稿》。

十三、潘飛聲（1858～1934）：字蘭史，號劍士，廣東番禺人。曾就德國之聘在柏林講學。後返國主香港《華字日報》筆政；光緒二十五年（1900），創辦《實報》。著有《說劍堂集》。

十四、林朝崧（1875～1915）：字俊堂，號癡仙、無悶道人，著有《無悶草堂詩鈔》。爲林朝棟從兄弟。乙未內渡，光緒二十八年回臺，與陳懷澄、林南強、蔡啓運等人成立櫟社。宣統三年，梁啓超訪臺，櫟社邀集全島詩人於萊園。民國三年，參與「臺灣同化運動」，追求臺人人權。

十五、洪棄生（1867～1929）：學名一枝，字月樵，臺灣鹿港人。臺灣淪陷後，改名繻，字棄生。在日據時代他特立獨行，秉持春秋大義，不與日本人妥協。所作詩歌多表現時代色彩，頗富詩史精神。曾遊歷中華八州，並將遊歷所見寫成《八州詩草》，另著有《寄鶴齋詩話》、《寄鶴齋古文集》、《寄鶴齋駢文集》、《中西戰紀》、《中東戰紀》等書。

十六、鄒魯（1885～1954）：原名澄生，字海濱，筆名亞蘇，廣東大埔人。

〔註27〕王松《臺陽詩話》：「乙未，臺灣改立民主國，即陳季同先生所建議也。」（南投：臺灣省文獻委員會，1994年5月），頁55。

家境微寒，自幼知克苦、學聖賢。十五歲自覺天資魯純，改名曰「魯」。十八歲進潮州韓山書院學習。早年創辦學堂，推動新式教育；二十一歲加入革命行列，爲中興會會員；二十二歲進入廣東法政學堂。二十七歲在廣州辦「可報」，鼓吹革命排滿；民國成立後，曾任國會議員、政務委員委員，又參與討袁、護法、討伐陳炯明、北伐等行動；民國三十九年到臺。著有《中國革命史》、《日本對華經濟侵略史》、《鄒魯文存》等書。

十七、沈慶瑜（1858～1918）：字志雨，號愛蒼，別號濤園，福建侯官人。光緒十一年舉人，以其父沈葆禎功恩賞主事籤發刑部。曾任辦江南水師學堂、上海吳淞清丈工程局、湖南按察使、河南布政使等職。宣統三年，調任貴州巡撫。與陳衍交好。著有《正陽集》、《濤園集》、《濤園詩集》等書。

十八、邱菽園（1874～1941）：見許南英交游一節。

二十、梁居實：字詩五，又字仲遂，嘉應州白土堡人。舉人出身，在廣東主講羊城書院多年；曾以參贊隨節出洋，考察西方社會政治經濟文化之發展情形，見聞甚廣，具有維新思想。與丘逢甲相交甚篤，力促丘逢甲創辦嶺東同文學堂，後又結爲兒女親家。

第四節　汪春源的交游

汪春源留下的唱和作品並不多，而且他的交游圈和施士洁、許南英多有重疊，可以搜尋到的友人資料也不多。不過，這裡仍立一節將汪春源友人名單列出，以說明其交游對象。若此人資料已在施士洁交游、許南英交游二節中出現，則不再重覆。

一、祁征祥：見施士洁交游一節。

二、李占五：祁征祥友，汪春源被選入衙署後，祁征祥聘李占五教導汪春源。

三、黃宗鼎：見施士洁交游一節。乙未事發時，他與汪春源同時在京，共同上書呈文反對割臺。

四、羅秀惠：字蔚村，蕉鹿，別署花花世界主。臺南人，光緒間舉人。乙未事發時，他與汪春源、黃宗鼎同時在京，共同上書呈文反對割臺。亂平後返臺，任臺澎日報漢文部主筆，協修臺南縣志。與謝汝銓等人創設新學研究會。

五、唐景崧：見施士洁交游一節。

六、丘煒萲：見許南英交游一節。

七、沈琛笙：見許南英交游一節。

八、林景仁：見施士洁交游一節。

九、林爾嘉：見施士洁交游一節。

十、陳望曾：見許南英交游一節。

十一、鄭鵬雲：見施士洁交游一節。

十二、陳祖琛：見施士洁交游一節。

十三、山吉盛義：見施士洁交游一節。

十四、賀春波：南投人，擅畫梅。民國六年汪春源返臺時曾探訪但未遇，有和詩兩首。

十五、龔顯鶴：民國七年，淡北保安宮徵聯競技，他與汪春源共任評審，選出十二名作品，並刊載於《臺灣日日新報》大正七年十一月一日。

第五節　交游活動方式

海東四子的交游活動方式非常多樣而且活動範圍廣泛。他們經常雅集吟詠、敲詩鬥韻，一方面切磋詩藝，一方面連繫感情；他們也彼此觀摩詩作文集、互寫題詞跋文，既是惺惺相惜、也能鼓動文風；他們或是宴飲唱酬、歡迎餞別，或是徵詩競技、賀節慶生，同樂之餘又生色藝林。他們題寫廟柱楹聯、編纂方志，他們藉報紙以遞訊息、又辦雜誌以倡風雅，他們題畫、書帖互贈……等等，在這些活動中，既能發揮社交聯誼的作用以增進彼此情誼，又能抒發情感以明心志，同時又有競詩較技的熱鬧歡喜，充分達到扢揚風雅的目的。海東四子的各項交游活動具有顯著的文化性、生活性與社會性。下面按照四子交游活動的方式分項敘述說明。不過，分項敘述是爲方便說明，在實際的交游活動中常會兩種或三種方式同時發生，呈現立體豐富的活動狀態，這是必須先了解的。

一、文、詩、詞社

詩人結社雅集始自北宋。會有詩文社的集結，除了相互刺激學習、爭奇競技之外，有時是爲了宣揚共同的詩文創作主張，有時是爲了相同的政治目標而結合；透過詩文社的活動，詩人們彼此欣賞也彼此認同。連橫〈臺灣詩

薈發刊序〉說：

> 夫以臺灣山川之奇秀，波濤之澎湃，飛潛動植之變化，固天然之詩境
> 也。涵之、潤之、收之、蓄之、張皇之、鼓吹之、發之胸中，驅之腕
> 底，小之扢雅揚風之篇，大之爲道德經綸之具，內之爲正心修身之學，
> 外之爲齊家治國平天下之道，我詩人之本領固足以卓立天地也。

詩文之學「足以卓立天地」，是詩人藉以修養「內聖外王」之道的方法，這不僅是連橫對詩文的看法，也是臺灣詩人在創作時的自我期許。臺灣歷史多變，多變的歷史使得四子流離異鄉甚至浪跡海外，海東四子無論是在臺灣或大陸，參與詩文社的活動都非常頻繁；他們在詩文社的活動中，一方面抒寫一己的情志，另一方面也和詩友們切磋詩藝、聯繫感情。

（一）文　社

丘逢甲〈繼而有師命〉〔註28〕一文，是參加設於彰化縣岸裡大社（揀東上堡）的文英社課藝寫作獲得第一名的作品。光緒三年，吳子光在文英社開館，後來應神岡三角仔呂家之聘，在呂家筱雲軒開館，當時，丘逢甲與呂汝玉、汝修、錫圭、傅于天、謝道隆、陳萬青等人都在吳子光門下；丘逢甲會參加文英社的課藝活動，應和吳子光有關。〔註29〕丘逢甲另有〈君子以文〉〔註30〕一文，是參加「文蔚社」課藝獲得第一名的作品，文蔚社是道光年間成立於今天臺中南屯的文社。〔註31〕

這段期間，丘逢甲與呂汝修感情最好，呂汝修比丘逢甲大了十多歲，對丘逢甲的才華極爲誇獎，〈贈仙根三首〉之三：「彼此高吟繼八叉，翡床珊架足生涯。天爲曲江鍾小友，人誇文信結童才。奇章合織機中錦，佳句應籠壁上紗。料想江淹才盡後，一枝彩筆落君家。」〔註32〕光緒十五年，呂汝修卒，

〔註28〕見丘逢甲：《丘逢甲遺作》（臺北：世界河南堂丘氏文獻社，1998 年 12 月），頁 120。

〔註29〕施懿琳等編：《臺中縣文學發展史》（臺中：臺中縣立文化中心，1995 年 6 月），頁 49。伊能嘉矩：《臺灣文化志》下卷（臺中：臺灣省文獻委員會，1991 年 6 月），頁 297。

〔註30〕見丘逢甲：《丘逢甲遺作》（臺北：世界河南堂丘氏文獻社，199812 月），頁 120。

〔註31〕施懿琳等編：《臺中縣文學發展史》（臺中：臺中縣立文化中心，1995 年 6 月），頁 87。

〔註32〕引自呂汝修：《餐霞子遺稿》，收在《海東三鳳集》（臺北：臺灣史蹟研究會，1981 年 6 月），頁 136。

丘逢甲詩云:「廿年朋舊兩諸生,萬卷藏書屢借荊。相詣何曾過十日,共談不覺過三更。」「千古敢期文苑傳,一生邅了孝廉科。於今欲作憂天想,只剩狂夫涕淚多。」〔註33〕

(二)詩社、詞社

1、聞樨學舍

光緒四年,許南英投入塾師的行列,先是為廣儲東里林家聘為教師;光緒八年,又接受蔡綺卿之聘為教授;許南英教學有成,光緒十二年時,蔡綺卿子蔡應臣參加縣試得列前茅。〔註34〕同時,許南英在窺園創設一個學塾,名為「聞樨學舍」,他一邊教學,一邊與朋儕觴詠。「聞樨學舍」時期是許南英生涯裡一個重要階段,因為「私塾教育」原是許南英堅持的志業,若非臺灣割讓被逼離鄉,許南英或許就如此過一生了。許南英對於塾師身份是肯定的,他在〈窺園漫興〉詩裡說:

天生傲骨自嶙峋,不合時宜只合貧。

容我讀書皆造化,課人藝圃亦經綸。〔註35〕

當時聞樨學舍的學友有王詠翔、林致和、邱君養、陳鳳昌、陳梧岡、陳岳生等人,與許南英亦師亦友、相互鼓勵,其中,與王詠翔感情最融恰。〔註36〕

2、崇正社〔註37〕

光緒年間,許南英在臺南成立崇正社,以崇尚正義為主旨,常和詩友雅集於竹溪寺聯吟。〔註38〕依據許南英作於民國元年的〈趙雲石贈詩,即步原韻二首〉:「竹溪溪傍舊詩壇,十八年來指一彈。」〔註39〕來推算,那麼崇正社的詠觴勝會活動一直持續到許南英內渡為止。當日集聚賦詩聯吟的詩友有那一些人?以下是按照許南英詩作推敲所得。〈和王泳翔留別臺南諸友原韻〉:「文壇猶記竹溪西,一隊鞭絲帽影齊。」竹溪寺是崇正社社友聚會的地

〔註33〕 丘逢甲:〈哭呂汝修同年三首〉,收入《丘逢甲遺作》(臺北:世界河南堂丘氏文獻社,1998年12月),頁139。

〔註34〕 許南英:〈聞蔡綺卿司馬令嗣(應臣)縣試前茅,書以誌喜〉,《窺園留草》,頁7。

〔註35〕 許南英:《窺園留草》,頁27。

〔註36〕 見筆者碩士論文《許南英及其詩詞研究》第二章第三節。

〔註37〕 參考筆者〈臺南「崇正社」、「浪吟詩社」、「南社」創立問題辨正〉,收入《臺南文化》新51期,2001年9月,頁77。

〔註38〕 許贊堃:〈窺園先生詩傳〉,收入《窺園留草》,頁246。

〔註39〕 許南英:《窺園留草》,頁107。

點，此詩是許南英和王泳翔離臺前寫給詩友的作品，而王泳翔不僅是聞樨學舍的學員，也是崇正社的詩友。民國元年許南英首次回臺灣，在〈南社同人在醉仙樓開歡迎會，酒後放歌〉一詩中提到與會聯歡的詩友，其中，「獨留天水老詩豪（趙雲石），高鋸騷壇執牛耳」、「鬑眉尚認老邱遲（邱及梯）」、「元龍未除湖海氣（陳筱竹、陳獻其）」、「黃梁夢醒一盧生（盧韞山），仍在人間作遊戲」、「黃、洪俱是舊通家（黃拱五、洪坤益）」這幾句詩句的口氣是與故交敘舊的口氣，趙雲石等人應是許南英離臺前的舊詩友。吳筱霞是許南英的門生，其花園嘯霞樓「樓對竹溪西，欄杆與竹齊」，〔註40〕他也應該有參加崇正社的竹溪雅集活動。另外，從謝石秋寫給許南英的「一夢春婆休未休？宮移羽換幾經秋」〔註41〕詩句來看，他也是相識多年的舊詩友。

崇正社成立的時間較早，不像日據時期熱烈繁衍、肩負文教脈傳的詩社那麼到受到重視，但是崇正社對臺南文風的推動有闢墾之功，詩友多認為「崇正社係南社淵源所自」，因此，「南社諸社友飲水思源，遂有許南英創立南社的想法」，〔註42〕許南英也因此而受到臺南詩友的尊崇。

3、斐亭吟社、牡丹詩社

光緒十五年，唐景崧任臺灣兵備道，先在臺南道署成立斐亭吟社；施士洁有詩記云：

> 去年吟社笑紛爭，消夏樽開不夜城（去夏廉訪於豸署創「斐亭吟
> 社」）。〔註43〕

連橫《臺灣通史》記：「景崧雅好文學，……道署舊有斐亭，葺而新之，暇輒邀僚屬為文酒之會。」除斐亭吟社外，光緒十七年唐景崧陞布政使駐臺北，亦建牡丹詩社。〔註44〕連橫提到牡丹詩社名稱的由來有段韻事：

〔註40〕 許南英：〈嘯霞樓題壁（樓在門生吳筱霞花園，壬子回臺即寓樓上）〉，《窺園留草》，頁108。

〔註41〕 謝石秋：〈附石秋原唱〉，收入許南英：《窺園留草》，頁121。

〔註42〕 許丙丁：〈五十年來南社的社員與詩〉，收入《許丙丁作品集》（臺南：臺南市立文化中心，1996年），頁274。

〔註43〕 施士洁：〈浴佛前一日，唐維卿廉訪招同倪耘劬太令、楊穉香孝廉、張漪菉廣文、熊瑞卿上舍、施又笙茂才遊竹溪寺，次廉訪韻〉，《後蘇龕合集》，頁52。施士洁詩中有注云：「予十年前有題壁詩。」施士洁此處所指之題壁詩，應是光緒七年與丘逢甲、呂汝玉昆仲遊竹溪寺時之作，此處依此推定斐亭吟社成立時間在光緒十五年。

〔註44〕 連橫：《臺灣通史・唐、劉列傳》（臺北：眾文圖書公司，1994年5月，一版二刷），頁1042。

時臺北方建省會，游宦寓公，簪纓畢至。而唐維卿爲布政使，每開
文酒之宴。一日，罃雲以海舶運致牡丹數十盆，適逢盛開，命送之
會；維卿大喜，名曰：「牡丹詩社」。〔註45〕

施士洁有詩記曰：

我憶中丞開府日，牡丹百本闢新年（乙未新正，唐中丞結「牡丹詩
社」）。〔註46〕

林鶴年詩亦云：

牡丹詩社試新茶（是日余餽新開牡丹，公謂可名牡丹詩社），燕寢凝
香靜不譁。牡丹詩社闢新年，官閣梅開主客賢（同參唐維帥幕府）。

〔註47〕

依兩人所記，唐景崧在臺北成立的擊鉢之會正式命名爲「牡丹詩社」是
在光緒二十一年新年的時候。由於「維卿好吟詠，輒邀僚屬爲詩會，臺人士
之能詩者，悉禮致，扢雅揚風，蜚聲壇坫。」〔註48〕這兩個詩社一在南、
一在北，成員遍佈全臺，一時臺人士競爲詩學，對臺灣文風很有影響。當時
詩社聚會最常舉行詩鐘之會。詩鐘是一種具競技性質的詩人集會活動，後來
又轉爲擊鉢聯吟，不論詩鐘或擊鉢，遊戲競技的性質都很濃厚，詩人們也就
在嚴格規定下相較雕琢之能事了。唐景崧後來並將斐亭吟社、牡丹詩社詩人
的擊鉢吟作品合輯而成《詩畸》一書。施士洁、丘逢甲、汪春源都有作品收
錄其中，連橫說：「當是時，臺人士競以詩鳴，而施耐公、邱仙根尤傑出」。
〔註49〕丘逢甲內渡後在〈菊枕詩〉詩中回憶詩社雅集的往事：

維時灌陽公，初出爲監司。兩遷迭持節，風雅照海湄。

從容軍政暇，壇坫迭鼓旗。客並富才俊，主更雄文詞。

秋光翦入卷，袞集名詩畸。苦心極鑴刻，謂可千秋垂。〔註50〕

唐景崧對臺灣文士相當禮遇，當時參與擊鉢之會的臺灣文人除了施、丘、

〔註45〕連橫：《臺灣詩乘》（臺北：臺灣銀行，1960 年 1 月），頁 243。

〔註46〕施士洁：〈意有未盡，輒書紙尾〉，《後蘇龕合集》，頁 128。

〔註47〕林鶴年：〈開春連旬陪唐方伯官園讌集有呈〉、〈疊澐舫韻再酬兼呈灌陽中丞〉，
收入《福雅堂詩鈔》（福建：廈門大學出版社，2004 年 12 月），頁 231、頁 522。

〔註48〕連橫：《臺灣詩乘》（臺北：臺灣銀行，1960 年 1 月），頁 209。

〔註49〕連橫：〈臺灣詩社記〉，收入《雅堂文集》（南投：臺灣省文獻委員會，1992
民國 3 月），頁 99。

〔註50〕丘逢甲：《嶺雲海日樓詩鈔》，頁 10。

汪三人外，還有黃宗鼎、林啓東共五人，許南英未列名其中。〔註 51〕許南英的詩作中並未提及斐亭吟社、牡丹詩社，《詩畸》書中的作者名錄也沒有列錄許南英之名。許南英中進士回臺之後，除鄉里的社會公益活動之外，主要是深入番社從事墾土化番的事業；另外，雖然他和唐景崧、唐贊袞等仕宦人士是認識的，也受唐景崧聘用任臺灣通志局臺南採訪局協修、臺南團練局統領，但是〈窺園漫興〉〔註 52〕中敘述著他中了進士之後仍過著遠離官場的恬淡生活，依照這些資料來看，許南英應是未參與這兩個詩社的活動。

4、南　社

光緒三十二年，連橫、趙雲石、謝籟軒等人在臺南成立南社，與臺中櫟社、臺北瀛社為臺灣三大詩社。民國元年夏天許南英回臺，由於許南英對臺南文風的推動很有影響，因此受到臺南詩友的敬重推崇，回臺期間受到南社社友熱情的招待。他也和南社社友連袂北上，參加中北部詩社的各項活動。他在臺這段時間就住在門生吳筱霞嘯霞樓中，直到冬季才回廈門。在這半年的時間裡，許南英受到臺灣詩壇各界的歡迎，先是南社社友在醉仙樓開歡迎會，接著是臺南紳商學界在臺南公館開歡迎會，他也應邀參加北部瀛社社友顏雲年環鏡樓落成慶祝會，並任全臺聯吟大會的主盟。他又參加瀛社、桃社、竹社、櫟社、南社在新竹鄭氏北郭園的聯合聚會。許南英在社友陪同下重遊竹溪寺、岡山超峰寺等地，有時則和詩友敲詩鬥詩，無論中秋或重陽等節日，他們都雅集分韻鬥詩或同題競技。許南英聯絡故舊知交、也結識新生代詩友。在和詩友雅集聯吟、銜觴賦詩的同時，看到離開了十七年的家鄉的種種改變，許南英心中感慨無限、心緒萬端。回臺前，南社社友在吳園為許南英開餞別會，許南英除〈題南社同人吳園送別圖〉、〈留別南社同人〉詩作外，另有〈吳園送別會人彰記〉〔註 53〕一文，是《窺園留草》一書未收錄的。民國五年四月，許南英應廈門日本領事邀請回臺參加「臺灣勸業共進會」，因此再次與臺灣詩友歡聚，這次停留的時間較短。這次回臺除了常和詩友雅集聯詠之外，他也和詩友重遊許多舊地，如開元寺、延平郡王祠、五妃廟、關嶺等地，在關嶺之遊時還因輕便車脫軌而受了傷。

〔註51〕唐景崧：《詩畸》（臺北：臺灣中華書局，臺灣先賢集五，1971 年），頁 2759～頁 2761。

〔註52〕許南英：《窺園留草》，頁 27。

〔註53〕《臺灣日日新報》，大正 2 年 1 月 12 日。

5、婆娑仙籟吟社

民國二年，施士洁在鄭鵬雲、魏潤菴、王少濤、黃幼青等人支持贊助之下，以振興詩教爲宗旨，成立婆娑仙籟吟社，同時發刊《婆娑仙籟雜誌》。施士洁〈婆娑仙籟吟社自序〉一文中說明知成立吟社事難，但在詩友們鼓動之下仍然進行，並廣招閩臺兩地詩人文友入社。〔註54〕施士洁成立吟社、開辦雜誌，企圖心頗大，他欲以詩壇老成身份，在西風漸驟之際扢揚風雅，保存文粹詩藝。這個計劃得到臺、廈、閩諸地眾詩友的支持。不過，今天所見有關資料除了這篇序文之外，就只有《臺灣日日新報》上報導吟社成立的消息。〔註55〕

6、寄鴻吟社

林鶴壽、林柏壽、陳蓁、蘇鏡潭、吳鍾善、龔亦癯、施普霖七人於民國七年在臺北林家花園之方鑑齋成立寄鴻吟社，人稱爲寄鴻七子，所作常寄邦國之痛。林鶴壽、林柏壽、陳蓁、蘇鏡潭等人與施士洁經常在菽莊雅集聯吟，也相互酬贈唱和，如施士洁集中〈陳鬋僧「五十述懷」索和，即次其韻〉、〈蘇菱槎孝廉出示其先曾王父鼇石制府「公車得意圖」索題，蓋制府未第時同安鄭泳所繪〉、〈讀吳且園殿撰「正氣研齋遺稿」，即題白華庵主僧裝小影，應頑陀公子之屬也〉諸作即是。〔註56〕雖然寄鴻吟社在臺北，不過，施士洁〈秋衾〉、〈秋砧〉、〈秋燈〉、〈秋扇〉等詩，和吳鍾善《守硯庵詩稿》卷七《寄鴻詩社詩草》中之〈秋扇〉、〈秋碪〉、〈秋草〉、〈秋燈〉等詩，和是同題同韻詩作〔註57〕，所以，施士洁曾參與寄鴻吟社吟詠活動。

7、菽莊吟社

菽莊吟社的成立，先是林爾嘉內渡後在廈門鼓浪嶼修築菽莊，於民國二年九月竣工，再於次年成立吟社，《板橋林本源家傳》林爾嘉傳中記云：

> 民國三年七月，公結菽莊吟社於墅中鹿耳礁之西，社侶三百餘人。

〔註58〕

〔註54〕施士洁：《後蘇龕合集》，頁405。

〔註55〕《臺灣日日新報》，大正2年2月8日、3月12日、4月9日、6月8日。

〔註56〕施士洁：《後蘇龕合集》，頁279、頁282、頁293。

〔註57〕吳鍾善〈秋衾〉、〈秋扇〉、〈秋碪〉、〈秋草〉、〈秋燈〉等詩和施詩同韻。收在《守硯庵詩稿》卷七〈寄鴻吟社詩草〉（福建：廈門大學出版社，臺灣文獻匯刊，2004年12月）

〔註58〕林爾嘉：《林菽莊先生詩稿》（臺北：龍文出版社，1992年3月），頁1。《板

其次子林剛義〈先考菽莊詩稿發刊前言〉：

> 先是民國二年，歲次癸丑，先考曾營蒐裘於廈門鼓浪嶼，曰：「菽莊」。……民國三年，歲次甲寅，菽莊吟社成立，吟侶約近千人，唱酬何止萬千！〔註59〕

沈驥〈菽莊詩稿序〉亦記：

> 菽莊別墅，落成癸丑；菽莊吟社，肇自甲寅。〔註60〕

施士洁有詩題記〈菽莊吟社自癸丑至庚申八年矣，花事惟菊特盛，主人屬同社十八子各以八律詠之〉〔註61〕，「癸丑」為民國二年，似乎和林、沈諸人所記不同，施士洁〈菽莊序言（甲寅正月）〉一文只敘寫菽莊莊園，未言及菽莊吟社。菽莊竣工，菽莊主人經常邀晏聯吟，施士洁記云：

> 時或飛牋掃榻，盲杜小冠而來；載酒題襟，聲蘇大瓢以出。會者英於林下，圖主客於詩中，亦足以貢蘺情、營葉語矣。〔註62〕

文酒讌集之際，賓主聯吟唱和以盡歡，想必在菽莊落成那時就開始了，而吟社正式成立，是在民國三年七月時。社員有施士洁、許南英、汪春源、陳望曾、蔡壽星、陳劍門、龔雲史、龔紹庭、蘇菱槎、沈傲樵、吳增棋、周墨史、陳海梅、許贊書、汪藝農等人；他們或是臺灣內渡之文士、或是閩省騷人墨客，大家共聚一堂，文硯交流、鬪詩競技。菽莊似另有成立鐘社，《臺灣日日新報》上有鐘社舉辦詩鐘比賽的消息，時間上比吟社更早。〔註63〕

光緒三十一年，林爾嘉任廈門商會總理時，施士洁為商會坐辦，兩人即交往頻密，「狂生落魄好歌舞，腳跟不踏莊嚴土。逋仙引我向招隄，嚴游老興陡然鼓」、〔註64〕「林逋作主汪倫客，如此風流已足傳。況有狂生陪末座，好

橋林本源家傳・林爾嘉傳》（臺北：林本源祭祀公業印，1985 年 2 月），頁 53。

〔註59〕見《林菽莊先生詩稿》，頁 1。

〔註60〕見《林菽莊先生詩稿》，頁 3。

〔註61〕施士洁：《後蘇龕合集》，頁 312。許南英〈甲寅閏五月七日偕沈琛笙、徐蘊山赴菽莊詩社……〉（《窺園留草》，頁 149。）、汪春源〈叔莊主人四十有八壽〉：「憶昔甲寅逢閏夏，於今八載又張筵。」（見賴子清：《臺灣詩醇》，頁 119。）可為菽莊吟社創於民國三年佐證。

〔註62〕施士洁：《後蘇龕合集》，頁 407。

〔註63〕《臺灣日日新報》大正 3 年 5 月 7 日：「開菽莊鐘社第一集。」16 日：「日前在菽莊園開設鐘社邀集學界名流到園投巷，吟唱鬪詩。」一直到大正 7 年 2 月 23 日，鐘社仍有活動，報上登鐘社詩鐘比賽得獎的作品。

〔註64〕施士洁：〈林菽莊京卿招同陳威季太守、汪艾民司馬、龔叔翊主政、鄧舜農少辱游南普陀巖寺撮影〉，《後蘇龕合集》，頁 165。

將韻事續平泉」，〔註65〕這些詩句是施士洁為林爾嘉留下的側錄。林爾嘉後來築菽莊、設吟社，施士洁自然都參與其中。民國二年秋，施士洁與許南英、汪春源重逢；民國三年五月，林爾嘉四十壽慶，施士洁引介許南英、汪春源進入菽莊：「北海琴尊坐上人，不堪回首舊鯤身。粵東仙吏歸來也，又見詩豪許奉仙。」〔註66〕許南英〈甲寅閏五月七日偕沈琛笙、徐蘊山赴菽莊詩社；夜發薌江，曉至江東橋趨謁黃石齋先生講堂〉一詩，即是這一次拜訪菽莊、為林爾喜賀壽的途中所作。進入菽莊吟社後，施士洁、許南英、汪春源三人有更多時間相聚，也與其他許多舊識新交發展開往來，這一段在菽莊吟社的時間，是他們劫後燹餘、艱辛困頓生涯裡的美好時光，尤其，林爾嘉對詩友提供津貼若干，對他們窘絀的經濟不無小補。

林爾嘉〈壬戌菽莊感事柬耐公樞南杏泉乃賡〉：

> 為有幽居欲避人，轉因風月費留賓。
>
> 無多白社新詞客，半是東瀛舊棄民。〔註67〕

說明他成立吟社的動機。對內渡臺士來說，菽莊吟社成為他們生活中的一個重心點。許南英〈賀林叔臧侍郎暨德配龔夫人四十初度逢閏重慶〉：

> 斯世淪文教，先生有隱憂；狂瀾思一挽，砥柱作中流。拓地開詩社，
> 傍山築草樓。勛名存社稜，經濟寄林丘；文獻推宗主，風騷續勝
> 遊。……羅致多遺老，旁招到故侯；勞勞蓬自轉，息息芥相投。我
> 愧彈馮鋏，公能識卞璆。在山思太傳，借地仰荊州。〔註68〕

他認為林爾嘉成立菽莊吟社不僅成為文獻宗主，提振文教風氣，尤其難得的是，讓勞如蓬轉的臺灣遺老故侯能彼此依靠，這分情意，讓許南英感記在心，寫下：「回思依宇下，寤寐弗能忘」詩句。〔註69〕施士洁〈簡菽莊鐘社主人並諸同志〉表達的也是一樣的想法。：

> 斐亭影事付東流，鐘啞香灰海盡頭！
>
> 塵夢喚醒雙鬢雪，商聲攪碎一襟秋。
>
> 忘機自慣水鷗鳥，涉世真成風馬牛。
>
> 差幸幾行泥爪跡，異時權當吉光留。〔註70〕

〔註65〕施士洁：〈林侍郎別墅讌集次艾民韻〉，《後蘇龕合集》，頁165。

〔註66〕許南英：《窺園留草》，頁232。

〔註67〕林爾嘉：《菽莊詩稿》（臺北：龍文出版社1992年3月），頁12。

〔註68〕許南英：《窺園留草》，頁144。

〔註69〕許南英：〈壽菽莊主人〉，《窺園留草》，頁191。

〔註70〕施士洁：《後蘇龕合集》，頁233。

8、海天吟社〔註71〕

施士洁提到的海天吟社社友有黃瀚、余雨農、周墨史、楊鈍堅、張堯咨、錢文顯、沈少彭、錢晴江、錢選青等人。招請他進入吟社的人是錢選青，施士洁〈壺中天慢（贈錢生選青）〉云：

> 舥舥錢起（謂乃晴江），祖有文孫傳硯，皎如玉樹。招我海天吟社裡，快讀驚人之句。〔註72〕

詩社雅集活動時除了聯吟唱詠之外，亦有詩友妙悟絲竹、彈箏鼓瑟，在鈞天廣樂、冰玉琤琮聲裡，大家詩興更濃了。浮家鷺嶼十多年的施士洁，在和詩友「詠歸風浴共優游，童冠翩翩點與求。鬩韻酣嬉忙擊鉢，嘔詩辛苦笑吞鈎」之際，深感「墨緣信有三生在，浪跡飛鴻爪竟留」、「願乞濂溪功德水，鷺門徧灑墨痕留」，因為與意氣相投的詩友相會，不僅可以鍛詩鍊句、琢磨詩意，更可以慰藉異鄉寂寞、抒發心中鬱結，而施士洁高妙詩藝受到詩友推崇讚譽時，當能稍稍化解其避居鷺水之濱的無奈。

9、鷺江吟社

致於鷺江吟社，施士洁只有〈次李菀菴留別韻〉一詩提及：「菽莊回首過從多，字字天眞見性禾。纔品新詩聯鷺社，又聽別曲譜驪歌。」〔註73〕但是沈琛笙有〈鷺江詩社小集雜詠〉二十多首詩，〔註74〕林爾嘉有〈甲戌暮秋，長江舟上口占，寄鷺江詩友〉〔註75〕一詩，黃瀚有〈天界曉鐘（鷺江詩社近拈此題感作并引）〉、〈鷺江詩社小集，祝坡仙生日三首〉，〔註76〕可見鷺江吟社的成立，是和菽莊詩社社友有關的，而且社務一直持續到民國二十三年時。

施士洁內渡大陸之後參與活動的詩社，還有廈門的浪嶼詩壇，〔註77〕留

〔註71〕施士洁詩作中有〈海天吟社和周墨史韻，兼視鈍堅〉、〈墨史疊韻索和〉、〈黃雁汀孝廉和韻，再疊前韻答之〉、〈余雨農孝廉和韻，三疊前韻答之〉、〈立夏日，錢生文顯招飲海天吟社，坐有張堯咨、沈少彭箏邠交奏。酒後，同黃雁汀、余雨農作。是夕，遲周墨史不至〉數首，及詞作〈壺中天慢〉一闋等作品提及海天詩社。《後蘇龕合集》，頁278、頁294、頁350。

〔註72〕施士洁：《後蘇龕合集》，頁350。

〔註73〕施士洁：《後蘇龕合集》，頁286。

〔註74〕有〈落花〉、〈讀書鐙〉、〈烏江懷古〉、〈病僧〉、〈桃葉渡〉等作品，收入慈廬主人：《沈傲樵父子詩詞選集》（臺北：文海出版社，1979年），頁34～頁39。

〔註75〕林爾嘉：《林菽莊先生詩稿》（臺北：龍文出版社，1992年3月），頁21。

〔註76〕黃瀚：〈禾山詩鈔〉（未著錄出版資料），頁207。

〔註77〕施士洁：《後蘇龕合集》，頁169。

有詩社社題〈視冰〉作品一首,除此之外沒有其他相關資料。

10、南園詩社

丘逢甲居留大陸期間參與的詩社之一是南園詩社。丘逢甲〈南園感事詩〉〔註78〕詩前序言說明了南園詩社成立的原由、地點及聚會形式:

> 南園在文明門外,……兩廣學務處已借以治事,廣東學務公所仍之。前後在事諸子,暇輒為詩鐘之會。當其寸香甫爇,鐘聲鏗然,鬪捷誇多,爭執牛耳。復創為表格,以積分法高下之。體制雖纖瑣,而與會者皆興高采烈,以為此樂不減古人。

丘逢甲於光緒三十年(1904)受聘為兩廣學務處視學、光緒三十年年受聘為廣東學務公所議紳,南園詩社活動的開始約是在這段時間;〈南園感事詩〉序言又記:

> 年來傷離歎逝,意興非昔,然其事尚不輟至今。今年公所始遷地,重重影事,思之憮然。

〈南園感事詩〉是宣統元年的作品,那麼,南園詩社的活動或許於此年畫下休止符吧。至於與會者,除丘逢甲外另有方子順、陳午星、姚伯懷、高嘯桐等人;〔註79〕丘逢甲留下的在南園詩社時的作品有〈旅夜書懷〉、〈山寺〉〔註80〕兩首。

11、著涒吟社

丘逢甲在大陸期間參與的另一詩社是著涒吟社,丘逢甲留下不少依社題而作的作品:〈新樂府四章〉、〈擬杜諸將五首用原韻〉、〈蟲豸詩八首〉、〈菊花詩四律〉〔註81〕等二十一首作品。著涒吟社的聚會似乎頗為頻繁熱烈,可惜沒有查到詩社的相關資料。

12、碧山詞社

民國九年,林爾嘉之弟林爾臯在廈門鼓浪嶼成立碧山吟社,首次向大眾徵詞時,由林爾嘉出面代為徵詞,詞題為〈帆影(氏州第一)〉:

> 菽莊主人啟事:庚申仲春,舍弟爾臯,久客歸來,有碧山詞社之舉,花朝集社侶於菽莊之藏海園,倚聲既竟,爰拈題徵求海內詞壇,廣

〔註78〕丘逢甲:《嶺雲海日樓詩鈔》,頁240。

〔註79〕見丘逢甲:〈南園感事詩〉之三詩中注文。《嶺雲海日樓詩鈔》,頁240。

〔註80〕丘逢甲:《嶺雲海日樓詩鈔》,頁237。

〔註81〕以上諸作見丘逢甲:《嶺雲海日樓詩鈔》,頁230、頁231、頁232、頁235。

續韻事，臨風延跂，無吝珠玉。碧山詞社社題，帆影調寄氐州第一。
限至舊曆四月底截收。擬定次第，分為甲乙丙三等，書卷銀臨時酌
贈。卷交廈門鼓浪嶼菽莊吟社。〔註82〕

施士洁〈氐州第一（帆影），林兵爪碧山詞社題〉、〈前調〉兩詞即為應徵
之作。引錄第一闋作品於下：

愁裡煙波，東望故島，天外鷺羽如織，片葉雲黏，輕花浪皺，微辨
檣腰轉側。思婦樓頭，正盼斷歸鴻消息。隔浦垂陽，沿堤亂葦，動
搖秋色。　　幅幅青蒲遙掛席，篷吹去，渺然無迹。落日催鴉，長
空度鳥，仗半江風力，一聲滄浪□乃，敧篷背斜痕颱碧。目極魂飛
剎那間，神山咫尺。〔註83〕

二、雅　集

詩人所以聚會的原因很多，這一項是指詩文社活動之外的雅集。海東四
子和詩友的聚會，或是遊園踏青、或是擊缽鬥詩、或是宴飲唱酬、或是慶節
賀歲。聚會方式雖異，聯吟同樂的歡喜卻是相同的。這類雅集活動較詩文社
的正式聚會隨機且活潑，卻也都傳為佳話，留下詩作傳世。

施士洁中舉回臺後，常與祁星垓、江子儀、楊西庚、朱樹吾等人口占聯
句、尖叉鬥險，深得詩筆縱橫、驪珠奪句之樂。〔註84〕他有時和詩友出遊，「煖
日和風三月三，與君壺榼出城南」，因為「同輩自然無俗狀」，所以「醉裡難
禁擊缽吟」，盡興之餘，「得句聊須誌爪泥，擷抄寺壁倩人題」。〔註85〕

竹溪寺修竹萬竿、環境清幽，臺南文士多愛朋聚此地，許南英有詞作〈竹
溪雅集〉對詩友雅集之樂做了細膩的描述，云：

隨喜招隄，問城南竹溪；勝日賓朋滿座，浮綠蟻，聽黃鸝。　　酒
餘合有詩，壁間看舊題。日暮玉驄歸去，古松外，夕陽低。〔註86〕

〔註82〕《臺灣日日新報》，大正9年4月10日。
〔註83〕二詞皆見於施士洁：《後蘇龕合集》，頁351。
〔註84〕見施士洁：〈與江子儀、李洪九廣文同集星皆明府旅館小飲聯句〉、〈夏夜與星
　　　垓、子儀即事口占聯句〉、〈春日同朱樹吾、楊西庚兩明府、梁定甫拔牟集飲
　　　吳家聯句〉等詩作。《後蘇龕合集》，頁322、頁328、頁330。
〔註85〕施士洁：〈重遊竹溪寺同劉拙菴楊西庚作〉四首，《後蘇龕合集》，頁15。多年
　　　後，連橫曾在寺壁讀到此四首詩，可惜後來寺院整修，遂被塗抹。《臺灣詩乘》，
　　　頁221。
〔註86〕許南英：《窺園留草》，頁210。

　　光緒二年，施士洁應邀到竹塹北郭園作客，〈鄭稼田觀察招飲北郭園即席賦贈〉是當時的酬贈詩作。光緒七年，邱逢甲和父親、呂汝玉昆弟邀遊郡城，也來到了竹溪寺，並將乘興吟唱之作合集而成《竹溪唱和集》。唐景崧獎掖藝林，常開吟會，施士洁、邱逢甲亦與會唱和，後由唐贊袞袞輯刊成《澄懷園唱和集》。〔註87〕光緒十四年，雲林縣邑新闢八景，縣令陳世烈邀請各地官宦名士一起遊覽觀光，施士洁參與盛會，和其他與會者和韻唱酬，寫下〈雲林新邑八景和陳竺軒邑宰〉〔註88〕組詩八首，逐一頌美邑內八個景點風光。

　　割臺後，施士洁、汪春源、鄭鵬雲、羅秀惠等人曾會於留園，以〈留園雅集席上即事〉爲題，分箋唱和；鄭鵬雲編纂《師友風義錄》時將眾人詩作錄記下來，題名《薌江唱和集》。〔註89〕鄭鵬雲也將光緒三十年時施士洁、鄭鵬雲、林輅存、鄭以庠等人爲駐廈門的日本領事山吉盛義餞別的唱和詩作輯結成《送米溪先生詩文》〔註90〕一書。

　　丘逢甲內渡後常與詩友雅集談詩論文，如光緒二十五年，他與夏季平、莊柳汀等人聚於西園擊缽，有詩云：「一時佳話遍江城，海上喧傳擊缽聲。」〔註91〕民國元年、五年，許南英兩次回臺，都受到臺灣詩友熱烈歡迎，也展開他在臺灣的各項雅集活動，〔註92〕許南英的詩作爲這些活動留下了鴻爪印跡。

　　詩友文酒相會，風雅無限，但不一定都是歡喜快樂的，海東四子雅集詩作記述著人生各種況味。光緒二十四年，邱逢甲與客飲於嶺南前輩詩人黃香鐵故居改建之酒樓，追憶前賢滄桑往事，不禁有時移事變之嘆，詩云：「落日滿城鄰笛怨，酒壚人更弔黃公。」〔註93〕光緒三十四年，許南英〈出京之前一日，王吉臣、幹臣昆季祖餞於陶然亭。是日陰雨，賦此誌感〉詩云：「勝地佛能消刼火，宦情似我著殘局！多情欲別難爲別，別淚紛紛作雨絲。」〔註94〕

〔註87〕連橫：《臺灣詩乘》（臺北：臺灣銀行，1960年1月），頁210。

〔註88〕施士洁：《後蘇龕合集》，頁315。

〔註89〕鄭鵬雲：《師友風義錄》（臺北：臺北文獻委員會，1976年），頁90。

〔註90〕民國五十六年，陳漢光〈鄭鵬雲的詩作及其他〉文中述及此書，應是親見；現搜尋圖書館聯合目錄，未見著錄此書。

〔註91〕邱逢甲：〈西園雅集作〉之一，《嶺雲海日樓詩鈔》，頁99。

〔註92〕許南英兩次回臺留下大量詩作，請參考《窺園留草》頁106～頁132、頁165～頁171。另外，要訂正筆者碩論《許南英及其詩詞研究》頁143的一個錯誤。〈遊臺北基隆雜詠〉一詩創作時間應仍依照許地山的編訂才對。

〔註93〕邱逢甲：〈黃香鐵先生故宅有樓翼然，今斥爲酒家矣，與客飲此，追話遺事，感賦六絕句〉，《嶺雲海日樓詩鈔》，頁69。

〔註94〕許南英：《窺園留草》，頁76。

寫的是依依離別情懷。民國九年，施士洁與詩友齊聚菽莊饋歲，有詩云：「主人饋歲我除歲，翻恐羇愁不可除！眼底神州正蠻觸，杞人何暇憂沈陸？百年三萬六千場，除夕已過六十六！隔江鷺市燈光紅，債臺十丈高摩空。青蠅逐臭蟻旋磨，門前剝啄驚痴聾。」〔註95〕寫的是國勢未安的憂心與年華老去的淒涼。民國五年，許南英到棉蘭任事，異鄉生活的寂寞，是與張杜鵑、徐貢覺等詩友舉觴賦詩才能化解的：「自到南洋，只有今宵暢；醉嘉釀，形骸放浪，佳句宜賡唱！」〔註96〕

三、徵　詩

鄭慧修，新竹人，鄭香谷孫女、鄭擎甫長女、鄭伯端胞妹。鄭女祖母篤信佛教，鄭女亦皈依持戒，守貞不嫁。宣統二年，祖母有疾，鄭女至鼓山禮古月和尚為師，願減算益親壽。宣統三年，祖母疾終，鄭女哀毀卒，年二十六。鄭女卒後，其父兄為其徵詩表著。按貞孝節烈婦女旌表事例：女子之守，未婚曰貞，終事父母不嫁曰孝。鄭女家世顯赫，兄長多人，非因家貧侍親不嫁，不符合開報規定。當時文人多以鄭女讀書知義、事親至孝，又「不蘄於華實、不蘄於妃耦、不蘄於生死」，〔註97〕深悟佛理奧妙；其父兄素具聲望，於文友間徵詩以輓，大家也就以「貞」、「孝」譽頌，美成此事。當時應和者甚眾，除臺省文人外，閩省文壇唱和者亦多；這些輓詩在宣統三年時合編成集發刊。〔註98〕施士洁有〈鄭女篇〉詩，對鄭慧修多所誇獎。詩云：

> 千秋女貞木，香化旃檀出。靈照涅盤處，拜倒優婆塞。引領望閩雲，
> 浮圖高幾級。〔註99〕

汪春源亦有詩〈輓鄭慧修貞孝女〉：「皎然貞孝達於天」、「素璧無瑕合證禪」等詩句，皆是稱頌之意。〔註100〕

蔡愧怙，字文仁，晉江石獅人。少習舉業，弱冠後父病客邸，蔡愧怙親

〔註95〕施士洁：〈庚申除夕，菽莊主人為饋歲會，同吟社諸子作〉，《後蘇龕合集》，頁315。

〔註96〕許南英：〈陪徐貢覺夜宴聯詩〉，《窺園留草》，頁216。

〔註97〕連橫：〈鄭慧修女士傳〉，收入《雅堂文集》（臺北：臺灣銀行，1964年12月），頁68。

〔註98〕《臺灣日日新報》，大正3年1月21日。

〔註99〕施士洁：〈鄭女篇〉，《後蘇龕合集》，頁199。另有代鄭伯端作〈女弟慧修貞女祭文〉一文。《後蘇龕合集》，頁385。

〔註100〕見賴子清《臺灣詩醇》，臺灣分館微捲第239ＡＡＨ號，頁128。

侍湯藥，父歿後扶柩歸里，並改儒就商、照顧家族。後憂勞成疾，藥石無效，因爲文淚墨書，述其支撐門戶、棄儒從商之憾。其後嗣徵求題詠，以闡其德。〔註101〕臺、閩兩地響應甚廣，施士洁〈書蔡愧怙淚墨卷後〉：「閩左豈眞無健者？遺風敢布士夫知。」〔註102〕許南英〈蔡愧怙君臨終淚墨徵詩〉：「筆墨有靈公不死，箕裘勿替子皆賢。表揚善行斯文責，知否先生慰九泉？」〔註103〕皆爲表德彰義而作。

　　菽莊吟社也常常舉辦詩鐘比賽、徵詩活動，施士洁除參加競賽活動之外，有時也擔任詞宗評選作品。〔註104〕菽莊主人林爾嘉與夫人壽辰及婚慶紀念時，施士洁、汪春源等菽莊吟社社友也在報上發布徵詩消息，「廣徵海內外諸交遊各體詩文詞爲賀」。〔註105〕施士洁文名遠播，臺北大龍峒陳培根徵詩鐘、臺南敦源吟社徵詩，都曾聘請施士洁擔任主考、詞宗。〔註106〕

　　旭瀛書院訓導王少濤擅畫，「自署『曾經滄海』一圖，廣徵海內外名流鉅子題詠，兼及書畫，仿爲百衲之製」，施士洁「爰志四絕，爲異日券」。〔註107〕許南英亦有〈王少濤囑題曾經滄海圖畫冊〉一詩。〔註108〕

　　另外，爲表彰忠孝節義、或爲賀壽慶生，四子亦常應邀寫詩。漳州貞節婦劉氏守節六十五年，民國八年時延陵士族葬節婦劉氏於北山並爲徵詠，施士洁以詩頌詠其貞烈精神足使「濁世士夫聞者起」、「倒挽頹波從此始」。〔註109〕王松《臺陽詩話》也提到施士洁應蔡啓運爲苗栗節孝蕭母徵詩所寫的作品：

　　　施澐舫進士（士洁）作樂府一篇以詔來者，亦闡幽揚光之意云。……
　　　古音古節，令人百讀不厭。〔註110〕

〔註101〕〈徵蔡愧怙君淚墨書題詠序〉，刊載於《臺灣日日新報》大正5年2月19日。
〔註102〕施士洁：《後蘇龕合集》，頁245。
〔註103〕許南英：《窺園留草》，頁160。
〔註104〕《臺灣日日新報》大正3年6月13日：「廈門鼓浪嶼菽莊鐘社第六集拈題如左：箱字格第五唱……本期主考施士洁、盧文啓二君，蓋前期之中元者。」
〔註105〕〈菽莊主人徵詩〉，《臺灣日日新報》大正10年11月16日。
〔註106〕〈詩鐘懸賞〉，《臺灣日日新報》大正5年11月11日；〈敦源吟社徵詩〉，《臺南新報》大正10年10月2日。
〔註107〕施士洁：《後蘇龕合集》，頁214。
〔註108〕許南英：〈窺園留草〉，頁133。
〔註109〕施士洁：〈漳州貞節劉氏，幼與同里吳生光珏爲婚，未嫁而吳死。氏年十八，自矢歸吳，奉舅姑以終。先後立孤二人，皆死；抱孫亦死。嫂有老婢重其節，憐其老而病也，躬侍惟謹。光緒甲辰九月，漳有洪水之厄，氏年八十三矣，與婢相持而死。己未正月，延陵士族爲葬於北山而徵詠焉〉，《後蘇龕合集》，頁289。
〔註110〕王松：《臺陽詩話》（南投：臺灣省文獻委員會，1994年5月），頁31。

施士洁應徵之詩作甚多，如〈江杏邨侍御爲母氏林太淑人八十徵詩〉、
〔註111〕〈前勸業道李士偉母湯太夫人七十徵詩〉、〔註112〕〈棉蘭領事張步
青母徐太夫人六十一徵詩〉、〔註113〕〈淡北陳母邱太宜人煉丹活子徵詩冊，
爲其令嗣少白茂才題〉。〔註114〕這些作品有時是施士洁因應詩友介紹、託付
而作，有時則是有仰慕施士洁文名而邀請他，而所得的潤筆之資對施士洁生
活上亦不無小補。

丘逢甲〈藍溪烈婦篇爲上杭族人德妻廖氏作〉、〈崧里烈婦篇爲門下士大
埔何壽慈妻蕭氏作〉、〈烈婦墩行〉、〈烈婦篇爲廣東候補從九品馮景鰲繼室方
孺人作〉、〈侍香集題詞爲孝女許曼儀作〉、〈新池石闕篇〉〔註115〕等作品，則
是丘逢甲爲表彰節烈婦女，將其「千古完名付彤史」而寫作的。

民國五年，許南英、汪春源等人秉「冀挽頹風砭薄俗」、「褒揚節孝吹休
明」之念，聯名上請褒獎足爲壼範的陳母劉太夫人，轉呈至內務部後核准，
並行授與式。〔註116〕許南英有詩〈頌陳母劉太夫人請旌〉賀祝曰：

> 君不見清漳華表蠹如雲，盡是前朝紀績勳；第一新歌褒壼範，請看
> 懷清望峻文。〔註117〕

四、序跋題文

序之體，始於《詩經·大序》，以次第之語序作者之意；後世書序，則
以贈送爲重。題跋的作用類同於序，不過，序在書前，題跋則列在書後，而
且，書前序文多已盡意詳述了，所以，題跋的寫作「當掇其有關大體者以表
章之」，力求簡嚴峭拔。〔註118〕題跋詳分有四：「題、跋、書、讀」，各有其
用；又有題辭一類，「所以題號其書之本末指義文辭之表也」，題辭之類多寫
爲韻語。〔註119〕序文題辭的寫作多是應書作者之請，應酬語自是不少，但
其中也敘述了作者所以著書的目的、過程，以及書籍內容大要，有時更談及

〔註111〕施士洁：《後蘇龕合集》，頁 244。
〔註112〕施士洁：《後蘇龕合集》，頁 276。
〔註113〕施士洁：《後蘇龕合集》，頁 277。
〔註114〕施士洁：《後蘇龕合集》，頁 29。
〔註115〕丘逢甲：《嶺雲海日樓詩鈔》，頁 130、頁 303、頁 304、頁 316、頁 351。
〔註116〕《臺灣日日新報》，大正 6 年 7 月 25 日。
〔註117〕許南英：《窺園留草》，頁 191、頁 192。
〔註118〕吳訥：《文章辨體序說》（臺北：長安出版社，1978 年 12 月），頁 42、頁 45。
〔註119〕徐師曾：《文體明辨序說》（臺北：長安出版社，1978 年 122 月），頁 136。

文潮趨勢、文壇逸事、詩人交往情誼，留下寶貴的資料，而專就書籍出版文獻資料的保存來說，序文題跋也有不小的價值。海東四子所作之序文題跋作品中，「跋」類較少，其他則形式繁多，應是踵事增華的變化現象。此處所論，以爲書籍所作之序文題辭爲對象，有的是四子爲他人作、有的是他人爲四子作，這些序文題辭的價值除上述多種功能之外，也具有詩人切磋詩藝、連繫感情的社會性功能。

施士洁〈臺澎海東書院課選序〉：

> 臺無課選久矣。……今方伯唐公、廉訪顧公、郡伯前護道唐公囑檢
> 近年課藝，重爲評定，付之手民，猶清惠公意也。〔註120〕

由此可知，施士洁在任海東書院山長任內曾編錄了書院課選輯，可惜只有序文留存下來，不過，在這篇近兩千字的長序裡，我們可以清楚看到清領末期臺灣海東書院教育方針仍舊依循陳璸等人樹立之儒學傳統，也能大致明白當時書院的教學目標與內容。光緒二十九年，施士洁爲鄭鵬雲《師友風義錄》寫序；〔註121〕民國二年，爲鄭如蘭《偏遠堂吟草》作序；〔註122〕民國六年，爲施梅樵《捲濤閣詩草》作序；〔註123〕民國九年，鄭用錫《北郭園全集》重刻，施士洁寫了序文；〔註124〕民國十年，爲王松《如此江山樓詩》寫序；〔註125〕這些序文的寫作，讓我們明白：雖然內渡之後就未再返臺，但是終其一生，施士洁仍和臺灣詩友保持密切連繫，爲文友的著作書寫序文是其中之一管道，致於記錄保存下來的文獻資料更是豐富。施士洁在跋文〈剡川龍宮寺碑跋後〉和題辭〈家績宇別駕重刊南浦詩話，郵寄索題〉〔註126〕中，都談到書籍文獻保存的問題，表達了知識份子對文化傳承的關心。〈題省長張君常（元奇）詩集〉〔註127〕則提供我們當時代詩人著作的資料。在閱讀《吳梅村集》後，施士洁連寫了〈吳梅村集題後〉〔註128〕十二首，詩云：「婁東十子最

〔註120〕施士洁：《後蘇龕合集》，頁 353。

〔註121〕施士洁：《後蘇龕合集》，頁 370。

〔註122〕施士洁：《後蘇龕合集》，頁 371。此序文亦刊載於《臺灣日日新報》大正 2 年 10 月 10 日，此又是施士洁與臺灣保持連繫之證明。

〔註123〕見施梅樵：《梅樵詩集》（臺北：龍文出版社，2001 年 6 月），頁 9。

〔註124〕臺灣銀行經濟研究室編輯：《臺灣詩鈔》（臺北：臺灣銀行印行，1970 年 3 月），頁 444。

〔註125〕見王松：《滄海遺民賸稿》（南投：臺灣省文獻委員會，1994 年 5 月），頁 1。

〔註126〕施士洁：《後蘇龕合集》，頁 356、頁 196。

〔註127〕施士洁：《後蘇龕合集》，頁 222。

〔註128〕施士洁：《後蘇龕合集》，頁 276。

翩翩，及第風流況少年」、「多事賣園遭一老，廿年消受萬梅花」、「滄桑家國無窮恨，何止青樓薄倖名」、「絕筆難逃曲裡心，灸眉欸鼻痛何深」，這些詩句不僅是爲吳偉業而寫，也是同遭家國滄桑的自己的心聲。

宣統三年，施士洁、丘逢甲爲邱韻香《繡英閣詩鈔》〔註129〕寫序文，許南英也寫了題辭。邱韻香是臺灣嘉義名士邱緝臣之女，〔註130〕乙未隨父內渡。邱韻香幼承家學，解吟詠，後適海澄楊文升。宣統元年，邱韻香〈呈耐公師〉詩云：「久仰耐公未識公，瞻韓念切寸心中」，並表達願拜門牆心意：「許我程門常立雪，買絲綉作老肩吾。」〔註131〕施士洁許之，並以女弟子稱之。這本文壇佳話，卻有署名陳無忌者書函責怪施士洁所題韻香小影詩以「蘇小」、「眞眞」等語稱之，乃數典不倫，爲識者笑。施士洁〈復女弟子邱韻香書〉〔註132〕信中則表達自己不願老死句下的創作觀。此事之後，兩人師徒關係似乎也就中斷了。施士洁之〈繡英閣詩鈔小引〉以四言成章，寫得瞻雅宏富，如銘贊之體，對邱韻香仍是稱讚不已：「始覺青綾道韞，遠駕王凝」、「不佞看朱碧，知青勝藍」，但對不快舊事仍再重提：「何圖耳耐公名，奉弟子贄」、「拙哉此老，患在爲師」。〔註133〕致於丘逢甲、許南英所題寫的則是嘉勉同鄉後輩用意之作。

許贊堃在許南英過逝後整理其父的詩詞舊作，付梓之前請施士洁、汪春源、沈琇瑩、林健仁題序。他們是許南英舊友，深知許南英一生爲人及詩作風格，他們所寫的序文，除了記述許南英的生平資料以及他們對許南英詩作的評斷，更顯示了他們與許南英的交誼，是研究許南英的重要資料。

另外還有許多題文資料提供我們不少文獻資料。如許南英入海東書院之後寫的〈讀施澐舫山長詩草，恭擬題詞〉〔註134〕，和光緒十五年許南英與邱逢甲、呂汝修一同赴京會試所寫的〈己丑在都，讀呂汝修孝廉詩草，作此以當題詞，並呈邱仙根詩伯〉〔註135〕，由其中詩句來看，措詞謙虛客套，似乎

〔註129〕邱緝臣《丙寅留稿》、邱韻香《綉英閣詩鈔》二集，已由福建漳州東山圖書館於 1989 年合刊出版。

〔註130〕邱緝臣、邱韻香父女資料，可參考汪毅夫：〈赤嵌歸然家已毀，邱遲老去有薪傳〉一文，收入《臺灣近代詩人在福建》（臺北：幼獅文化公司，1997 年），頁 190。

〔註131〕邱韻香：《綉英閣詩鈔》，頁 12。

〔註132〕施士洁：《後蘇龕合集》，頁 376。

〔註133〕施士洁：《後蘇龕合集》，頁 405。

〔註134〕許南英：《窺園留草》，頁 15。

〔註135〕許南英：《窺園留草》，頁 20。

不像許贊堃所說的三個人在光緒四年時即是經常往來的詩友。〔註136〕光緒二十二年，許南英寫有〈題邱煒萲庚寅偶存稿舊刊〉〔註137〕和〈讀邱煒萲觀察詠紅樓夢中人詩冊〉，〔註138〕是他內渡之初轉輾到新加坡訪親因而與邱煒萲結下的一段文字因緣。宣統三年，他爲鄉前輩黃讓臣父親的著作《螺山先生詩集》題寫〈題螺山先生詩集〉一詩。黃讓臣及其父親資料今已不可考，惟有從許南英的題辭及詩序知道：螺山先生曾任陽江分縣令，政蹟卓著，口碑留傳，後卸職退居漳州。民國六年，林景仁《摩達山漫草》一書鑴印出刊，許南英自寫題辭〈題蟬窟主人摩達山漫草〉五律一首，同題又作五古一首，之後，應他人要求代爲題寫〈題蟬窟主人詩卷〉七絕四首、〈題摩達山詩草〉七律一首、〈題摩達山詩草〉五絕四首〔註139〕。在寫作題材相同的狀況之下，許南英嘗試選用不同的詩歌體式創作，這除了表示許南英各式詩體皆長之外，同時也可看出他認眞創作的態度。

唐景崧《請纓日記》在臺出版時，丘逢甲寫了一篇長序，稱頌唐景崧在越南「氣攝虎狼」克服法軍的戰功，又誇譽唐景崧「掎筆繡虎」完成《請纓日記》之難得，〈請纓日記序〉末段云：

> 方今四洋畢達，五大在邊，瀛海終非無事之時，天下正急需人才之日，所願公本繪畫乾坤之筆，爲蕩清海宇之圖，衡齋運覽，陶桓公志靖中原，帷幄陳籌張留侯材堪獨將，將上軍中之日，報方略館，汗簡宏修，掃海上之巢痕紀功碑，濡毫待作。〔註140〕

光緒三十二年，丘逢甲爲王松寫〈題滄海遺民臺陽詩話〉一詩云：「請將風雅傳忠義，斑管重回故國春。」〔註141〕是他對臺灣文壇界的期許。丘逢甲爲謝道隆《科山生壙詩集》所作的序文，則是他與臺灣文壇的另一次接觸。謝道隆在錫督科山間築生壙，常常招引詩友宴飲賦詩其中，轟動當時騷壇，全臺各地詩人紛紛和作，積累的作品輯而刊成《科山生壙詩集》。丘逢甲應謝道隆之請寫序，序文中從個人生死談到家國興亡，正是歷經家國滄桑表兄弟兩

〔註136〕許贊堃：〈窺園先生詩傳〉，《窺園留草》，頁235。
〔註137〕邱煒萲：《五百石洞天揮麈》（上海：古籍出版社，續修四庫全書集部第1708冊），頁175。
〔註138〕許南英：《窺園留草》，頁38。
〔註139〕許南英：《窺園留草》，頁98、頁194、頁196、頁197、頁215。
〔註140〕丘逢甲：《丘倉海先生詩文錄》，收入《丘逢甲遺作》（臺北：世界河南堂丘氏文獻社，1998年12月），頁150。
〔註141〕丘逢甲：《嶺雲海日樓詩鈔》，頁193。

人心中無限之哀感！不過。丘逢甲以爲自營生壙、東山攜妓乃「放達過情之舉」，面對萬事都非的滄桑之變，惟有「知有不變者存，變也以常視之；有不死者存，死也以生視之」，才能坦然。〔註 142〕光緒二十三年，丘逢甲爲丘煒菱《菽園贅談》一書寫序，〔註143〕他扣住菽園書名中之「贅」字，洋洋灑灑陳列了十一條，痛陳從朝政、吏事到教育的家國大事被視爲「贅」事之弊；惟有痛改前非，無遊談、無虛談，自強求實，中國才能強盛。〈菽園贅談序〉一文無論是立論角度或章法安排，都可說是奇絕，也顯示出丘逢甲憂國之深切。

另外，〈題康步厓中翰出塞集〉〔註 144〕、〈題王曉滄廣文鷗鵠村人詩稿〉〔註 145〕、〈說劍堂集題詞爲獨立山人作〉〔註 146〕、〈題裴伯謙大令睫闇詩鈔〉〔註 147〕、〈滋厓同年以吟草偶存及四樓吟集見示題此歸之〉〔註 148〕、〈題張生所編東筦英雄遺集〉〔註 149〕、〈題友卿鸞簫集〉〔註 150〕、〈題劉銘伯制科策後〉〔註 151〕等諸題辭，讓我們對丘逢甲和詩友的交誼有所了解，也提供了許多文史資料。

五、報刊雜誌方志

方志可說是一定地方的百科全書，它不但包含歷史與地理，而且涉及習俗與藝文。方志不僅是是中國文化特徵之一，也是前人遺留給後世之一塊寶。中國修志之風本來就盛，到了清朝，半出於印刷術進步、半出於當局蓄意提倡，共修志四六五五種，創歷朝未有之紀錄。〔註 152〕當時守土者以爲修志是該負的職責，「要能搜羅廢墜、纂輯典故，使天下觀者如身履其地而習其俗，

〔註 142〕丘逢甲：〈科山生壙詩集序〉，收入丘晨波、黃志萍合編：《丘逢甲文集》（廣東：花城出版社，1994 年 6 月），頁 312。

〔註 143〕丘逢甲：〈菽園贅談序〉，收入丘晨波、黃志萍合編：《丘逢甲文集》（廣東：花城出版社，1994 年 6 月），頁 294。

〔註 144〕丘逢甲：《嶺雲海日樓詩鈔》，頁 72。

〔註 145〕丘逢甲：《嶺雲海日樓詩鈔》，頁 70。

〔註 146〕丘逢甲：《嶺雲海日樓詩鈔》，頁 74。

〔註 147〕丘逢甲：《嶺雲海日樓詩鈔》，頁 345。

〔註 148〕丘逢甲：《嶺雲海日樓詩鈔》，頁 321。

〔註 149〕丘逢甲：《嶺雲海日樓詩鈔》，頁 248。

〔註 150〕丘逢甲：《嶺雲海日樓詩鈔》，頁 261。

〔註 151〕丘逢甲：《嶺雲海日樓詩鈔》，頁 186。

〔註 152〕周憲文：〈臺灣通志弁言〉，收入《臺灣通志》（臺北：臺灣銀行，1962 年 5 月），頁 1。

並以彰聖天子一德同風之盛、廣久道化成之治。」〔註153〕在位者高呼，熟悉當地掌故文物的文人仕紳也都熱心響應，共搜文獻、共襄校讎，因大家共有「地以人傳，人亦因之不朽」之冀望。

　　許贊堃〈窺園先生詩傳〉中記：光緒二十年，許南英應唐景崧之聘入臺灣通志總局轄下的臺南采訪局，協修《臺灣通志》，舉凡臺南府屬的沿革、風物，多經他彙纂。未幾，中日戰起，臺南採訪局改為籌防局，許南英任籌防局統領。許贊堃所說的「臺南」，本是臺南府城，光緒十三年臺灣府移至臺中，原府城改稱臺南，而縣稱為安平。〔註154〕那麼，許南英負責編修的應是《安平縣采訪冊》。依通志局監修所留下的記錄，光緒二十年年底，包括許南英未完成之《安平縣采訪冊》及其他各縣廳的原稿送交通志局。由於當時戎馬倥傯，「此稿不知落於何人之手，攜之以內渡。光緒三十三年，日人訪知有此，由其駐福州領事以銀一百五十元購得，送回臺灣，藏諸臺灣總督府圖書館。」〔註155〕伊能嘉矩以為「或謂《安平縣采訪冊》乃深通經史之舉人蔡國琳所修。」〔註156〕致於現今所見之臺灣銀行出版之《安平縣雜記》是否即是《安平縣采訪冊》的一部分，則是無法證實。〔註157〕

　　許南英喜讀志書，他做了地方官之後更是藉著閱讀方志來了解當地的風土民情。他也以為編寫志書是地方官的責任：「南英職司守土，志在搜遺，殺青補牘，詢謀僉同」，所以民國二年他在龍溪縣知事任上時，聘沈琛笙重修《龍溪縣志》。為了修志，他寫了〈募修龍溪縣志啟〉一文，〔註158〕說明修志的十二個原因，又因「里巷述聞，國門易字，蔡倫紙貴，王著筆精，剞劂鳩工，棗梨剞板，僂指重數，種種需財辟如千間之廈，非一木之材；千金之裘，非一狐之腋」，希望大家解囊捐輸，業襄不朽。〔註159〕雖然最後修志未成，〔註160〕但足見許南英對文獻保存的重視及用心。

〔註153〕高拱乾：〈臺灣府志自序〉，收入《臺灣府志》（臺北：臺灣銀行，1960 年 2 月），頁 7。

〔註154〕連橫：《臺灣通史・城池志》（臺北：眾文圖書公司，1994 年 5 月 1 版 2 刷），頁 464。

〔註155〕《臺灣通志・弁言》（臺北：臺灣銀行，1962 年 5 月），頁 1～頁 4。

〔註156〕伊能喜矩：《臺灣文化志・中卷》（臺中：臺灣省文獻委員會，1991 年 6 月），頁 286～頁 287。

〔註157〕《安平縣雜記・弁言》（南投：臺灣文獻委員會，1993 年 9 月），頁 1～頁 2。

〔註158〕沈驥說此啟文是沈傲樵代寫的。見《沈傲樵父子詩詞選集》，頁 19。

〔註159〕《臺灣日日新報》，大正 3 年 5 月 1 日、2 日。

〔註160〕許南英〈聞沈琛笙「重修龍溪縣志」，作此誌慰〉詞中說：「記曩日冷宦初來，

光緒十八年，邵友濂開設臺灣通志總局，各縣、廳均設有采訪局，光緒十九年，唐景崧推薦丘逢甲爲全臺采訪總紳。但因乙未戎馬烽煙，所有纂修舊稿僅遺斷簡殘編。

接著來探析海東四子在報紙這一方面的作爲。最能發揮輿論力量的報紙功效之大，世人皆知。施士洁就說：

> 西杰有言，報章方始。毛瑟百枝，何如片紙？
>
> 世間神物，鐵軌輪舟，新聞一出，速於置郵。
>
> 不翼而飛，不脛而走。萬國五洲，一編在手。
>
> 洛陽紙貴，民知斯開。文明兩字，黃種胚胎。〔註161〕

報紙除啓蒙開新、又是木鐸警鐘，它帶來世界新知，也發表各國情勢；它也可以讓相隔異地的鄉親故友互通消息、互傳情意，千里天涯成咫尺比鄰。因割臺劇變而生離的臺灣子民就藉著兩地報紙互通消息，更時時投遞新作在報上，與分處各地詩友一起品評、唱和。臺灣的《臺灣日日新報》、《臺南新報》、《臺灣新聞》諸報，日日報導福建漳州、泉州、廈門，甚至是全國各省的消息；而福建之《全閩報》、《聲應報》、《南聲報》等也隨時可看到報導臺灣近況的新聞。例如，光緒三十一年，許南英入都門，將所見所感寫成〈戊申入都門感興〉二首，並刊載在《臺灣日日新報》，其「遭逢衰世，憤慨之情」，引起臺灣文士的共鳴，依韻和作，這些作品也都刊登在《臺灣日日新報》。〔註162〕施士洁對報紙的輿論力量寄以厚望，曾說：「君司言責，一髮千鈞。」〔註163〕民國二年，王子鶴以聯絡臺廈感情爲宗旨，計劃在廈門辦《超然報》，施士洁等人都熱烈支持。〔註164〕

雜誌傳遞的速度雖沒有報紙快，但能將主題做更深刻的探討及發揮。民國二年，在林爾嘉、林痴仙等人贊助之下，施士洁擬成立婆娑仙籟吟社，同時發刊《婆娑仙籟雜誌》。這是一份以振興詩教爲宗旨的雜誌，旁及文賦詞曲，每月出版一期，除刊載吟社社友作品外，也接受海內外詩人的創作投遞。對

著意朝縈夕慮。搜羅新朝掌故，奈幾儕謠諑，僉壬含妒！負白石菽莊，牝擲千金把注。」《窺園留草》，頁213。
〔註161〕施士洁：〈江保生全閩報社三週年祝詞〉，《後蘇龕合集》頁391。
〔註162〕《臺灣日日新報》，明治41年7月7日、7月14日、7月30日、7月31日、8月19日、9月2日等。
〔註163〕施士洁：〈丁巳九月，全閩報社十週年三千號紀念祝詞〉，《後蘇龕合集》，頁402。
〔註164〕《臺灣日日新報》，大正2年10月6日、14日。

於此份雜誌的刊行，有人贊成有人反對，最後結局如何不得而知。

六、學堂書院

　　海東四子雖然經過「三更燈火五更雞」的舉子生活，但他們的目的並非在追求功名，而是想藉著中榜後提升的地位及聲望從事教育以栽培人才。施士洁〈短燈檠歌〉詩中寫出了讀書之樂及對功名的排斥：

　　　　生不願銅駝頭，銀雁足，豪門炫我九葦粟；又不願丹豹髓白鳳膏，

　　　　仙家餇我千歲桃，但願今生有書讀，一燈之下樂莫樂。〔註165〕

　　施士洁和丘逢甲在考中進士後回到臺灣擔任書院主講的工作，栽培家鄉子弟；許南英「就花缺處補茅廬，擬似衡門泌水居」的塾師生涯，在他廿四歲未中舉前就開始了，考中進士之後，「課人藝圃」的教讀持續進行外，他也加入番社教化工作行列。他們接受書院教育的學習成長背景，使他們深受儒家思想濡染，「己立立人，己達達人」是他們肩負的責任。內渡之後，各人的遭逢各有不同，但面對列強環伺、國家多難的重重困境，刺激他們深刻去思考：如何培育有用人才，以為國家棟樑。許南英有詩云：

　　　　何以端士習？何以開民智？我當盡我心，瘏苦不敢避。〔註166〕

　　　　貴生講席許登臨，學準條條費苦心。〔註167〕

丘逢甲有詩云：

　　　　自慚冷坐河汾席，將相終思為國儲。〔註168〕

　　　　山多赤土無林學，溪壅黃沙易水災。

　　　　今日樹人兼樹木，早興地利起人才。〔註169〕

　　所以，內渡之後，他們在教育方面也各有各的表現及貢獻。

（一）施士洁

　　施士洁先後掌教彰化白沙書院、臺南崇文、海東書院，菁莪棫樸，多所

〔註165〕施士洁：《後蘇龕合集》，頁5。
〔註166〕許南英：〈邱仙根工部付書王伯崇索畫梅，適余將之任徐聞，倚裝作畫應之，並題此詩〉，《窺園留草》，頁58。
〔註167〕許南英：〈留別徐聞紳士〉，《窺園留草》，頁64。
〔註168〕丘逢甲：〈寄懷瑞鳳綸分轉〉，《嶺雲海日樓詩鈔》，頁169。
〔註169〕丘逢甲：〈去歲往長樂勸學，今聞學堂已開，喜而有作〉，《嶺雲海日樓詩鈔》，頁364。

栽植。施士洁自白沙書院主講移研至海東書院任教十年之後編選院課作品集，並寫下〈臺澎海東書院課選序〉〔註170〕一文記敍此事。他從海東書院的興建、發展，說到書院教育的重要及教育方針、課程內容。自乾隆年間劉良璧、覺羅四明爲海東書院擬定學規以來，就樹立書院的教學目標及課程內容〔註171〕。施士洁這篇文章則特別針對正文體、習舉業這兩點論說。在正文體方面，他深論自明代至清朝各時期文體的演變及各期文風的優缺，最後說：

> 我朝人才輩出：國初熊、劉外，有張京江、韓慕廬、李文貞諸公，
> 以迄桐城派方氏、金壇王氏、宜興儲氏，均能以濂、洛、關、閩之
> 理，運王、唐、歸、胡之法者，學者尤應奉爲圭臬焉！

致於習舉業這一方面，施士洁正視書院教育偏重追求功名這一事實，但是他試圖正本清源，提出「制義代聖賢立言」的說法，糾正「今人分舉業與理義之學爲二事」的錯誤想法：

> 竊惟文以載道，必學養兼到，然後能隨題抒寫，汩汩其來，自綱常
> 名教，以及一名一物，細微曲折，萬有畢備。……學者作文，苟能
> 從經文傳注涵泳而出，而又一一體驗於身心，精實之作，自然不可
> 磨滅。「舉業」二字既認得眞，以爲拜獻之先資可也，以爲經傳之羽
> 翼亦可也。

科舉以經義取士，在使士人由聖賢之言體察聖人之心，並能成爲聖賢之徒，這是國家教育的目的，制義是其末節，不可本末倒置；〔註172〕但若以偏蓋全，菲薄墨卷皆是不堪之物，卻也矯枉過度了。不過，施士洁這一篇文章有個疑點。除了文章首尾兩段內容貼合施士洁寫作時的背景之外，中間正文的大部分和覺羅四明海東書院學規中「正文體」、「習舉業」兩條目下的文字雷同；這究竟是怎樣的情況，目前沒有資料可以考查。

旭瀛書院乃廈門臺灣公會幹部江保生、曾坤厚等人「鑒於臺僑抵廈，時時增加，而僑民子弟未得享受帝國之良好教育」，因此要求臺灣總督府准設學校。宣統二年，終有旭瀛書院之實現，小竹德吉爲首任院長。〔註173〕爲

〔註170〕施士洁：《後蘇龕合集》，頁353。

〔註171〕參考本論文第二章第一節。

〔註172〕乾隆五年〈欽頒太學訓飭士子文〉，收入陳培桂：《淡水廳志》（臺北：臺灣銀行，1963年8月），頁119。

〔註173〕收入陳支平主編：《臺灣居留公報》（福建：廈門大學出版社，《臺灣文獻匯刊》，

達到「同化」目的，書院的教授科目以日本公學校的科目為基準，另加國語（即日本語）和算術科；又為避免激烈改變手段引來抗爭，故書院的教學及課程內容仍依循傳統規法。〔註 174〕施士洁對日人在「華風不競，大陸塵揚。腥羶滿目，震旦冥茫。斯文天喪，逢披頹唐」〔註 175〕、「華流黯黯，鷺水尤渾，狂瀾既倒，曲學紛紛」〔註 176〕之際，能夠本著「中東唇齒，誼本同盟」之情，成立旭瀛書院，使鷺嶼鯤瀛學子能「廣增學識，交關性靈」，形成「海濱鄒魯，黨塾風行」、「傳經有帳，問字有亭」的學風，深為高興，因此在書院成立第三年、第四年的周年紀念日時，兩次「摛詞貢祝，用表歡迎」，〔註 177〕又曾在書院舉行畢業禮式時演說祝賀。〔註 178〕施士洁對旭瀛書院多所支持，也和書院訓導王少濤、掌教小竹德吉成為好友，「有時道義相切劘」、「有時文酒相過從」，並大力稱讚他們對書院的貢獻。〔註 179〕不過，民國三年小竹德吉病逝、民國四年王少濤辭書院訓導職務後，施士洁似乎就未再參與旭瀛書院活動了。

（二）許南英

光緒十七年，安平縣令陳子岳欲聘許南英掌教臺南蓬壺書院，許南英推辭，轉而推薦蔡國琳就任，自己則加入墾土化番的工作。光緒二十四年，番禺縣令裴伯謙聘任許南英分校縣試卷，廣州知府周桂午又委派他分校試卷；光緒二十六年，許南英校廣州府試卷；光緒二十七年，調鄉試閱卷官；光緒二十九年，再次被委調鄉試同考官。校閱縣、府試試卷，為國家選拔人才，這是多麼重要的工作，尤其當時國勢日窘，更是「銜命儒臣殷薦士，濟時聖主急求賢」，身任閱卷官的許南英也感到責任重大，「尚恐遺珠珠海裡，惱人

2004 年 12 月），頁 214。

〔註 174〕又吉盛清著，潘淑慧譯：〈臺灣教育會雜誌——再版記及內容介紹〉，《國立中央圖書館臺灣分館館刊》，第 3 卷第 2 期。

〔註 175〕施士洁：〈旭瀛書院三周年祝詞〉，《後蘇龕合集》，頁 392。

〔註 176〕施士洁：〈旭瀛書院四周年祝詞〉，《後蘇龕合集》，頁 393。

〔註 177〕《臺灣日日新報》大正 3 年 3 月 29 日曾報導有關消息：「旭瀛書院，本月廿二號，舉行第三回修業證書授與式。……次及菊池領事訓詞，又次及來賓施澐舫、林景商等，相繼演說。」

〔註 178〕以上引文見施士洁：〈旭瀛書院舉行畢業禮式祝詞〉，《後蘇龕合集》，頁 393。

〔註 179〕上引兩詩句出自施士洁：〈挽小竹德吉〉，《後蘇龕合集》，頁 230。施士洁詩中稱讚小竹德吉：「余僑此（廈門）晌將十稔，所見黨塾林立，其教範之足以感人者，無如小竹先生之賢。」又稱讚王少濤「秉姿獨粹，績學彌劭，庸中佼佼，百不一遇。」《後蘇龕合集》，頁 214。

雙淚比珠圓」，「但能得士歌鴻遇，也似生兒喜象賢」。當時科舉未廢，仍憑文取士，但在那「洙泗木將壞，亞歐花未胎」、「守舊維新各一偏」的混亂時代裡，許南英認為能堅持儒者風骨的人才是真人才，〔註180〕所以對於「群嗤先進野，自命少年豪。思想主衝突，言詞擅貶褒」的「自由黨」是不予錄取的。〔註181〕他權陽春篆僅六個月，但念茲在茲的也是「興學、教民」，並有詩作說明他對當地教育的願景：

> 歐鉛亞槧日輪將，學界從今亟改良。
>
> 後起青年勤淬厲，前途黃種卜靈長。
>
> 孤寒有士皆分席，慷慨何人肯解囊？
>
> 合為諸生開望眼，相期祖國煥輝光。〔註182〕

本著對教育的熱忱與重視，許南英在力除秕政、為民造福的同時，也用心建設經營當地的教育事業。許南英具有時代意識，感受到東學、西學潮流對中國的影響，因此，他推動教育事業時並不閉居象牙塔，他也思索著尋求新舊的交融。光緒二十八年，許南英調署雷州徐聞縣，在貴生書院山長楊先生退任後，配合清廷書院改為學堂的政策，改書院為徐聞小學堂，並選縣中生員入學，他自己則每旬的三、六、九日就到堂講經史二時。「經」、「史」的講授一向是書院教育的重心，書院改為學堂，「經」、「史」仍是課程重點，並沒有太大的改變，不過，許南英特別重視人格的培養，常以「生於憂患，死於宴安」警策學生，提醒他們「人當奮勉，寸晷不懈」，又說：「人生無論做大小事，當要有些建樹，才對得起社會。」〔註183〕光緒三十年，許南英轉調署陽江軍民同知兼辦清鄉事務，任上三年，他對當地教育措施也做了許多改革。他先是改濂溪書院為「陽江師範傳習所」，以養成各鄉小學教員；他又遣派學生到日本留學，栽培專門人才；〔註184〕另外，他並且開設「陽江習藝所」。

〔註180〕許南英〈贈徐聞小學堂吳生文謨〉：「儒者何所恃？所恃能勤苦。……俾之歷盤錯，成材貢天府。濟川作舟楫，大旱作霖雨。……真儒自有真，富貴不敢侮。」《窺園留草》，頁61。

〔註181〕引詩見許南英：〈癸卯鄉闈分房裏校，和同鄉虞和甫鎖院述懷原韻〉、〈癸卯復奉調廉之役，有感而作〉，《窺園留草》，頁65、頁66。

〔註182〕許南英：《窺園留草》，頁68。

〔註183〕見許贊堃：〈窺園先生詩傳〉，《窺園留草》，頁240。

〔註184〕張以誠：《陽江志》卷三十七。許南英當時選派舉人何銓誳、陳德鑫，貢生教昌禮，附生教昌忠、教梓齡、梁錫瑢等六人，遊歷東洋三個月，由賓興公款撥給旅費。（臺北：成文出版社，中國方志叢書第一九○號，1874年12月），

光緒三十三年，許南英赴三水縣令職在職三年，一樣用心建設當地教育，他對學堂教員深寄厚望：「欲栽後學肩吾道，須仗先生教爾曹。」他也注意到教育工作要能與時偕進，教授新知：

> 及門桃李已成蔭，不是仍彈古調琴。
>
> 文采一堂增特色，絃歌編邑發新音。〔註185〕

（三）丘逢甲

丘逢甲幼時由父親潛齋公親自教授，也隨著擔任塾師的父親輾轉各地教讀，聰穎富才學的丘逢甲則幫助父親佐課，這是丘逢甲與教育工作的初次接觸。光緒十五年，丘逢甲中進士後歸回鄉里，受聘擔任臺南崇文書院、臺中宏文書院、嘉義羅山書院主講。寫於柏莊時期的詩作〈鄰居皆農家者流也，春作方忙，爲作農歌以勸之〉之七，丘逢甲表達出推廣動教育的想法：

> 等閒休負好春光，也送兒童上學堂。
>
> 領略農家眞事業，孝經老講庶人章。〔註186〕

同時，他也關心番社教育，黃遵憲〈歲暮懷人詩〉即說「他年番社編文苑，初祖開山天破荒」〔註187〕的話來稱讚他。這時的丘逢甲，「平生有雅抱，愛花如愛才」，植之、護之、深培之，所期所望的則是「如聞所養士，一舉登元魁；如聞所薦人，一日歷三臺；我雖臥空山，爲之呼快哉。」〔註188〕

光緒二十三年，丘逢甲主講於潮州韓山書院，於是年冬辭職；光緒二十四年，受聘爲潮陽東山書院主講；光緒二十五年，除東山書院外又兼講於澄海景韓書院，於是年多辭兩書院職。丘逢甲在書院教育中，以成爲「聖賢」、「忠義」之士期勉書院諸生。〔註189〕丘瑞甲、丘琮二人都說丘逢甲在擔任韓

　　　　頁 1778。

〔註185〕引詩見許南英：〈三水高等學堂教員黃雲坡廣文見贈二首，倒疊原韻奉和〉，《窺園留草》，頁 81。

〔註186〕丘逢甲：《柏莊詩草》，收在《丘逢甲遺作》（臺北：世界河南堂丘氏文獻社，1998 年 12 月），頁 18。

〔註187〕黃遵憲：《人境廬詩草》（臺北：商務印書館，1968 年 12 月臺 1 版），頁 75。

〔註188〕丘逢甲：〈病中喜聞冬間所種梨已花〉，收入《柏莊詩草》（《丘逢甲遺作》，臺北：世界河南堂丘氏文獻社，1998 年 12 月），頁 28。

〔註189〕丘逢甲〈東山壽忠社緣起〉：「書院諸生思賡續其緒，引而勿替，歲歲祝之，遂邀同志之士爲壽忠社，醵貲存息以爲歷歲之用，甚感詣也。……予謂諸生苟由壽公之意而推之，則當知爲聖賢之徒、忠義之士，其壽爲至永。」收入丘晨波等編：《丘逢甲文集》（廣東：花城出版社，1994 年 6 月），頁 299。

山、東山、景韓三個書院主講時，專以新思潮及有用之學課士，被視爲異端，遭當道忌，因而辭去書院山長職。〔註190〕光緒二十五年底，丘逢甲與楊守愚、梁居實、何士果等人在汕頭成立嶺東同文學堂。嶺東同文學堂創校之旨，在於：

> 思強中國，必以興人才爲先；興起人才，必以廣開學堂爲本。

但當時書院教育仍溺於科舉功名、訓詁詞章的追求，所學既非民生日用之常，又無關於國計盈虛之數，國家自然貧弱任人宰割了。爲培養出應時有用的人才，在這所自費經營的學堂，「不分畛域，以廣造就」，歡迎「各省府廳州縣有志之士查照章程，入堂肄業」，學堂的教育宗旨則是「以中學爲主，西學輔之」。所謂「中學」，〈學堂開辦章程〉第二條明言：

> 孔子之教爲主義，讀經讀史，學習文義，均有課程，務期造就聖賢
> 有用之學。

書院並聘任品學兼優之中文教習一人，以爲書院學員的楷範；致於西學，因「西文非十年不能通」，而「西人有用之書，東人多已譯之」，因而「不能不先借徑東文」，且聘日人任東文教習。〔註191〕一直到光緒二十九年，地方劣紳藉誣告嶺東學堂會計欲牽累丘逢甲，丘逢甲因此辭去嶺東同文學堂監督職。

爲求能培養出大量人才，丘逢甲一直都注意到教育普及化這一問題。他在〈創設嶺東同文學堂序〉一文中大聲呼籲全國一起推動教育、栽培人才：

> 坼裂之慘，普海皆同，豈止潮州一隅！二十二省、一百八十八府、
> 四十二直隸廳、七十二直隸州之魁儒巨子，憂時懼禍之志士，庶幾
> 接踵而起者耶！

他將想法付諸實際的行動，光緒三十年時，他在鎮平設中學堂；同年夏，創辦「鎮平初級師範傳習所」，培植地方小學的師資，同年冬，他又在東山、員山開辦族學，指導族中向學子弟。第二年，開辦族學的事業不僅拓展到武平、平遠、嘉應、興寧等地的丘姓宗族，還進一步地帶動了其他異姓開辦族學，教育本族子弟。〔註192〕

自光緒三十年以後，丘逢甲擔任多項教育職務，藉從事教育行政工作來

〔註190〕丘瑞甲：〈先兄倉海行狀〉，丘琮：〈倉海先生丘公逢甲年譜〉，收入丘逢甲：《嶺雲海日樓詩鈔》，頁386、400。
〔註191〕丘逢甲：〈創設嶺東同文學堂序〉、〈嶺東同文學堂開辦章程〉，收入丘晨波等：《丘逢甲文集》（廣東：花城出版社，1994年6月），頁301。
〔註192〕丘琮：〈倉海先生丘公逢甲年譜〉，收入丘逢甲：《嶺雲海日樓詩鈔》，頁404。

推動教育。這雖非教育行列的第一線，但丘逢甲本著「興人才」的初衷，照顧栽培青年，一樣對教育多所貢獻。他在光緒三十年冬，受聘爲兩廣學務處視學；光緒三十二年時受聘爲廣東學務公所議紳，並兼任廣州府中學堂監督，後來更被推爲廣東教育總會會長；光緒三十四年，松口梅縣發生學潮，當時兩廣總督欲藉此停辦全梅學校，丘逢甲一言以化解；宣統元年，兩廣方言學堂發生學潮，廣東當局爲解決學潮問題，改派丘逢甲爲學堂監督；宣統二年，他深憂「天下紛然言新學且十年矣，莘莘學子其新智識未知如何，而舊道德已不可問；不獨道德，即文學亦浸不可問」，因而上書學部尚書唐春卿，力陳己見，針砭學界弊端，希望清廷能從制度、政策方面著手，改善學界風氣；〔註193〕宣統三年十一月廣東宣布獨立，丘逢甲被推爲廣東革命軍政府教育部長。他因爲推動教育工作的關係，常和青年學子接觸，也盡力照顧、提拔青年學生，如鄒魯、陳炯明參與革命任務，在他的掩護下多次脫險。〔註194〕丘逢甲在嶺南推動教育貢獻不凡，有多位學者專文探討丘逢甲的教育成就，大多推崇丘逢甲提倡西方新學具前瞻性之難得。〔註195〕

〔註193〕丘逢甲：〈上學部尚書唐春卿書〉，收入丘晨波等編：《丘逢甲文集》（廣東：花城出版社，1994年6月），頁285。

〔註194〕宣統二年，廣東新軍之役起，丘逢甲掩護鄒魯、陳炯明脫險。宣統三年，黃花岡事起，丘逢甲再次掩護鄒魯。

〔註195〕如李鴻生和朱春燕合著：〈丘逢甲的教育思想與實踐〉、何國華：〈今日樹人兼樹木，早興地利起人才〉、葉瑞祥：〈愛國教育改革家──丘逢甲〉、劉健明：〈丘逢甲與嶺東同文學堂〉、李景綱：〈爲國爲民，不圖自了〉等，均收在吳宏聰、李鴻生主編：《丘逢甲研究》一書中，（臺北：世界河南堂丘氏文獻社，1998年12月），頁409～頁415、頁416～頁430、頁431～439、頁440～頁455、頁456～頁462。